台 湾 研 究 系 列

教育部人文社会科学研究青年基金项目"台湾地区
两岸大众传播交流法规研究"（14YJC860040）成果

台湾地区
两岸大众传播交流
法规研究

Research on Taiwan's
Regulations of Cross-Strait Mass
Communication Exchanges

张志坚 —— 著

九 州 出 版 社 | 全国百佳图书出版单位
JIUZHOUPRESS

图书在版编目（CIP）数据

台湾地区两岸大众传播交流法规研究 / 张志坚著.
-- 北京 ：九州出版社，2018.5
ISBN 978-7-5108-7188-7

Ⅰ．①台… Ⅱ．①张… Ⅲ．①大众传播－法规－研究
－台湾 Ⅳ．①D927.580.216.4

中国版本图书馆CIP数据核字(2018)第122847号

台湾地区两岸大众传播交流法规研究

作　者	张志坚　著
出版发行	九州出版社
地　址	北京市西城区阜外大街甲 35 号（100037）
发行电话	(010)68992190/3/5/6
网　址	www.jiuzhoupress.com
电子信箱	jiuzhou@jiuzhoupress.com
印　刷	三河市国新印装有限公司
开　本	720 毫米 ×1020 毫米　16 开
印　张	18.25
字　数	310 千字
版　次	2018 年 6 月第 1 版
印　次	2018 年 6 月第 1 次印刷
书　号	ISBN 978-7-5108-7188-7
定　价	56.00 元

目　录

绪　论

一、研究意义

　　1949 年 10 月 1 日中华人民共和国成立，中华人民共和国政府成为代表全中国的唯一合法政府。国民党败退台湾，在美国支持下，与大陆形成对峙局面，台湾问题由此产生。由于两岸大众传播交流对两岸关系，对台湾政治、经济、文化、社会等各方面有重要影响。为了维护在台湾的专制统治，国民党一方面沿用其在大陆时形成的传播管制法规，另一方面又根据需要，对相关法规加以修正，还制订了一批新的法规，逐步形成一整套两岸大众传播交流法规。这些法规经历多个历史阶段，在台湾政治转型、两岸关系变迁等因素推动下，经过多次变革，形成了今天的样貌。

　　台湾地区两岸大众传播交流法规是影响两岸大众传播交流秩序和效果，形塑两岸大众传播交流样态，制约两岸大众传播交流发展水平的重要因素，也影响着两岸关系的发展。大陆要制订恰当的对台传播策略和两岸传播交流制度，提高对台传播效果，应当对台湾地区两岸大众传播交流法规加以研究。同时，作为台湾新闻传播和两岸关系中的重要和敏感话题，台湾地区两岸大众传播交流法规也与两岸关系、台湾新闻传播事业、台湾新闻传播法制、台湾大陆政策等诸多更深层的问题关系密切，是观察两岸关系、台湾政治转型等问题，了解台湾社会各系统运作机制的良好视角。然而台湾制订、修正了哪些法规对两岸大众传播交流进行规制？具体的规范怎样？对两岸大众传播交流有什么样的影响？这些法规经历了哪几个发展阶段？通过哪些机构，如何执行？台湾地区两岸大众传播交流法规与两岸关系、台湾政治转型等宏观背景有什么关系？又呈现了台湾社会各系统怎样的运行状况和机制？这些不论微观、浅层或宏观、深层的问题，学界对之尚缺乏足够的重视，而系统、深入的研究则更少。因此，

1

有必要对台湾地区两岸大众传播交流法规进行系统研究。

　　针对两岸学界、业界从未对台湾地区两岸大众传播交流法规进行系统搜集、梳理的现况，本书花费较多笔墨来做基础性工作。本书对自 1949 年以来的两三百部台湾地区两岸大众传播交流法规加以搜集整理，具体描述、解析其主要规范，并对其变迁过程进行梳理，以呈现相关法规的总体状况和发展历程。虽然描述性文字较多，影响了本书的理论深度，可能让本书显得"述多论少"，但作为对这一课题的起步研究，把基础性工作做得细致、扎实些还是有必要的。从这个角度看，本书具有一定的文献价值，能为后续的研究打下文献基础。

　　党的十八大报告指出："两岸同胞同属中华民族，是血脉相连的命运共同体"，应"扩大文化交流，增强民族认同……促进平等协商，加强制度建设"。这表明，加强对台湾各项制度的研究，促进两岸公共事务制度建设，促进两岸文化交流的制度化，增强台湾同胞的两岸命运共同体认同，是党和国家面临的重要课题。台湾地区两岸大众传播交流法规是两岸文化交流制度的重要组成部分，是影响两岸大众传播交流秩序和效果，形塑两岸大众传播交流样态，制约两岸大众传播交流发展水平的重要因素。大陆要制订对台传播策略和两岸传播交流制度，推动两岸大众传播交流健康发展，需要对这些法规进行深入研究。大陆媒体、企业等主体要赴台交流、采访、制作节目，要在台湾销售报刊、播映节目、投放广告等，必须充分了解台湾相关法规。对台湾地区两岸大众传播法规的研究，可为这些实践工作提供参考。

　　由于篇幅、学力所限，本书将更多笔墨用于梳理、描述台湾地区两岸大众传播交流法规上，在进行理论分析和归纳方面有所不足。但本书依然尽力综合运用政治学、传播学、法学等多学科的理论和方法，对台湾地区两岸大众传播交流法规的主要特征加以探析，并结合新制度主义理论和研究方法对其产生、变迁的根本原因加以研究，探讨其背后的历史性、结构性和行动者因素，以期在多学科背景下，从两岸关系发展、台湾政治转型等多元要素形成的历史和现实空间角度，探讨台湾地区两岸大众传播交流法规的本质特征，描述台湾威权政治体制、台湾政治转型、台湾政党政治、两岸关系发展等与台湾地区两岸大众传播交流法规的多元互动关系。因此，本书对促进相关领域的理论探讨也有一定意义。

二、研究现况述评

（一）台湾的研究现况

在台湾，专门以台湾地区两岸大众传播交流法规为对象的研究成果很少。但在对两岸大众传播交流、台湾新闻传播史、两岸文化交流、台湾新闻法规等问题的研究中，有部分研究成果的内容涉及台湾地区两岸大众传播交流法规，将研究状况分述如下：

1. 对台湾"戒严"时期的两岸大众传播交流法规的研究。《新闻自由——被压制的第四权力》（王天滨，2005）有部分篇章对"戒严"时期台湾当局严厉禁止两岸大众传播交流的状况进行了描述，整理、分析了部分法规，对执法的部门、执法的状况也有述及，还搜集了不少相关的案例。《台湾戒严时期新闻管制政策》（杨秀菁，2005）有小部分内容叙述了台湾当局对两岸大众传播交流管制的状况。其所论述的台湾"戒严"时期新闻管制制度、方式等对了解两岸大众传播交流管制的宏观背景也有价值。《1950 年代图书查禁之研究》（蔡盛琦，2010）搜集了不少与台湾查禁大陆图书相关的史料和文献，对"戒严"时期台湾查禁大陆图书的制度、管理机构、执行状况进行归纳、分析，对查禁制度的不良影响进行论述，并从政治和社会文化的角度对这一制度变迁的内在原因进行分析，是较为系统的研究"戒严"时期台湾查禁大陆图书制度的成果。此外《台湾地区戒严时期翻印大陆禁书之探讨（1949－1987）》（蔡盛琦，2004）、《1950 年代反共人陆宣传体制的形成》（林果显，2009）等也有部分内容对"戒严"时期大陆出版品管制的相关法规进行研究。

2. 对两岸新闻交流相关法规的研究。《开放大陆记者来台采访之可行性及其影响研究》（王洪钧，1990）的第七章"开放大陆记者来台的法律面探讨"，对与大陆记者赴台采访相关的法规进行归纳、解析，认为当时的法规多有不当处，既不合乎保护自由的法律原则，"就实务运作而言，也常生困扰"，多有"强人所难"之处[①]。论文还就如何完善相关法规提出了立法建议。《海峡两岸新闻文化交流评析》（丁荣禄，1991）一书以两岸新闻交流政策、法规为主要研究内容。该书除了对相关政策、法规进行评述外，还叙述两德统一前其新闻交流的原则和规制方式，希望以之作为两岸新闻交流的借鉴。该书虽有部分观点较为

[①]　王洪钧：《开放大陆记者来台采访之可行性及其影响研究》，台北："行政院陆委会"，1990年，第 126 页。

偏颇，但作为难得的以两岸新闻传播交流政策、制度为主要研究对象的成果，有一定参考价值。《开放大陆记者驻台之可行性研究》（蒋安国，1995）对大陆记者赴台采访相关法规进行梳理、评述，并以焦点小组访谈方法研究台湾学者、记者对开放大陆记者驻台的意见。蒋认为可采取"循序渐进"方式，在"对等"基础上，开放大陆记者驻点，并出台《大陆记者来台常驻采访之管理办法》进行规制。《海峡两岸新闻交流之研究（1987年至1996年）》（刘淑美，1996）的第四章论及两岸新闻交流面临的困境，认为相关法规的限制是重要因素。论文还提出了"逐步化解政治意识形态的对立，以及融合两岸新闻理念价值体系的同时，建立完备而合理的两岸新闻交流法规架构，是奠定双方新闻交流制度化与法制化的基础"①的观点，有一定启发意义。《海峡两岸新闻交流之探讨》（杨志弘，1993）将1987年－1993年两岸新闻交流历程细分为五个阶段，并概括出其存在的四个问题。论文最得出结论，要解决两岸新闻交流存在的问题，应"采取先'和'后'合'的制度性交流"②，而法规的建设应当起重要作用。《因应两岸信息传播 规划两岸新闻文流》（张静轩，1995）提出了促进两岸新闻资讯交流的九点建议，其中多涉法规建设，如减少两岸人员往来、拍片、采访的限制，协商相互保护著作权，研究媒体常设和报刊对等发行的可行性等。《两岸新闻交流的回顾与展望》（萧真美，1997）对两岸新闻交流10年历程进行回顾，认为两岸新闻交流长期没有突破性进展，法规的限制是重要因素。《两岸新闻采访交流的结构与变迁（1979～2001）——新制度论的分析》（韦奇宏，2003）概述了1979年至2001年大陆和台湾新闻记者赴对岸采访相关制度的变迁史。论文还采用新制度主义的研究方法对两岸新闻采访交流制度产生、变迁的原因进行分析，认为两岸关系、台湾政治结构、两岸媒介市场形态等因素是导致两岸新闻采访交流制度变迁的主要原因。《两岸新闻采访交流之研究（1987—2009）——从驻点记者角度看两岸新闻交流》（陈恺璜，2011）的第四章第三节"两岸新闻交流法律规范"对1988－2008年两岸新闻采访交流相关法规进行梳理、概述，认为两岸传播交流法规"已逐渐呈现缓不济急的情形，难以因应两岸大量资讯往来，造成讯息透明度降低，间接影响台湾民众对于中国大陆事务

---

① 刘淑美：《海峡两岸新闻交流之研究（1987年至1996年）》，台北：中国文化大学硕士论文，1996年，第111页。

② 杨志弘：《海峡两岸新闻交流之探讨》，《报学》，1993年3月，第77页。

之了解"①，应加以变革。《对于陆委会中止大陆记者驻点之分析》（赵怡，2007）
对大陆记者在台湾驻点相关法律法规的产生、发展历程加以整理并进行解析，
认为"对民营媒体的生存机会，除了政府的庇护外，更重要的是来自于自由市
场，也就是民意（阅听率）的支持，此亦为确保台湾民主发展及新闻自由的唯
一机会。由此，积极促成两岸的媒体交流，协助台湾传媒业者开拓海外市场，
以争取生存的机会且不受国内政治力的钳制，就成为有识者在思考台湾前途与
两岸关系前景之时，极为重要的课题。"②《大陆地区人民来台管理机制之研究》
（范世平，2012）的第三章第二节"专业及商务交流"，对大陆新闻人员、电影
从业人员赴台采访、拍片、交流的相关管理制度、运作机制进行了简单介绍。
该书还认为专业人士赴台管理制度、机制应加以重构，应当尽量缩短流程、回
归以事由为中心。《两岸新闻交流历程之探讨（1987 - 2003）》（郭婉玲，2003）
的第三章第三节"现阶段两岸新闻交流法规"，对 1987 - 2003 年两岸新闻交流
相关法规加以整理、概述。《两岸新闻媒体互动历程个案研究（1998-2008）》
（林大法，2008）以 TVBS 为个案切入，探讨两岸媒体互动历程、机制，也论及
相关法规，并认为法规是影响两岸媒体互动的重要因素。此外《两岸新闻的结
与解》（蒋安国，1997）、《两岸新闻交流的现况与展望》（夏乐生，1995）、《大
陆新闻事业现况与两岸新闻交流探析》（静轩，1996）、《两岸新闻交流之回顾与
前瞻》（潘家庆，1992）等以两岸新闻交流为研究对象的论文中，也或多或少有
内容涉及台湾地区两岸大众传播交流法规，有一定参考价值。

　　3. 对两岸出版、电视、电影、广告等方面交流的相关法规的研究。《台湾民
众收看大陆卫星电视节目行为之研究》（刘幼琍，1994）对台湾民众收看大陆卫
星电视节目的行为及其影响进行研究，认为台湾对民众收看大陆卫星电视行为
的管制存在制度的空白点，应修订或制订法律法规加以规制。论文认为如果制
定法规，其基本原则应当是视卫星电视的发展为自由竞争的传播市场，以开放
的心态，适度开放大陆卫星电视节目在台湾播出。《两岸电视剧由抗争到交流
的历史社会分析》（田易莲，2001），对 20 世纪 90 年代至 2001 年两岸电视剧
交流状况进行分析，对相关法规加以概述，认为两岸相关法规的变化是影响两

---

　　① 陈恺璜：《两岸新闻采访交流之研究（1987 - 2009）——从驻点记者角度看两岸新闻交
流》，台北：淡江大学硕士论文，2011 年，第 96 页。

　　② 赵怡：《对于陆委会中止大陆记者驻点之分析》，台湾"国家"政策研究基金会网站，获
取网址：http://www.npf.org.tw/post/3/3238，发布时间：2007 年 10 月 31 日。

岸电视剧交流的重要因素。《中国大陆图书代理商经营现况及发展研究》（林志龙，2008）对与大陆出版品管理相关的台湾法规进行了梳理，并对其主要规范进行了介绍、评价，是较为系统、全面地对台湾地区大陆出版品管理法规进行研究的成果。《台海两岸出版业合作策略分析——全球化角度的检视》（杨雪红，2008）以全球化与在地化对两岸出版业的影响为重心，探讨两岸出版产业合作策略与前景。论文对台湾的相关法规也进行了归纳整理和简单介绍，认为法规是构建两岸出版合作机制不可不考虑的一个要素。《两岸出版交流之研究》（蒋政轩，2001）对与两岸出版交流相关的台湾法规加以简介。《全面开放大陆广告在台刊播之政经影响分析》（刘立行，2011）对大陆在台广告活动相关法规进行概述。论文从政治、媒体事业发展、广告公司经营等角度，论述了全面开放大陆在台广告刊播可能会带来的影响，并对相关法规未来发展方向进行探讨。《大陆地区出版品来台情形调查》（陈信元，1999）第三章"大陆出版品进入台湾地区的历史与管道"对"戒严"时期、"解严"后、"现在"这三个阶段中台湾对大陆出版品管制的情况加以叙述，对相关法规的归纳较为完整。该书还描述了大陆出版品在台湾行销、传播的状况，展现了相关法规的具体执行状况。《两岸杂志交流可行性之研究》（蒋安国，1998）归纳了与两岸杂志交流有关的台湾法规。该研究还通过问卷调查、深度访谈等研究方法，发现台湾杂志业者认为法令、政策是阻碍两岸杂志交流的主要因素。这些杂志业者对大陆到台设立杂志社等问题多持支持态度，认为两岸杂志交流法规应当更宽松和开放。《两岸报纸对等发行问题之意见调查》（陆委会，1992）、《对两岸大众传播交流之意见调查》（中华征信所，1994）、《两岸出版合作情形及交流意见调查》（中华征信所，1996）以问卷调查方式研究台湾民众对两岸报纸、出版交流的意见，调查内容也涉及台湾民众对相关政策、法规的意见，是了解台湾地区两岸大众传播交流法规的民意状况的良好材料。

4. 某些对两岸文教交流政策、台湾"法律制度"、台湾"新闻传播法"等问题进行研究的成果，虽并未直接论及两岸大众传播交流法规，但对理解台湾地区两岸大众传播交流法规的宏观背景、基本法理等有参考价值。《两岸交流政策与法律》（许惠佑，2007）从宏观角度论述了两岸交流政策与法律构建模式、机制，及其变迁的原因。《两岸文化交流历程回顾与政策讨论》（吴新兴，1997）的第四章"台北对大陆文化交流政策分析与评估"，对台湾的两岸文化交流政策的基本原则和制订政策的根本原因进行分析。《大陆文教交流相关政策民意调查报告书》（黄纪，1999）采用定量研究的方法，对两岸文教交流相关政策的民意状况进行调查。《海峡两岸文化交流及发展政策之研究（1987－1997）》（林永芳，2000）对1987－1997十年间两岸文化交流政策制定的背景、主要内容、执行状况、面临的挑战加以论述。《大众传播法》（尤英夫，2011）较为全面地介绍了台湾现行大众传播法规。

（二）大陆的研究现况

1. 对两岸新闻交流相关法规的研究。《政治过滤：台湾两岸新闻交流政策法规研究》（史冬冬，2012）"通过文本解读对台湾两岸新闻交流的政策法规进行历史性的话语分析，总结其中包含的政治过滤的话语特征"①，并对其进行话语批判，认为台湾当局在两岸新闻交流管理中进行的政治过滤和过度限制成为两岸交流的制度障碍。论文还对如何推动相关政策法规的变革提出了建议。《两岸大学生接触对方新闻的现况与实效研究》（陈东旭，2005）的部分章节对两岸新闻交流所涉及的相关法规略加叙述，并简述这些法规的影响。《台湾电视传媒产业集团化、多角化发展战略之研究》（陈东园，2005）中有少量篇幅述及两岸电视产业交流的相关法规。《新形势下的两岸新闻交流与合作》（李德霞，2011）略述了当下两岸新闻交流相关的法规。论文认为两岸新闻交流政策存在不对等状况，台湾当局所设置的制度障碍是影响两岸新闻交流的重要因素，制订宽松政策是解决两岸新闻交流所存在问题的重要策略。《两岸新闻交流回顾及前景浅析》（高辉，2008）简述了台湾相关法规对两岸新闻交流的影响。《海峡两岸新闻交流初探》（程道才，1996）简要概括了两岸新闻交流不同阶段中的相关法规及其对两岸新闻交流的影响。《"解严"前台湾有关新闻出版法规评析》（刘燕南，1998）概述了"戒严"时期台湾地区两岸大众传播交流法规，并举出实例对法规执行状况加以阐述。《四十年间第一步大陆记者首次台湾行》（范丽青、郭伟锋，1992）和《首批大陆记者台湾纪行》（翟象乾等，1992）的作者以亲身经历，叙述了大陆记者赴台采访所经历的种种曲折。文中描述的台湾当局对他们赴台的审批所依据的制度、原则，处理的方法、过程，向我们展示了当时两岸新闻交流的"制度事实"，是研究两岸新闻交流法规的重要史料。《从赴台驻点采访看两岸新闻交流》（张斌，2010）从驻台记者切身体会的角度，描述与两

---

① 史冬冬：《政治过滤：台湾两岸新闻交流政策法规研究》，《台湾研究集刊》，2012年第3期，第28－35页。

岸新闻交流相关的台湾法规，对理解台湾两岸新闻交流法规的制度细节和具体执行状况颇有帮助。

2. 对两岸出版、电视、电影、广告等方面交流相关法规的研究。《海峡两岸出版合作的现状、问题与对策研究》（林杰，2012）、《交流·融合·繁荣——改革开放以来两岸出版交流的发展历程》（周根红，2008）、《海峡两岸新闻出版文化交流问题研究》（任文勋，2012）对与两岸出版交流合作相关的台湾法规及其对两岸出版交流合作的影响加以概述。《海峡两岸广播媒体交流的优势与困境》（许丽华，2011）简述了与两岸广播交流相关的制度，认为制度障碍是阻碍两岸广播媒体交流发展的最重要因素。《初探海峡两岸电影文化交流和影响》（陈飞宝，1990）、《海峡峡两岸影视互动30年》（刘翠霞，2009）对不同历史阶段中与两岸电影交流相关的台湾法规状况加以概述，并简述其对两岸电影交流的影响。《民进党执政后两岸传播的交流与互动》（王英，2008）以研究2000–2008年民进党执政期间两岸传播政策及其影响为主要内容。论文第三章"敌对性开放"中，对相关法律法规加以归纳、概述、评析，认为这些法律法规显示了"有限制的，敌对性的交流，成为民进党两岸传播政策的主轴"[1]。论文还对大陆如何应对这种状况提出了建议。

3. 某些对两岸文教交流政策、台湾法规等问题进行研究的成果，虽未直接论及台湾地区两岸大众传播交流法规，但有助于对台湾法规性质、两岸文教政策走向等问题的理解，对本论文亦有参考价值。如《对后ECFA时代深化两岸协商、谈判、对话的几点看法》（余克礼，2010）对两岸文教交流协议的制订等问题进行分析和展望，对理解ECFA签订后台湾地区两岸大众传播交流法规的走向有参考价值。《涉台法律问题总论》（张万明，2009）对台湾法规的性质、地位、基本状况进行研究，有助于对台湾地区两岸大众传播交流法规性质、地位的理解。《海峡两岸交往中的法律问题》（曾宪义，1992）阐述了解决两岸有关问题的基本原则和途径，对理解两岸大众传播交流相关法规有方法论和法理学的意义。其上篇的第六部分"两岸交往中的知识产权法律问题"解析了两岸知识产权法律问题。该书的附录也汇编了十几部与两岸大众传播交流相关的台湾法规。《海峡两岸交往中的法律问题研究》（陈安，1997）就两岸差异对法律的影响，台湾的大陆政策对台湾法规的影响，以及台湾大陆政策的法制化等问

---

[1] 王英:《民进党执政后两岸传播的交流与互动》，福州：福建师范大学博士论文，2008年，第43页。

题进行探讨和阐述。其第五篇"两岸交往诸法律问题的综合研究与有关建议"对台湾法规的地位、解决涉台问题的基本原则与途径、两岸关系与相关法律关系等问题进行阐述，对研究两岸大众传播交流法规也有方法论和法哲学上的意义。《海峡两岸法律认同的现实障碍及解决构想》（岑峨，2013）从法律认同的视角，探讨了"台湾海峡两岸对彼此不同法律制度的一种体认以及对涉及两岸交往的各种规则的遵守。"①《法律、民生与民间规则——兼论两岸交流制度中民间规则的作用》（谢晖，2009）就民生和民间规则对两岸交流法律制度的影响，以及相关法律如何吸纳民生、民间规则进行了论述，对我们理解相关法律制度的立法理念和深层结构有一定意义。

（三）研究现状评价

总体看，研究受两岸关系大势的影响较大，在两岸关系热络的时候，相关研究较多，成果较为丰富，而在两岸关系遇冷时，则研究较少。研究的热潮主要出现在20世纪90年代初，2008年前后这两个阶段。自2016年蔡英文当局上台，不承认"九二共识"，两岸关系遭遇波折后，相关研究也迅速退潮。这些成果从不同角度对台湾地区两岸大众传播交流法规进行研究，有不少真知灼见。但不管在大陆还是在台湾，即使像在20世纪90年代的台湾"大陆热"中兴起的那波研究两岸交流的热潮中，也很少有对两岸大众传播交流法规的专门、系统研究。总体看，相关研究还很不够，有不少的缺憾：

1. 专门以台湾地区两岸大众传播交流法规为对象的研究很少，该领域存在较大空白，基础性的工作还未充分开展。

2. 不够系统、全面、具体。现有研究成果对台湾地区两岸大众传播交流法规的探讨基本是在研究其它问题时，作为研究的一小部分或者研究背景进行的。因此显得零碎，没有展现出法规体系的全貌，也未能对主要法律规范进行具体介绍和细致解读，更没有展现其变迁的历史脉络。

3. 深度不够。现有成果大多只停留在对法规进行简介的层面，未能深入解析台湾地区两岸大众传播交流法规的本质特征、影响及其产生、变迁的原因，未能深入这些法规背后的两岸文化交流、两岸关系发展、台湾政治转型、台湾法制变革等多元要素形成的深广的历史和现实空间对相关问题加以探析。

---

① 岑峨：《海峡两岸法律认同的现实障碍及解决构想》，《云南社会科学》，2013年第1期，第141页。

4.时新性不够。台湾"解严"以后，相关法规变动很快，很多法规都被频繁修正。"大陆地区出版品电影片录像节目广播电视节目进入台湾地区或在台湾地区发行销售制作播映展览许可办法"等法规甚至进行了十几次修正。法规的原则、规则，及其赖以存在和运行的环境等都有较大变化，而现有的研究成果不能展现这种新的状况。

三、概念辨析

（一）两岸大众传播交流

大众传播概念有广义和狭义的区分。广义的大众传播指的是针对不特定的多数人进行的传播活动。狭义的大众传播指的是"专业化的媒介组织运用先进的传播技术和产业化手段，以社会上一般大众为对象而进行的大规模的信息生产和传播活动"[①]，它主要通过报纸、杂志、广播、电视、电影、图书、互联网等媒介进行。本研究采用的是狭义的大众传播定义。因此，本书所指的两岸大众传播交流主要包括两岸的报纸、杂志、广播、电视、电影、图书、互联网等媒体间，以及相关的人才、内容、产品、资金、设备、技术等方面的交流，包括官方的，也包括民间的。

（二）台湾法规

1.台湾当局的"法规"的性质界定。1949年9月，中国人民政治协商会议第一次全体会议通过了起临时宪法作用的《中国人民政治协商会议共同纲领》，其第17条明确规定："废除国民党反动政府一切压迫人民的法律、法令和司法制度，制定、保护人民的法律、法令，建立人民的司法制度。"10月1日，中华人民共和国成立，随着新中国成立和社会主义新型法制的确立，中华民国的法统宣告终结。因此，"台湾地区的现行法规制度，只是国民党统治集团败退台湾以来，在中国台湾形成的一套特殊地区法规制度，具中国地方规范属性。"[②]可见，台湾地区现行法规制度的性质是一种特殊的地方性法规。

2.台湾法规的称谓问题。对台湾的"法规"或"法律制度"的称谓有三种：（1）称为"台湾地区的有关规定"。中央台办、外交部、中央宣办联合于2002

---

① 郭庆光：《传播学教程》，北京：中国人民大学出版社，2011年，第96页。

② 张万明：《涉台法律问题总论》，北京：法律出版社，2002年，第3页。

年修正发布的《关于正确使用涉台宣传用语的意见》规定："不得将中华人民共和国法律称为'大陆法律'。对台湾地区施行的'法律'称之为'台湾地区的有关规定'。如果在新闻报道中必须引用台湾当局颁布的'法律'时，应加'所谓'两字和引号。报道法律问题时如涉及两岸，不得使用'两岸法律'等具有对等含义的词语，可就涉及的有关内容和问题进行具体表述，如'海峡两岸律师事务'、'两岸婚姻、继承问题'、'两岸投资保护问题'等。"这一意见所规定的称谓方式成为现在主流的台湾"法律"的称谓方式。（2）称为"法规"。国台办1995年公布的《大陆、台湾交流交往中称谓用语方面应注意的几个问题》规定：中华人民共和国颁布的法律称为国家法律，台湾地区施行的"法律"称为台湾地区法规。如果在非官方文件中必须引用台湾当局颁布的"法律"时，应加引号或加"所谓"两字。不能使用带有对等含义的法律用语，如"两岸法律""大陆法律"与"台湾法律"等。（3）直接称为"法律"。广义的法律制度，也包含地方性法规，如福建省制定的各种地方性法规和规章，也可以被称为"法律"。因此有些学者认为既然台湾法规的性质是一种地方性法规，将其涵盖入广义的"法律"范围，直称为"法律"或"法"并不涉及国家主权问题。对香港、澳门法律制度的称呼可为对照（在各种新闻报道和学术研究中，将香港、澳门相关的法规称为"×××法""法律"，将其法规体系称为"法律制度"）。相关学术研究中大量存在将台湾法规径直称为"法""法律"或"法律制度"的情况，如张晋藩主编《台湾法律概论》，陈安主编《台湾法律大全》，任万兴等所著的《台湾法律通论》，福建省台湾法律研究所主办学术刊物《台湾法研究》，郑定发表于《中国人民大学学报》的论文《略论台湾法律制度的渊源与变迁》，李辉发表于《中山大学学报论丛》的《台湾法律中的容隐制》，宁洁等发于《比较法研究》的《比较法视野中的中国台湾法律伦理学》，何伟东发表于《暨南学报（哲社版）》的《试论台湾法律的本质和特征》，齐湘泉发表于《云南大学学报（法学版）》中的《论台湾民商事法律在大陆的认可与适用》……这些研究成果就直接使用了"台湾法律"或"台湾×××法"的称谓。

　　考虑到如将涉及两岸大众传播交流的台湾相关"法律制度"直接称为法律，可能有歧意。而如果按主管机构颁行的意见，称为"台湾地区的有关规定"，则会存在两个问题：（1）造成研究对象表述和界定上的模糊。本书以台湾当局通过一定"立法"程序制订或认可并颁行的正式"法律"规范为研究对象，如果以"有关规定"来代替"法律制度"，则无法精确界定、描述本书的研究对象。

（2）造成读者阅读的费解和不便。本文所涉及的台湾地区大众传播交流法规达二三百部之多，如果都称为台湾×××方面的"有关规定"恐怕会引起理解的混乱。因此，本书把与两岸大众传播交流相关的台湾"法律"称为"台湾地区两岸大众传播交流法规"，而文中所有述及台湾"法律制度"处，也以"法规"称呼。但一些法学的固定术语，如"法律概念""法律价值"等，则径直用"法律"一词，不以"法规"来替代，以免造成费解和概念使用不科学的状况。

按照相关主管部门的意见，引用台湾法规时，应加"所谓"和引号。但本书引用的台湾法律有两三百部，次数有数千次，如一一加"所谓"，会给读者的阅读带来不便。因此本书引用台湾相关法规时，一般不加"所谓"，但加上引号，以表示其性质的特殊。

按主管部门的意见，1949年中华人民共和国成立前，国民党政府颁行的法律可予以承认，可直接称之为法律，并加书名号。如1930年发布的《出版法》，就可称之为法律，并加书名号。因此，对类似《出版法》这样的法规，标准的称谓应当是：如引用的1949年前的，可称之为法律，并加书名号；如果引用的是1949年后的，则称之为法规，并加引号。但考虑到文中对这些不同时期的同一部法规反复引用，如果此处用书名号，彼处用引号，会引起行文与阅读的混乱。因此，对台湾地区两岸大众传播交流法规，不论1949年前或后，文中统一称其为法规，并对其具体名称加引号。

（三）台湾地区两岸大众传播交流法规

台湾地区两岸大众传播交流法规，指的是由台湾当局制订或认可的，在台湾施行的，以两岸大众传播交流为调整对象的规范性文件所组成的制度体系，其本质是一种特殊的地方性法规、规章。

四、历史分期

本书主要以台湾地区两岸大众传播交流法规自身发展的状况和呈现的特征作为标准，对其进行历史分期。具体来讲，就是通过考察各个时期台湾地区两岸大众传播交流法规有没有大量的法规出台或废止，其结构体系有没有大的变化，法规的原则和主要规则有没有大的变化等问题，来确定其历史分期。当然，台湾地区两岸大众传播交流法规的历史变迁与两岸关系发展、台湾政治转型等结构性因素也有密切关系。因此，这些宏观环境的变化对不同时期台湾地区两岸大众传播交流法规的影响，本书也给予关注，并将其作为台湾地区两岸大众传播交流法规历史分期的参考因素。根据这样的历史分期标准，本书将台湾地区两岸大众传播交流法规的变迁过程分为1949年–1987年、1987年–1992年、1992年–2003年、2003年至今四个历史阶段。分期的具体状况和原因如下：

1949年5月20日零时起，台湾省全境实施"戒严"。在"国家总动员法""动员戡乱时期临时条款""动员戡乱完成宪政实施纲要"组成的"非常时期"基本法规基础之上，台湾当局先后出台"台湾省戒严期间新闻纸杂志图书管制办法""台湾地区戒严时期出版物管制办法""戡乱时期国片处理办法""管制匪报书刊入口办法"等二十多部法规，建构起"戒严"时期台湾地区两岸大众传播交流法规体系。借助法规所设置的苛严规范，台湾当局以"白色恐怖"的方式，对两岸大众传播交流进行政治禁锢。这一套法规一直施行到1987年"解严"之前。因此，论文将1949年–1987年台湾"解严"前，作为台湾地区两岸大众传播交流法规历史发展的第一个时期。

1987年7月15日零时起，台湾地区"解严"。大批构建于"戒严"体制基础之上的两岸大众传播交流法规被废止。1987年7月15日，台湾当局废止了"台湾省戒严期间新闻纸杂志图书管制办法""台湾地区戒严时期出版物管制办法""管制匪报书刊入口办法"等多部法规。台湾当局还出台了"申请出版沦陷区出版品审查要点""沦陷区出版品、电影片、广播电视节目进入本国自由地区管理要点""现阶段大众传播事业赴大陆地区采访、拍片、制作节目报备作业规定"等多部新法规，整个法规体系得以重构。相关法规对两岸大众传播交流不再实行严格的政治禁锢，而是进行了有条件的部分开放。这标志这台湾地区两岸大众传播交流法规进入了一个新的历史时期。因此，论文将台湾地区两岸大众传播交流法规发展过程的第二个时期的起点定为1987年7月15日台湾"解严"后，终点定为1992年7月31日"两岸关系条例"颁行之前。

1992年7月31日，"两岸关系条例"公布。该条例采取委任"立法"的方式，授权"内政部""新闻局"等行政机构制订两岸大众传播交流相关法规。1992年有大量旧法规被废止，如1992年9月1日，就有"现阶段新闻从业人员赴大陆地区采访报备作业实施要项""现阶段电影事业赴大陆地区拍片报备作业实施要项""现阶段广播电视事业、广播电视节目供应事业赴大陆地区制作节目报备作业实施要项"等多部法规被废止。1993年前后，"新闻局"等行政机构根据"两岸关系条例"的授权，先后出台了"台湾地区人民进入大陆地区许可办法""台湾地区大众传播事业赴大陆地区采访拍片制作节目管理办法""大陆地区出版品电影片录像节目广播电视节目进入台湾地区或在台湾地区发行销售制作播映展览许可办法""大陆地区大众传播人士来台参观访问采访拍片制作节目许可办法"等多部法规。台湾地区两岸大众传播交流法规体系得以重构，相关法规对两岸大众传播交流的限制进一步放宽。因此，论文将台湾地区两岸大众传播法规发展过程的第三个时期界定在1992年7月31日"两岸关系条例"公布起，至2003年4月8日"大陆地区出版品电影片录像节目广播电视节目进入台湾地区或在台湾地区发行销售制作播映展览观摩许可办法"修正公布全文为止。

2003年4月8日"大陆地区出版品电影片录像节目广播电视节目进入台湾地区或在台湾地区发行销售制作播映展览观摩许可办法"修正公布全文，当年10月"台湾地区与大陆地区人民关系条例"修正公布全文。当年还有"大陆地区物品劳务服务在台湾地区从事广告活动管理办法""申请观摩大陆地区电影片之数量及映演场次"等多部法规出台。根据这些法规，台湾当局废除了台湾民众赴大陆的许可制度、废除了大陆在台广告活动的许可制度、首次允许对大陆杂志在台湾发行……相关法规的原则和规则有较大变化。这标志这台湾地区两岸大众传播交流法规步入新的历史时期。2008年马英九上台后，两岸关系稳步发展。在新的媒介技术、产业形态推动下，在两岸交流合作日益密切的情况下，台湾地区两岸大众传播交流法规有进一步松动的态势。但两岸大众传播交流法规并没有重大变革，这与马英九"先和起来"、维持现状的两岸政策有关。2014年，"太阳花学运"爆发，2016年蔡英文上台，这虽然给两岸交流带来较大冲击，两岸大众传播交流也受到较大影响，台湾地区两岸大众传播法规并未有实质性变革。因此，论文将2003年4月8日"大陆地区出版品电影片录像节目广播电视节目进入台湾地区或在台湾地区发行销售制作播映展览观摩许可办法"修正公布全文之日起至今，作为台湾地区两岸大众传播交流法规历史发展的第四个时期。

在每个历史转折阶段，台湾地区两岸大众传播交流法规都有大量法规被修正、制订、废止，法规的结构体系、主要原则、基本规范都有较大的变化，其界限还是相对比较清晰的。台湾地区两岸大众传播交流法规的历史分期和两岸大众传播交流的历史分期有一致的地方，也有相异之处。两者的第一个历史时期的终结，通常会被划定在 1987 年 7 月 15 日的台湾"解严"这一天。这体现了台湾"解严"后台湾政治、社会的断裂式的发展，对两岸大众传播交流以及相关法规的巨大影响。但在学者们对"解严"后的两岸大众传播交流进行历史分期的时候，倾向于将 1992 - 2008 年作为一个历史时期，将 2008 年国民党重新上台执政后作为新的历史时期。这与论文对台湾地区两岸大众传播交流法规的历史分期不同。虽然 2008 年国民党重新上台执政后，着力推动两岸经贸文化交流，两岸大众传播交流有了新发展。但 2008 年后，台湾当局并未对相关法规进行较大规模的修订，也很少废止或出台新的法规，台湾地区两岸大众传播交流法规的结构体系、主要原则、基本规范没有大的变化，因此难以形成一个新的历史时期，这体现了法规的相对独立性和稳定性。

五、研究方法

本书研究的时间跨度大，牵涉面广，常面对法律的、传播的、政治的多种问题，为更好地包容台湾地区两岸大众传播交流法规所涉及的丰富的历史和现实内容，深入探讨其间的各种问题，本书借鉴历史制度主义的研究路径设计了研究的主体框架，即从纵横两个面向观照台湾两岸大众传播的历时性发展和共时性结构。然后以法学的规范分析法充实本书的内涵，即通过规范分析法对各个时期相关法规的法律概念和法律条文进行描述、注释和解释，并对法规的运行状况加以研究。在此基础上，本书采取以问题为核心，各取所需的原则，根据不同时期、不同问题具体选择有解释力的理论或方法进行探析。例如在对"戒严"时期台湾地区两岸大众传播交流法规进行研究时，本书使用了威权传播理论、威权政治理论、紧急权力、紧急失权等多理论和方法加以解析。在探析台湾地区两岸大众传播交流法规发展趋向时，又使用了价值分析、新制度主义等方法、理论。以下几种研究方法是比较主要的：

1. 文献研究法。本书搜集了相关的研究成果，了解本课题研究的历史和现状，以确定研究的基本方向和思路。本书还搜集 1949 年至今的相关法规文本，对这些文献加以阅读、整理、归纳，为研究打下文献基础。

2. 规范分析法。规范分析方法是法学最重要的和最为基础的研究方法，它

"以法律规范为前提,对法律概念和法律条文进行描述、注释和解释"①。论文首先以该方法对台湾地区两岸大众传播交流法规的主要条文、概念加以描述、解释,使其条理化、明晰化。随着法学的发展,人们在更加广泛的意义上来使用规范分析方法,认为法律规范不仅是一种语义上的命令性规范,还是一种制度事实。在进行规范分析的时候,要联系这些法规在动态施行中的效果,在社会实证和价值实证的视野下进行操作②。本研究也认可这样的观点。因此,本书除了注重对台湾地区两岸大众传播交流法规中的概念和条文进行描述、注释和解释外,也注重研究其运行的状况,注重对其社会影响加以描述、分析,注重在一定的价值观念下对其加以观照。

3. 历史制度主义的研究方法。历史制度主义是近三十年兴起的最重要的政治学理论之一,它适合对重大事件作较长时间的历史性分析。它强调"不但要找出那些共时性的结构因果关系,还要从事件变迁的历时性模式中发掘出那些历时性因果关系"③。历史制度主义的分析范式注重分析各种变量所形成的结构关系对制度造成的多元决定,注重将制度放在较长历史进程中加以考察,其方法论和分析范式,恰适合本书的研究对象和研究目的。因此,本书借鉴历史制度主义的方法论和研究范式,将台湾地区两岸大众传播交流法规的研究,放在两岸关系、台湾政治转型、台湾大陆政策、行动者行动等多元要素所构成的复杂结构中,以及1949年以来台湾历史的进程中,从较为广阔的共时性结构和较为悠长的历史景观中,对台湾地区两岸大众传播交流法规的特征、产生和变迁的根本原因等问题进行探析。

4. 价值分析方法。"法学研究由于其对象的目的性,它不同于对自然现象进行研究的自然科学,自然科学是以尊重对象的因果律为基础的,而法学则受对象的目的律的支配。所以,脱离了目的与价值的法学犹如大海里的航船失去了罗盘。"④在法学研究"所有的方法当中,价值方法是其最终归宿,为制度设计提供建议。"⑤台湾地区两岸大众传播交流法规是两岸关系和台湾政治中的敏感

---

① 谈萧:《规范法学的方法构成及适用范围》,《法律科学》,2012年第4期,第37页。法学者们对规范分析方法的概念还多有争论,本书使用了其中较为通行的说法。

② 谢晖:《论规范分析方法》,《中国法学》,2009年第2期,第37-44页。

③ 何俊志:《结构、历史与行为——历史制度主义的分析范式》,《国外社会科学》,2002年第5期,第32页。

④ 李其瑞:《论法学研究方法的多元化趋向》,《法律科学》,2004年第4期,第20页。

⑤ 张志铭:《法学研究方法的种类及价值》,引自宋英辉、王武良主编《法律实证研究方法》,北京:北京大学出版社,2009年,第5页。

话题之一，对其进行研究当然难以避免价值分析和价值判断。然而两岸问题的价值分析往往容易陷入反动和不反动的简单二元价值判断和粗暴价值预设，影响研究的规范和深度。为避免这样的情况，本书采取价值实证的分析方法。即在尽量避免价值预设的基础上，通过规范分析方法，通过对各时期的法律规范、相关案例的解读，通过史料的呈现，来得到结论，而不是带着有色眼镜来解读法律规范和史料。跟多数研究一样，本书有一定的价值追求，而不是一种"纯客观"的研究。本书的这种价值追求既有对法的一般价值追求，如自由、平等、正义等，也有对两岸关系问题的价值追求，即是否有利于两岸人民福祉的增加，是否有利于两岸统一大业的完成。因此，本书认为是否符合法的自由、平等、正义等价值标准，是否有利于两岸人民权利的保护，是否有利于两岸人民的福祉，是否有利于维护两岸的和平发展，是否有利于祖国统一大业的完成，是判断台湾地区两岸大众传播交流法规的价值标准，也是本书的主要价值标准和价值归宿。

第一章 "戒严"时期（1949—1987）台湾地区两岸大众传播交流法规研究

1949 年 5 月 19 日，台湾当局颁布"台湾省警备总司令部布告戒字第壹号"宣告从 1949 年 5 月 20 日零时起，在台湾省全境实施"戒严"，1987 年 7 月 14 日，台湾当局颁行"台湾地区解严令"，宣布从 1987 年 7 月 15 日零时起"解严"。台湾的"戒严"时期持续时间长达 38 年又 56 天之久。本章将对这一历史时期的台湾地区两岸大众传播交流法规加以研究。

第一节 法规本体研究

一、法规的构成状况和主要内容

该时期台湾地区两岸大众传播交流法规体系由"非常时期"基本法规、刑事法规、行政法规三个层面组成。

首先是由"中华民国戒严法""国家总动员法""动员戡乱时期临时条款""动员戡乱完成宪政实施纲要"组成"非常时期"基本法规。它们是台湾"戒严"时期的"宪法性"法规。台湾当局以"接战""抗战""戡平共匪叛乱"为借口，宣告台湾处于"非常时期"，并借助这些法规，架空"宪法"，取消人民游行、集会、结社、罢工、罢课、罢市等权利，对人民的迁徙、言论等自由加以严厉控制，赋予"总统"、军事机关巨大权力，施行专制统治。这几部法规，成为台湾当局构建两岸大众传播交流法规的基础，成为其对两岸大众传播交流进行严厉统制的"合法性"依据。

其次是刑事法规。该层面的法规以"刑法""惩治叛乱条例""戡乱动员时期检肃匪谍条例"为主干。这些法规中的"内乱罪""以文字、图书、演讲为有利于叛徒"等罪名，使得台湾当局可以刑事手段对两岸大众传播交流进行统制。

行政法规层面则以"出版法""电影检查法""电影法""广播电视法"为基础,以"台湾省戒严期间新闻纸杂志图书管制办法""台湾地区戒严时期出版物管制办法""戡乱时期国片处理办法"为主干。借助这些行政法规,台湾当局对两岸出版、电影、电视等方面的交流进行严厉统制。这一时期台湾地区两岸大众传播交流法规体系构成状况如下表:

表 1.1 "戒严"时期台湾地区两岸大众传播交流法规构成状况

类别	序号	法规名称	公布(发布、颁行)时间
基本法规	1	"戒严法"	1934.11.29 公布 (1948.5.19 修正公布)
	2	"国家总动员法"	1942.3.29 公布
	3	"动员戡乱完成宪政实施纲要"	1947.7.29 发布
	4	"动员戡乱时期临时条款"	1948.5.10 公布
刑事法规	5	"刑法"	1934.10.31 公布
	6	"惩治叛乱条例"	1949.5.24 公布 (1950.4.14 修正公布全文)
	7	"戡乱时期检肃匪谍条例"	1950.6.13 公布
新闻报纸、杂志等出版品管制的相关法规	8	"出版法"	1930.12.16 公布 (1958.6.20 修正全文)
	9	"出版法施行细则"	1931.10.7 公布
	10	"台湾省戒严期间新闻纸杂志图书管制办法"	1953.7.27 公布
	11	"台湾地区戒严时期出版物管制办法"	1970.5.22 公布
	12	"管制匪报书刊入口办法"	1960.11.1 公布
	13	"台湾省政府、保安司令部检查取缔违禁书报杂志影剧歌曲实施办法"	1951.1.5 公布
	14	"台湾省各县市违禁书刊检查小组组织及检查工作补充规定"	1951.7.30 公布

续表

类别	序号	法规名称	公布（发布、颁行）时间
电影、电视、广播管制相关法规	15	"电影检查法"	1930.10.11 公布（1948.11.11 修正发布全文 26 条，1955.1.11 修正发布全文 26 条）
	16	"戡乱时期国片处理办法"	1954.6.14 公布
	17	"附匪电影事业及附匪电影从业人员审定办法"	1955.2.21 公布
	18	"电影法"	1983.11.18 公布
	19	"电影法施行细则"	1984.9.15 公布
	20	"台湾省戒严期间广播无线电收音机管制办法"	1950.11.16 公布
	21	"动员时期有无线电广播收音机管制办法"（1963.12.27 修正改名为"动员时期无线电广播收音机及电视机管制办法"）	1955.11.24 公布
	22	"广播无线电台节目规范"	1959.12.21 公布
	23	"电视广播电台设置暂行规定"	1960.5.31 公布
	24	"电信法"	1958.10.23 公布
	25	"广播电视法"	1976.1.8 公布
	26	"广播电视法实施细则"	1976.12.30 发布
	27	"广播电视事业负责人与从业人员管理规则"	1977.8.6 发布
	28	"广播电视节目制作规范"	1983.10.29 颁行
其他	29	"新闻记者法"	1943.1.30 发布
	30	"戡乱时期邮电抽查条例"	1948.12.27 公布
	31	"反共保民总体战动员纲要"	1950.1.27 发布
	32	"社会教育法"	1953.9.24 公布

资料来源：作者自制。

这些法规的主要内容如下：

（一）"非常时期"基本法规

"戒严法"于1934年颁行，1948年5月19日修正公布全文。1949年5月19日，时任台湾省主席兼台湾省警备司令部的陈诚颁布"台湾省警备总司令部布告戒字第壹号"，即史称的"台湾戒严令"，宣告自同年5月20日零时起在台湾省全境实施戒严，"戒严法"在台湾施行。该法第8条规定，"戒严"时期，台湾的内乱罪、外患罪、妨害秩序罪、公共危险罪可由军事机关审判。第11条规定，戒严区域内最高司令官有权停止集会、结社、游行、请愿；可取缔言论、讲学、新闻杂志、图画、告白、标语和其它任何被认为是有妨害军事的出版物；可以拆阅、扣留、没收邮信、电报，可以检查乃至停止出入境船舶、车辆、航空器及其它通信交通工具。该法的实施，使台湾当局可以"戒严"为借口，剥夺人民进行两岸大众传播交流的权利，可以检查、扣押、取缔、没收等各种严厉方式阻隔两岸大众传播交流，并使得军事机构获得了对两岸大众传播交流进行统制的权力。

"戡乱动员时期临时条款"于1948年4月18日颁行，其后又多次根据蒋介石统治的需要进行修正，逐步赋予"总统"越来越大的权力。赋予"总统"超越"宪法"的"紧急处分权"，使得"总统"拥有"决定大政方针""调整人事机构、行政机构"等至高权力，并可无限期连选连任。

"动员戡乱完成宪政实施纲要"于1947年7月19日发布。其第7条规定"为维持安宁秩序，政府对于煽动叛乱之集合及其言论行动，应依法惩处。""国家总动员法"于1942年3月29日颁行。其第22条规定："本法实施后，政府于必要时，得对报馆及通讯社之设立，报纸、通讯稿及其它印刷物之记载，加以限制、停止，或命其为一定之记载。"第23条规定："本法实施后，政府于必要时，得对人民之言论、出版、著作、通讯、集会、结社，加以限制。"这两部法规中关于传播管制的规定，也成为台湾当局对两岸大众传播交流进行统制的法律依据。

（二）刑事法规

"刑法"于1934年公布，曾多次修正。其第100条关于"内乱罪"之规定，成为台湾当局以刑事手段对两岸大众传播交流进行管制的主要依据。该条规定"意图破坏国体、窃据国土，或以非法之方法变更国宪、颠覆政府，而着手实行者，处七年以上有期徒刑；首谋者处无期徒刑。预备或阴谋犯前项之罪者，处六月以上、五年以下有期徒刑。"

"惩治叛乱条例"为台湾"戒严"时期的"非常刑法"，1949年5月24日颁布，1950年4月14日修正，修正后共13条。根据其1950年修正版的规定，言论被纳入叛乱罪范畴。其第6条规定"散布谣言或传播不实之信息，足以妨害治安或者摇动人心者，处无期徒刑或七年以上有期徒刑。"第7条规定："以文字、图书、演讲为有利于叛徒之宣传者，处七年以上有期徒刑。"第10条还规定："犯本条例之罪者，军人由军事机关审判；非军人由司法机关审判；其在戒严区域犯之者，不论身分，概由军事机关审判之。"其中"以文字、图书、演讲为有利于叛徒之宣传者"这一罪名最经常被当局在两岸大众传播交流管制中使用。"在戒严区域犯之者，不论身分，概由军事机关审判之"的规定，还使军事机关获得了两岸大众传播交流领域中刑事案件的审判权。

"戡乱时期检肃匪谍条例"也是台湾"戒严"时期的"非常刑法"，于1950年5月23日颁行。其第2条规定，所谓匪谍即"惩治叛乱条例"中所谓的叛徒，这就使得言论"不当"者可能被认定为匪谍而被"检肃"。其第4条规定，"发现匪谍或有匪谍嫌疑者，无论何人，均应向当地政府或治安机关告密、检举。"第9条又规定，"明知为匪谍而不告密、检举或纵容之者，处一年以上、七年以下有期徒刑。"以刑事责任来强化对"匪谍"进行告密、检举的义务，可谓苛严。该法第6条规定："治安机关对于匪谍或有匪谍嫌疑者，应严密注意侦查；必要时得予逮捕并实施左列处分：一、搜索其身体、住宅或其它有关处所。二、检查、扣押其邮件、电报、印刷品、宣传品或其它文书、图书。三、携带或收藏武器、弹药、爆炸物、无线电机或其它供犯罪所用物品者，不问曾否允许，得扣押之。"这就使得当局可用搜查、扣押、逮捕等方式对两岸大众传播交流进行管制。其第14条规定了对检举告密的奖励，"没收匪谍之财产，得提百分之三十作检举人之奖金，百分之三十五作承办出力人员之奖金及破案费用，其余解缴国库。无财产没收之匪谍案件，得由该管治安机关报请行政院给奖金，或其它方法奖励之。"这种瓜分"匪谍"财产的奖励措施更是成为诬告、构陷的渊薮，施行过程中造成诸多不良影响。1954年台湾当局方对该条进行修正，改变了瓜分"匪谍"财产的做法，改由国库支付奖金。

"戒严"时期的刑事法规，使得台湾当局可以运用搜查、扣押、逮捕、送交感化、判处徒刑等各种的刑事手段，对两岸大众传播交流进行严厉统治。其

"内乱罪""以文字、图书、演讲为有利于叛徒"等重罪规定，鼓励、甚至强制民众对相关案件进行揭发、检举的做法，以及军事法庭可以审判平民的规定，更是使得两岸大众传播交流管制充满恐怖的专制主义色彩，使得台湾人民噤若寒蝉。

（三）行政法规

1. 出版品管制相关法规

"出版法"与"出版法实施细则"。"出版法"于 1930 颁行，至 1999 年 1 月 12 日废止，其施行时间近 70 年，是"戒严"时期国民党当局进行新闻出版管制最为重要的法律依据之一。它多次修正，有 3 次是在"戒严"期间进行的。1952 年修正公布全文 45 条，1958 年修正公布全文 46 条，1962 年修正公布 7 条。"反共"始终是"戒严"时期"出版法"的重要原则。"出版法"第 32 条规定出版品不得传播"触犯或者煽动他人触犯内乱罪、外患罪"的信息。第 42 条规定得撤销登记的两种情况，第一种是"触犯或者煽动他人触犯内乱罪、外患罪"。"出版法实施细则"作为"出版法"的下位法，其基本原则和规范与"出版法"一脉相承。"出版法实施细则"于 1979 年 4 月修正公布，其第 9 条规定："出版发行旨趣，必须符合阐扬基本国策，激励民心士气之旨"。

"台湾省戒严期间新闻纸杂志图书管制办法""台湾地区戒严时期出版物管理办法"与"管制匪报书刊入口办法"这三部法规是台湾当局进行两岸出版交流管制的主干法规。

"台湾省戒严期间新闻纸杂志图书管制办法"由"保安司令部"于 1949 年制定，1953 年 7 月 27 日经"行政院"核准颁行，1987 年 7 月 15 日宣告废除。对新闻、杂志、图书、告白、标语及其他出版品进行核查、管制是其核心内容。依照该办法，台湾所有的出版品在发行前必须送台湾保安司令部备查，刊物进口也要经该机构检查，保安司令部还可在"必要时"对出版品进行事前检查。其第 2 条规定，出版品不得有"为共匪宣传之图画文字""违背反共抗俄国策之言论""足以混乱视听，影响民心士气，或危害社会治安之言论"等情形，否则可予以扣押、处分。

"台湾地区戒严时期出版物管理办法"由台"国防部"于 1968 年制定。1970 年 5 月 22 日，该法修正颁行，修正后共 11 条。其第 2 条规定"匪酋、匪干之作品或译作及匪伪之出版物一律查禁。"第 3 条规定了出版物不得出现"为共匪宣传者""违背反共国策者""混乱视听，足以影响民心士气或危害社会治安者"

等八种情形。第 5 条规定台湾地区所有出版物于发行时必须送样本到台湾警备总司令部备查。第 7 条规定所有出版物进口时，应由警备总司令部查验。

1960 年颁行的"管制匪报书刊入口办法"是一部专门对大陆报刊图书进入台湾进行管制的法规。该办法规定，只有特定的部门方能申请大陆书刊、报纸入口。这些机构应备文并填送申请表向"警总"核报。经核准入口的大陆书刊、报纸应使用此前预先申请好的专用信箱进口。订购的单位收件后，必须对出版品加盖"不得借阅"等戳记。而"警总"每半年应会同"国防部"抽查各单位大陆书刊的保管情况，如有保管不严密的情况，保管人和主管人都要被依法惩处。该法规还严厉禁止台湾出版业者出版大陆作者的作品。

根据这些法规的规定，只要出版品的作者、出版地、内容等任何一个方面与大陆有关，台湾当局都可以"为共匪宣传""违背反共国策""混乱视听、影响民心士气"为借口对其进行管制，这透露了台湾当局对两岸出版交流加以禁绝的用心。在实际执行中，这些法规也造成了两岸出版交流的严重阻隔。

2. 电影管制相关法规

"电影检查法"于 1930 年 11 月 3 日颁行，1983 年 11 月 18 日被"电影法"替代而不再施行。它规定，所有电影上映前须得经"内政部"电影检查处检查（1955 年该法修正，改由"行政院新闻局"电影检查处检查）。其第 4 条规定"电影片有左列各款情形之一者，应予修改或删剪或禁演：一、损害中华民国利益或民族尊严者。二、破坏公共秩序者。三、妨害善良风俗者。四、提倡迷信邪说者。"

"电影法"于 1983 年公布，替代了"电影检查法"。它依然延续了电影的事前检查制度。其第 24 条规定："电影片除经主管教育行政机关核准之教学电影片外，非经中央主管机关检查核准发给准演执照不得映演。"其第 26 条规定："电影片不得有左列情形之一：一、损害国家利益或民族尊严。二、违背国家政策或政府法令。三、煽惑他人犯罪或违背法令。四、伤害少年或儿童身心健康。五、妨害公共秩序或善良风俗。六、提倡无稽邪说或淆乱视听。七、污蔑古圣先贤或歪曲史实。违反前项规定之电影片，中央主管机关于检查时，应责令修改或径予删剪或禁演。"

"戡乱时期国片处理办法"于 1954 年 6 月 14 日颁行，1989 年 5 月 12 日废止。其所谓"国片"指的是"本国电影片和国产电影片"。其第 3 条规定，"国片具有左列情形者，一律禁演，并依法办理。一、在匪区或者在匪控制利用下摄制者。二、附匪电影事业所摄制者。三、电影从业人员附匪或赴匪区参与拍片者。"其第 4 条规定，"电影从业人员附匪或赴匪区参与拍片前所参与之影片，依左列方式处理。一、尚未申请检查者，不予受理。二、已申请检查者，不予处理。三、经核准发给准演执照者，停止映演。"第六条规定，"电影事业以其摄制、发行之国片，供匪直营戏院映演或供匪直营公司运用，国内者，注销其许可；国外者，禁止其影片进口。"根据这些规定，电影只要演职人员、拍摄地、放映地等任何一点跟大陆有一丝沾边都会被界定为"匪"片，被禁止在台湾传播。

这些法规所规定的事先检查制度，加上肆意修改、删减、禁演的管制方法，以及无限扩大的"匪"概念，使得台湾当局足以对任何与大陆有关的电影进行管制，对两岸电影交流加以阻隔。

3.广播电视管制相关法规

"台湾省戒严期间广播无线电收音机管制办法"由台湾省保安司令部制订，于 1950 年 11 月 16 日公布施行。该管制办法对收音机和广播收听行为进行严厉管制。根据该办法，购买收音机需要向保安司令部申请"准购证"，持有收音机必须向电信局登记，并取得登记证。根据其第 12 条规定，"收音机装户应随时接受检查人员之查询"，如发现没有登记证，则会被"扭送保安部或附近宪警机关"。收听大陆电台的行为被严厉禁止，根据其第 13 条规定，如果有"收听奸匪电台广播，将奸匪广播予以笔录或散布流言者"可视情节轻重予纠正警告、没收机件或者移送军法机关法办。

"广播无线电台节目规范"对广播节目内容应遵循的基本原则，各类节目制播和内容的规范进行比较详细规定，要求广播节目必须"奉行国家政策，发挥社教功能"。

"动员时期有无线电广播收音机管制办法"由"国防部"于 1955 年会同"交通部"订定发布，1962 年由于台湾电视公司开播，"国防部"又会同"交通部"于 1963 年将其修正为"动员时期无线电广播收音机及电视机管制办法"。该办法第 1 条就明确规定，其"立法"的目的之一在于防止和取缔收听"匪俄广播"。依据该办法，装用无线电广播收音机及电视接收机者，均应依"广播收音机及电视接收机登记规则"向当地电信局领取执照，期满后换照，并限制电视机使用频率为 174 – 210 兆赫，凡由国外进口之电视机频率超过所规定范围者，须于截除后携带证明，送请当地电信局核验发照后方可使用。该法第 12 条规定，除机关团体因业务需要经电信检查机关核准外，其他"收音机装户不得收听匪俄广播"。其第 15 条规定，如"收听匪俄广播散布谣言或抄录传播，足以妨害治安动摇人心者，依惩治叛乱条例第六条规定处罚之。"

台湾专门的电视法规出台较晚，早期由 1958 年 10 月 23 日颁行的"电信法"管制广电传播行为。该法规定，凡应用有线电或无线电传递之电报、电话、广播、电视及各种符号、信号、文字、声音、影像或任何方式之电能通信者，都由"交通部"主管。而"交通部"应会同"警备总司令部"等部门，负责节目内容监控。

"广播电视法"于 1976 年 1 月 8 日颁行，"戒严"期间曾两次修正。"广播电视法"规定，电台、电视台的设立须经登记，并取得执照。为了落实对电视内容的管制，"广播电视法"第 25、27、28、33 条规定了事前审查的制度。其第 25 条规定："电台播送之节目，除新闻外，新闻局均得审查；其办法由新闻局定之。"第 27 条规定："电台应将其节目时间表，事前检送新闻局核备；变更节目时亦同。"第 28 条规定："无论任何类型之节目，凡供电台使用者，其输入或输出，均应经新闻局许可。"第 33 条规定："电台所播送之广告，应与节目明显分开；内容应依规定送请新闻局审查。经许可之广告内容与声音、画面，不得变更。广告内容审查标准，由新闻局定之。"依照这些规定，广播电视节目除新闻之外（但新闻性节目，如新闻纪录片需审查），无论自制的或是引进的，包括电视剧、广告、社教片、节目时间表等都要审查。依其第 21 条规定，广播电视节目的内容不得"损害国家利益或民族尊严，违背反共复国国策或政府法令"，这就使得当局得以"违背反共复国国策"对两岸广电交流进行阻隔。

"广播电视节目制作规范"由"行政院新闻局"于 1983 年 12 月 29 日颁行。该法规对电视节目的主题、情节、对白等方面提出了诸多细致要求，而"反共"乃是其最重要原则。该规范要求广播电视节目制作时要在主题及意识形态方面遵循"不违背反共国策""不歪曲三民主义""不消沉民心士气"等原则。

"广播电视事业负责人与从业人员管理规则"于 1977 年 8 月 6 日发布，该法规定"曾触犯或煽惑他人触犯内乱罪、外患罪、惩治叛乱条例或戡乱时期检肃匪谍条例之罪"者，不得为广播、电视事业负责人与从业人员。

除了"台湾省戒严期间广播无线电收音机管制办法"和"广播无线电台节目规范"外，其他的广播电视管制法规制订较晚，相比早期制订的传播法规，其专制主义色彩有所弱化，言论管制话语也较不露骨。但其确定的不违背"反共国策"的基本原则，事前审查的管理方式，以及对节目制播、从业人员资格的严格控制，亦足以让台湾当局对两岸广电交流加以阻隔。

（四）其他法规

"戡乱时期邮电抽查条例"于 1948 年 12 月 27 日颁行，共 8 条，至 1995 年 1 月 27 日方废止。其第 2 条规定"各重要地方在发现有共匪份子潜伏活动，企图扰乱地方治安，及其它不法行为者，当地卫戍司令部，保安司令部，防守司令部等，或驻军最高司令部，依据情报，认为有实施邮电抽查之必要时。应会同当地最高行政机关呈经隶属之绥靖公署或剿匪总部，层转行政院核准后实施。"根据该法第 4 条规定，检查范围包括"企图造谣惑众、扰乱治安、破坏军事、危害国家之电信及刊物"。该法规赋予当局对电信、出版品进行检查的权力。

"反共保民总体战动员纲要"由台"行政院"于 1950 年 1 月 27 日颁布。纲要主要的内容是规定动员台湾全部人力物力，实施"反共"战略。该纲要还要求台湾人必须宣誓："我自己绝不通匪，并不容人通匪，如违此誓言，愿受民众大会制裁。"

"社会教育法"于 1953 年 9 月 24 日公布，"戒严"时期两次修正。根据 1980 年修正版第二条规定，社会教育之任务包括"一、发扬民族精神及国民道德。二、推行文化建设及心理建设"等方面。第七条规定"广播电视及其它大众传播媒体，应加强配合社会教育之推行；其办法由教育部会同行政院新闻局定之。"这就使得教育部门亦得以参与到大众传播管制中。

二、法规的主要特征

这一时期台湾两岸大众传播法规作为构建于"动员戡乱时期临时条款""戒严法"等"非常法"基础之上的法规体系，其法律概念的运用，权利和义务的配置，权力和权利的安排，法规体系的结构等各个方面，无不打上了"非常时期"的烙印，有其鲜明的特征。

（一）严重的泛政治化色彩

"戒严"时期台湾地区两岸大众传播交流法规最鲜明的一个特征是大量使用"奸匪电台""附匪""为匪宣传""匪酋""匪干""反共""抗俄""匪区"等泛政治化、泛意识形态化话语。以"戒严"时期电影管制的重要法规"戡乱时期国片处理办法"为例。该法规全文仅 702 字，出现"匪"字就有 9 处，除掉第一条说明法规制订目的，第二条解释"国片"概念，最后一条说明施行时间这三条非规范性条文外，所有具体规定规范的条文都使用"匪"的概念。

从法的技术角度来看，这样的概念使用状况使得相关法规显得极为粗糙。其一是这些概念没有清晰的内涵和外延，极为模糊。所谓"附匪""匪酋""匪区"并未清晰地表述所指称的事物，台湾当局也从来不出台解释对其进行界定。这就使得人们难以准确认知、理解这些法规，执法者、司法者也无法准确、科学地进行法律分析，并恰当地适用法规。其二，这些概念并不能准确反映现实生活，甚至与现实生活大相径庭。如它们简单地将所有大陆人民界定为"匪"，大陆界定为"匪区"，就是对现实的扭曲，这些概念和社会现实存在巨大龃龉，必然造成执法和司法过程中的种种问题。

这种粗糙的、技术水平低下的概念使用状况，虽不能使得法规良好运行，更与公平、正义、法治的价值相去甚远，却有利于台湾当局实现对两岸大众传播交流的统制。由于概念模糊，台湾当局可利用这些话语巨大的解释空间，随意地适用法规。任何两岸大众传播交流行为都可被解释为与"匪"有关，以"通共""为匪宣传""以言词、图书有利叛徒"等借口进行绞杀。通过这些不准确、不科学的法律概念，台湾当局营构出一种模糊不清、云遮雾罩的语境。这样的语境使民众对法规捉摸不透，对行为结果无法预测而心生畏惧。而当局则可以根据需要，对法律任意解释，随意拿捏，遂行其意志。"戒严"时期台湾地区两岸大众传播交流法规在概念使用上的技术粗糙和泛政治化，其实透露的是台湾当局深文周纳的专制野心和"反共"的基本立场。

（二）极端不平衡的权利义务配置

对"戒严"时期台湾地区两岸大众传播交流法规进行权利义务分析，可以发现，其权利义务配置极不平衡。相关法规基本没有授予民众权利，却让民众承担大量的义务。这些法规大量使用的是"不得""禁止""应当""必须"这样的话语，而基本没有"得""可以""可""有权"等话语，充斥的都是义务性规则，而几乎没有授权性规则。以"戒严"时期两岸出版交流管制的主干法规"台湾地区戒严时期出版物管制办法"和两岸电影交流管制的主干法规"戡乱时期国片处理办法"为例，可以清晰地看出这种权利义务配置的不平衡状况。这两部法规权利义务配置状况如下表：

表1.2 "台湾地区戒严时期出版物管制办法"、"戡乱时期国片处理办法"
权利义务配置情况 [1]

	"台湾地区戒严时期出版物管制办法"	"戡乱时期国片处理办法"
条文数	11 条	8 条
规范性条文数	8 条	4 条
授予权利的条文数	1 条	2 条
规定义务的条文数	9 条	4 条
授予权利数	1 项	2 项
规定义务数	14 项	4 项

资料来源：作者自制。

可以看到，这两部法规中，赋予权利数总共仅有 3 项，而规定的义务数则有 18 项。而极为少数的权利，又有严苛的限定条件。"台湾地区戒严时期出版物管制办法"的第十条"违反本办法第六条之规定者，应将其出版物扣押，其在一个月内，提出申请经主管机关核准者，得于补办进口手续后发还"是该法唯一授予权利的条文，它规定对被扣押的台湾地区之外的出版品，被扣押人有补办手续申请发还权利，但能否发还，还应经"主管机关核准"。"戡乱时期国片处理办法"的第四条规定"电影从业人员附匪或赴匪区参与拍片前所参与之影片"被裁定不予受理或停止上映后，有权"重行申请检查"，但前提是"自行修改"。其第七条规定，依该法第三条、第四条被禁演或处理的影片，持片人有权申请"重行检查"，但前提是"其电影事业、编剧、导演或主要演员反正归诚"，并且有"摄有反共影片"或者"公开发表反共声明者"行为之一。且这些权利都仅仅是"重行申请检查"的权利，至于能否通过检查，则不在当事人控制范围内。

这种权利义务配置失衡的状况固然与当时台湾处于"非常时期"，施行"动员戡乱"体制和"戒严"体制，对人民权利进行克减，使得人民处于"紧急失权"的状况有关，有其客观原因。但从权利克减的范围和及其价值目的看，台湾地区两岸大众传播交流法规中权利义务配置的失衡是有违基本的法制精神的。

---

① 有的条文既规定义务，又授予权利，有重复处，故规定义务条文数加上授权条文数总数可能会大于规范性条文数。

从法理上看，在紧急状态下，对权利的克减只是一种手段，而不应是价值旨归。对人民权利的克减，其目的在于让管理者拥有较大权力（特别让军事机构发挥其专断力量）以对社会资源加以控制、调配，对社会秩序加以控制，来重建和维系秩序，使得人民权利不至于在非常状态下被冲毁，从而使人民的总体权利和基本权利得到保障。因此，戒严状态下对人民权利的克减应遵循两个基本原则：一是"人权原则，要求在紧急情形时，也应对人民的基本权利予以尊重"①。二是法定性和暂时性原则，其施行必须在符合"法律所规定的严重危及国家的统一、安全，严重危及人和公民的生命、健康、财产的权利，严重危及社会公共安全的动乱、暴乱或者严重骚乱，以及严重影响社会稳定的重大公共事件等非常事件"发生时，"在最极端的法定情况下不得已而采取"。②一俟条件丧失，就应必须恢复人民权利。

"戒严"时期台湾两岸大众传播法规对两岸大众传播交流活动严加阻隔的做法，超出了必要的限度。如台湾当局当时查禁了大量与政治、意识形态无关，对台湾的安全不构成任何威胁的"匪书"。如叶圣陶的《文章例话》、丰子恺所著《孩子们的音乐》只因作者在他们认定的"匪区"就被查禁。而台湾出版业者翻印的《电工作法》《焊接工作》《矿石机装制法》《外方十三考》也被查禁，只因为其原版是大陆的。③这就明显超出了限度，是对人民权益的侵夺。而法规对人民权利的克减长达38年，则完全违背了暂时性的原则。尤其是在美国"协防"台湾，而大陆又改变对台政策，台湾基本不存在"安全威胁"状况下，依然对两岸大众传播交流严加阻隔，则显示了台湾当局克减人民进行两岸大众传播交流的权利的目的，并不在于维持社会秩序，更不在于保障人民权利，而是对权力和专制制度的留恋。

（三）缺乏必要控制的权力安排

该时期台湾地区两岸大众传播交流法规赋予人民权利极为吝啬，但赋予公权力机关权力却是慷慨的。仅从相关法规使用的"匪酋、匪干之作品或译者及匪伪之出版物一律查禁""均得审查""不予办理""责令修改""径予删改"等

<hr/>

① 陈新民：《德国公法学基础理论（下册）》，济南：山东人民出版社，2002年，第664页。
② 刘小兵：《紧急状态的基本要素及其制度选择》，《南京社会科学》，2004年第5期，第58、59页。
③ 蔡盛琦：《1950年代图书查禁之研究》，《国史馆馆刊》，2010年12月，第95、101页。

不问青红皂白，肆意而为的话语，就不难看到法规背后公权力机构挥舞权力大棒、为所欲为的独裁面孔。对这些法规详加解析，可以发现它们有这样的特点：一是法规赋予了众多的权力机关以管制两岸大众传播的权利，这些机构包括"台湾警备总司令部""内政部""新闻局""交通部""教育部"、国民党党部、"国家安全局"等十多个。二是管制方式很多，有查验、扣押、没收、备案、逮捕、拘留、罚款、处以徒刑等方式。三是管制手段严厉，法规赋予当局以刑事手段来管理两岸大众传播交流的权力，特别是让军事机关获得了处理两岸大众传播交流领域刑事案件的权力，使得两岸大众传播交流管理充满了白色恐怖。

这些法规在赋予公权力机构管制两岸大众传播交流的权力的时候，基本没有权力制衡的制度安排，也缺少行政纠错机制和司法纠错机制的构建，更忽略人民在遭受公权力机构侵害时救济途径的设置。这种缺乏制衡和必要控制的权力安排，使得台湾公权力机关在两岸大众传播交流管制过程中，大肆侵害人民权利，制造大量冤案，给台湾人民造成巨大痛苦。

"戒严"时期台湾两岸大众传播法规对公权力机构的赋权，是典型的"国家紧急权力"赋予。然而它赋予这种"行使其统治权的最直接、最极端的暴力形式"[①]时，却有悖于国家紧急权力行使的法定条件和基本原则。"国家紧急权力的行使必须与应对紧急情况的现实需要相符合……不能够破坏分权制约的宪政精神……不能够侵犯那些不容克减的人权"[②]，其发动和行使"必须以恢复国家秩序和宪法秩序为目的，……从而保障公民的基本权利能尽快在常态之下正常行使"[③]。而如上文所论，50年代后期之后，台湾基本已经不存在严重的"安全威胁"，已经失去了获得"紧急权力"的根本条件，在这种情况下，台湾当局依然实行了长达38年的"戒严"。在两岸大众传播交流管制中，台湾当局对权力的使用也缺乏必要的分权和制衡，出现了对人民权利肆意加以侵夺的状况。这是一种典型的"国家紧急权力"滥用，是"对人权的侵害和对法治的践踏……成为统治者为了个人的利益或为加强其统治地位而镇压人民的堂而皇之的借口"[④]。

---

① 刘小兵:《紧急状态的基本要素及其制度选择》,《南京社会科学》,2004年第5期,第58页。

② 刘小兵:《论国家紧急权》,《法律科学》,2003年第5期,第91页。

③ 韩大元:《论紧急状态下公民基本权利的限制与保障》,《学习与探索》,2005年第4期,第80、81页。

④ 莫纪宏、徐高:《紧急状态法学》,北京:中国公安大学出版社,1992年,第243页。

（四）叠床架屋的法规结构

这一时期台湾地区两岸大众传播交流法规的另一特点是法规数量庞大。除了上面列举的三十多部主要法规外，涉及两岸大众传播交流管制的还有各种各样的规定、办法、简则、命令等，如"台湾省各县市违禁书刊检查小组组织及检查工作补充规定""台湾省书报杂志摊贩管理办法""新闻纸杂志及书籍用纸节约办法""匪酋匪干及附匪分子著作查禁标准""通信联合会报简则""交通部、国防部通信联合会报办法"等，可谓律令林立。

借助这种叠床架屋的制度体系，台湾当局对两岸大众传播交流进行严密而全面地管制。报刊、书籍、电视、广告、广播、电影、传单、歌曲等各种媒介，个人、小商贩、书店、出版商、报社、电台、电视台、影院、电影制作公司等各种主体，几乎任何传播渠道、内容、主体，都有法规来管制，可谓撒下了天罗地网。

然而从法的技术角度看，这一时期台湾地区两岸大众传播交流法规的数量虽多，但在系统性、精炼性、严密性上却有诸多不足。法规之间彼此交叉，多有重复，还屡有新法出台，而旧法不废的情况，缺乏法规体系的清理、梳理和系统化。例如"台湾省戒严期间新闻纸杂志图书管制办法"由台湾省保安司令部于1949年制定，1953年经"行政院"核准颁行。1968年台"国防部"制定又"台湾地区戒严时期出版物管制办法"，两法内容多有重复，但未进行清理，直至1987年方一同被废止。同样情况还有1950年台湾省保安司令部公布施行"台湾省戒严期间广播无线电收音机管制办法"，1955年"国防部"又会同"交通部"订定发布"动员时期有无线电广播收音机管制办法"，两法重复处极多，也未进行必要的合并、清理。

这样的结构状况，体现了这一时期台湾两岸大众传播法规创制的随意性，表明"立法者"并不十分在意"立法"水平是否高超，法规体系是否科学，其根本目的乃是要实现对两岸大众传播交流的全面控制。

第二节　法规运行状况

从实现统治者意志的角度看，这一时期台湾地区两岸大众传播交流法规的运行是高效的。这种高效性充分地体现在立法、执法、司法等各个法律运行的环节上。在两岸大众传播交流法规的创制上，台湾当局操纵国家机器，根据自己的意愿出台各种法规，来维护其专制统治。在法规的执行上，包括党、政、军在内的十几个机构组成了庞大的执法机构，运用包括事前审批、事前检查、临检、查封、扣押、没收等各种强力的执法手段对两岸大众传播交流进行管制，其效率是无可置疑的。而司法活动，由于有当局的指挥，有军事机构包办从抓捕、到侦查、公诉、审判、覆判等所有环节，充分保障了当权者对两岸大众传播交流相关司法活动的操控。虽然从 20 世纪 70 年代中后期开始，由于台湾政治、社会的种种变化，国民党的控制力有所降低，台湾当局对两岸大众传播交流的控制出现了一些"空隙"。但纵览整个"戒严"时期，台湾当局基本实现了对两岸大众传播交流的全盘控制。执法机构的庞大、执法手段的严厉、司法活动的专制集中体现了这一时期台湾地区两岸大众传播交流法规运行的特征，本节就从这三个角度切入，来窥探该时期相关法规的运行状况。

一、众多机构合力对两岸大众传播交流进行管制

这一时期参与两岸大众传播交流管制的机关很多，组成了以国民党为首脑，以军事机关（主要是"台湾警备总司令部"）为核心，以"新闻局"、"内政部"为主干，情治机构、教育机构等多机构参与的结构体系。

（一）国民党：两岸大众传播交流管制的"太上机构"

国民党对大众传播进行管制的主要法律依据是 1930 年颁行的"出版法"和"电影检查法"。以孙中山"革命程序论"的设计，1930 年中国处于"训政"时期，国民要"受四权使用之训练"，党和政府乃有民众老师、教授民众行使权利的功能。在这样背景下，当时的"出版法"呈现党政一体，党政双轨并行的特征。[①]1930 年的"出版法"明确规定出版品不得"意图破坏中国国民党或者三民主义者"，还要求出版品须送国民党检查。1937 年"出版法"和"出版法施行细则"修正，修正案不仅承袭了国民党管制新闻出版的制度，而且对其权力进行了扩大。法规要求出版品须送国民党中央宣传部检查，新闻纸和杂志登记时，必须先经国民党党部审查同意，方可发给登记证。而中央党部如发现出版品有应受出版法处分之情形还可函请内政部办理之。这赋予了国民党从登记审批、内容检查到处罚的完整权力，其权力甚至是"进一步凌驾于正规体制的

---

① 王寿南:《抗战前十年的出版法规》,《政治大学历史学报》,1998 年第 15 期, 第 112 页—113 页。

'内政部'之上，俨然成为内政部的'太上机构'。"①

然而各界对"出版法""电影检查法"中党政一体、党政双轨并行的机制猛烈抨击，要求大众传播管理"去党化"声音越来越大。1948"电影检查法"修正时，以"内政部"为电影检查机构，1955"电影检查法"再次修正，电影检查权力转给"行政院新闻局"，皆不提国民党电影检查的权力。1983年公布的"电影法"也没有授予国民党电影管理的权力。因此1948年以后，国民党已经失去电影检查的法律依据。1952年新修正的"出版法"颁行，"去党化"成为1952年"出版法"的最大变化，前两版"出版法"中不得破坏中国国民党或违反三民主义，出版品发行时必须缴呈一份给中央宣传部，新闻纸杂志申请登记时内政部应将登记声请书抄送中央宣传部等规定均被删去。因此，1952年后，国民党对出版品进行管制的法律依据也已失去。

然而实际上国民党依然对两岸大众传播交流大加干预，其大众传播管理的"太上机构"的性质并没有改变。其参与两岸大众传播交流管制的具体做法是：一、不管有没有法律的授权，直接参与到大众传播管制之中。如根据1952年以后的"电影法""出版法""台湾省各县市违禁书刊检查小组组织及检查工作补充规定""台湾省政府、保安司令部检查取缔违禁书报杂志影剧歌曲实施办法"等法规，国民党并不在电影检查和出版品的法定组织机构中。而国民党中央第四组、第六组等机构，经常"受邀"参与到电检小组和出版品检查小组中，参与电影和出版品查禁工作。② 甚至是策动、指挥其他机构进行大众传播的管制。"对于图书的检查，经常是由第四组策动保安司令部、台湾省新闻处、台湾省警务处等单位办理，它工作的划分是有党论或宣传性的书刊，由第四组自行审核；各书肆的书刊及中文书刊，由保安司令部、教育厅、新闻处、警务处等单位组织'书刊联合审查小组'检查，如小组有不能决定者，再交由第四组处理。有许多例子显示，对于应取缔的刊物，第四组都是直接发文给机关单位，要求执行销毁与取缔工作。"③ 二、成立专门大众传播管理机构，对两岸大众传播交流加以管制。国民党于1965年8月，成立新闻党部，在各大新闻机构设置区党分

---

① 杨秀菁：《台湾戒严时期的新闻管制政策》，台北：政治大学硕士论文，2002年，第18–19页。

② 郑玩香：《战后台湾电影管理体系之研究：1950–1970》，中坜：中央大学历史研究所硕士论文，2001年，第63–65页。

③ 蔡盛琦：《1950年代图书查禁之研究》，《国史馆馆刊》，第二十六期（2010年12月），第88页。

部，还成立新闻评议委员会，使得国民党直接渗透入新闻机构，直接对新闻机构进行管控。三、此时大众传播管理的各公权力机构皆由国民党党员执掌，借助渗透到公权力机构的党组织，国民党实现其大众传播管制的意志。

（二）军事机关：两岸大众传播交流管制的核心机构

大众传播本属"文官"管理领域，但"戒严"体制的实施让台湾的军事机关走上了大众传播管理的前台，并成为两岸大众传播交流管制的核心机构。依据"戒严法"第 12 条第 1、2 项的规定，戒严区域内最高司令官可以停止集会结社，或取缔新闻、杂志、图书、告白、标语等之认为与军事有妨害者，可以拆阅邮信、电报，必要时得扣留或没收之。这是军事机构管制两岸大众传播交流活动的法源。其中"台湾警备总司令部"①又是"核心的核心"。依据"台湾省戒严期间新闻纸杂志图书管制办法""台湾地区戒严时期出版物管理办法""管制匪报书刊入口办法""台湾省政府、保安司令部检查取缔违禁书报杂志影剧歌曲实施办法"等法规，所有在台湾印刷或发行的出版品，在印就发行时，都要呈送一份给"警总"备查，出版物进口时也应由"警总"查验。而在变乱或战争情况下，"警总"还得对出版物事先检查。对"匪酋、匪干之作品或者译者及匪伪之出版物"，"为匪宣传"，"违反反共抗俄国策"，"影响民心士气"的大众传播品"警总"得以行检查、扣押、没收之权。

根据"戒严法"等相关法规规定，军事机关还可以联合、参与、召集甚至是指挥行政部门对大众传播进行管制。如 1960 年，"警总"邀请"新闻局"等相关部门设置广播安全会报，进行节目监听、电台考核、违规节目通报等工作。"台湾省各县市违禁书刊检查小组组织及检查工作补充规定"的数次修正反映了军事机关在大众传播管理组织中地位的重要性。50 年代，该法颁行，规定建立

---

① "台湾警备总司令部"名称和机构有数次变革。其前身是 1945 年成立于重庆的台湾省警备总司令部，目的是负责台湾接收工作。1947 年"二二八事件"后，改为台湾全省警备总司令部，由彭孟缉担任总令。1949 年初，陈诚宣布台湾"戒严"，将台湾全省警备总司令部再改为"台湾省警备总司令部"，由陈诚担任司令。1949 年秋，台湾省警备总司令部裁撤，分别成立东南军政长官公署及台湾省保安司令部，彭孟缉为保安司令。1958 年，将台湾防卫总司令部、台湾省保安司令部、台湾省民防司令部及台北卫戍总司令部等四个单位，整合为台湾警备总司令部，黄镇球任总司令。1992 年，"动员戡乱"时期终止，台湾警备总司令部改制为台湾军管区司令部兼海岸巡防司令部，台湾警备总司令部宣告撤销。而台湾民众习惯不辨各时期名称差别，统称其为"台湾警备总司令部"，或"警总"。为读者阅读的便利，论文就按照台湾民众的称呼习惯，不细辨各个时期名称差别，统称"台湾警备总司令部"，或简称为"警总"。

各个县市书刊检查机构，由警察局、教育局、社会科派员组成，而警察局成员担任组长。1967年该机构改名为"文化工作小组"，由新闻、警察、教育、社会等相关行政机构派员组成，市级小组由市政府派新闻室主任来担任组长，县级小组则由县政府派秘书担任组长。1972年该法规修正，小组成员加入了各县市的"警备分区指挥部"，军事机关首次进入书刊检查机构。1980年再次修正，则以各县市警备分区指挥部的指挥官来担任组长。在台湾日趋稳定的情况下，军事机构在书刊检查组中的地位反而提高，权力反而增强，可见军事机构在两岸大众传播交流管制中的地位。而根据"戒严法""惩治叛乱条例""戡乱时期检肃匪谍条例"规定，如果两岸大众传播活动涉嫌"内乱罪""以文字、图书、演讲为有利于叛徒"等罪名，则"不论身份，概由军事机关审判之"，军事机关还获得了对两岸大众传播活动中的"犯罪"行为进行审判的权力。

"戒严"时期台湾军事机构对两岸大众传播交流的管制涉及了各个环节，控制力到达每一个地方。而其进行管控的手段和可调用的资源是全方位的，它有自己的情报机构（"警总"情报组是台湾八大情报机构之一），可以特务手段进行侦查；有暴力的强制手段，可派遣武装人员持武器施行各种管控；有审判机关，可以军事法庭对平民进行审判。由于军事机构管理思维和伦理不同于文官体系，并拥有随时可以使用的军事暴力，它介入两岸大众传播交流管制，带来了更多的专横和恐怖。

（三）行政机构：地位和作用逐步提升

这一时期管理两岸大众传播交流的行政机构主要有"内政部""行政院新闻局""交通部""文化局""教育部"、各县市政府和相关地方行政部门等。根据1952年"出版法"的规定："内政部"为新闻纸和杂志登记的核准机构，新闻纸、杂志发行必须寄送"内政部"和所属地省政府或市政府备查。"内政部"、省政府、市政府皆有审查出版品的权力，对于违规出版物，"内政部"得禁止进口，省政府、市政府得扣押。对出版品之记载触犯或煽动他人触犯内乱罪、外患罪者，省政府、市政府得扣押。根据1958年"电信法"，广播电视由"交通部"主管，"交通部"可以对广播电视内容进行监控。1967年，"教育部文化局"成立，接办广电管理工作，主要管理广电的内容。此外依据"台湾省各县市违禁书刊检查小组组织及检查工作补充规定"，地方的警察局、教育局、社会科也参与到出版品检查中。

70 年代以后，"行政院新闻局"在大众传播管理中的地位逐渐提高，成为最重要的大众传播机构。"行政院新闻局"于 1947 年成立，1950 年"行政院"改组时被裁撤。1954 年，又恢复建制，设三处，传播业辅导和新闻分析是其主要业务之一。1973 年，"行政院新闻局组织条例"修正公布全文 21 条，"新闻局"增设出版事业处、电影事业处、广播电视事业处，使得它具有全面管理出版、电影、广电的职能。同年 8 月原属"内政部""教育部"及其他有关机关之大众传播管理业务正式划归"新闻局"主管。1976 年颁行的"广播电视法"和"广播电视法施行细则"又将广播电视管理的权力正式授予"新闻局"。[①]"行政院新闻局"成为最重要的两岸大众传播交流管制行政机构，得以对两岸出版、电影、电视、广播等领域的交流，以登记、备案、事先检查、临检、扣押、没收、罚款等各种手段加以管制。

"行政院新闻局"在两岸大众传播管理中地位的提高，是台湾行政机构改革使然，也是对台湾人民要求行政管理规范化的因应。两岸大众传播交流管理权力向"行政院新闻局"归拢，提高了行政效率，有利于台湾当局对两岸大众传播交流的控制。客观上，更专业化的新闻局，相对而言会更多地在法律的框架内，以较为规范化的行政手段来管理两岸大众传播交流，有利于减少管理的随意性。70 年代中期以后，两岸大众传播交流的管制略有宽松，本质上是台湾政治空气变化使然，"行政院新闻局"的较为规范、专业的行政管理，也是其中一个原因。

（四）情治机构：两岸大众传播交流管制的特务机关

1949 年，蒋介石将撤退台湾的特务人员清理整合，成立了"政治行动委员会"。1950 年，"政治行动委员会"改为"总统府机要室资料组"，以蒋经国为主任，统辖所有情报业务。当时台湾的情治机构包括"国防部保密局""国防部第二厅""内政部调查局""外交部情报司""保安司令部""台湾省政府警务处"等。1954 年后，蒋介石改组、设立"国家安全局"和"国家安全会议"，在其基础上对整个情报机构进行改组。这一时期台湾情治机构包括"司法行政部调查局""国防部情报局""宪兵司令部""国民党中央委员会第二组"等。

情治机关对两岸大众传播活动进行管制的主要法律依据乃是其拥有的侦查

---

① 根据"行政院新闻局"编《跨越 50 年——行政院新闻成立五十周年庆祝特刊》归纳，台北："行政院新闻局"，1997 年。

权和逮捕权。尤其是两岸大众传播交流管制往往与检肃"匪谍"、杜绝内乱外患、了解研究"匪情"、清查"为匪宣传"行为、巩固心防等情治部门之职责紧密相关。这使其从"戒严法""惩治叛乱条例""检肃匪谍条例"等法规中汲取了对两岸大众传播交流进行管制的"合法性"依据。情治单位把特务手段带入两岸大众传播交流管制,给人民造成巨大痛苦。当时,台湾情治机构建立所谓"细胞组织",在社会各个层面安排"线民""细胞",其目标是每500个人就有一"细胞"布建。通过这些渗透到媒体、学校、社会团体等单位的"细胞",情治部门对全社会进行严密监控,而新闻媒体被列为"重点布建"的单位,形成了"老大哥"监视一切的恐怖氛围。[①] 除此外,情治机关还可运用拆检邮件、监听、跟踪、监视、约谈、查扣、逮捕等特务手段对涉及大陆的大众传播行为进行管制。更有甚者,情治机关还经常不经法定程序秘密逮捕,超期羁押,甚至进行暗杀。

1947年11月8日凌晨,情治人员以查户口为名,闯入报人童轩荪家,进行搜查,搜到马克·吐温所著小说,竟疑为马克思家族所写,怀疑其"通匪",将其逮捕,最终以"思想左倾,意志不坚"罪名将童轩荪送去感训7个月。又如《国语日报》主编朱传誉,因选用新四军将领鲁雨亭的文章,被情治人员侦知,将其逮捕,后被以"为匪宣传"罪名,处以有期徒刑7年。[②] 又如香港演员萧芳芳,因在香港参加政协委员章士钊的治丧活动,被认为与中共有关,被情治人员列入黑名单。1974年萧芳芳到台湾拍摄影片,情治人员以此为由,对其主演的影片"不予处理"。

情治机关管理两岸大众传播交流,其权力炽烈,手段阴暗,对两岸大众传播交流、对台湾人民权利损害很大。

---

① 陈翠莲:《台湾戒严时期的特务统治与白色恐怖氛围》,引自张炎宪、陈美容编《戒严时期白色恐怖与转型正义论文集》,台北:台湾史学会、吴三连台湾史料基金会,2009年,第49、61页。

② 童、朱二人案例根据王天滨《新闻自由:被打压的台湾媒体第四权》,台北:亚太图书,2005年,第194、197页整理。

二、两岸大众传播交流管制手段

（一）事前管制

1. 登记核准

"戒严"初期，台湾执行的是 1936 年版的"出版法"和"出版法施行细则"。根据这两部法规，新闻纸和杂志在首次发行前，必须由发行所在地之地方主管官署于十五日内转呈省政府或直隶于"行政院"之市政府核准后，并由"内政部"经国民党中央宣传部同意后，发给登记证。1952 年"出版法"修正，该登记核准程序也有所改变，将抄送和经国民党中央宣传部同意的程序去掉，但登记制度依然没有改变，还增加了对"发行旨趣"项目的审核。

报刊需要登记，电台、电视台的设立也需要登记。根据 1951 年"台湾省戒严时期无线电台管制办法"，电台的设立必须经"交通部"同意，取得执照后方能设立。根据 1958 年的"电信法"和 1959"电视广播电台设置暂行规定"，电视台的设立须经"交通部"审核登记。1976 年"广播电视法"颁行，电台、电视台的登记则由"交通部"和"新闻局"共同审核，"交通部"管辖的是硬件技术部分，而"新闻局"则主要是旨趣内容部分。

虽然具体规则略有变化，但整个"戒严"时期，报纸、广播电台、电视台的设立需要事先登记核准的制度没有改变。凭借这一制度，台湾当局设置了很高的媒体准入门槛，并在事实上形成了"报禁"等媒体进入禁令。再辅以报纸"限张"等规定，台湾当局成功地控制了大众媒体及其所传播的信息的数量。这虽然并不是直接对两岸大众传播交流的管制，但媒体总数少，传播的信息少，当局则较容易掌握所有媒体的情况，能更加细致全面地检查媒体内容，对媒体的控制更加有效，更有利于对两岸大众传播交流活动的管制。

2. 事前检查

"广播电视法"第 25、27、28、33 条规定了事前审查的制度。据其规定，除新闻之外（但新闻性节目，如新闻纪录片需审查）无论自制的或是引进的广播和电视节目，电视剧、广告、社教片、节目时间表等都要审查，其制度之严苛，与报刊检查相比有过之而无不及。

电影事前检查制度的法源是"电影检查法"。"电影检查法"规定电影上映前须经"行政院新闻局"电影检查处检查。1983 年"电影法"颁行，该法对电影的管制较为宽松，但电影事前检查制度依然被保留。根据 1951 年"戡乱时期国片处理办法"第 3 条规定，影片有以下情形者，"一律禁演，并依法办理：

一、在匪区或者在匪控制利用下摄制者。二、附匪电影事业所摄制者。三、电影从业人员附匪或赴匪区参与拍片者。"因此，在"戒严"时期只要影片的拍摄地、拍摄人、演职人员等中有任何一丝与大陆有关，都可能会被查禁。而具体执行中，电影检查标准则是模糊不清，主观性很强。主管机关对电影的审查时常出现"似合"（指的是似乎合乎电影检查标准）、"似不合"等模棱两可的结果。而对不易确定是否符合标准的电影，主管部门为逃避责任，通常是将其禁演了事。①

为禁绝两岸广电交流，台湾当局对广播、电视、电影的查禁到了让人匪夷所思的程度。如要求电视、电影中不能有中共旗帜、标志、领导人头像、五星红旗，不得有中共干部穿中山装（原因是国民党也穿中山装，为了表示区隔），不能有大陆风光……因此在广电管制中，留下了很多让人难以置信的禁演案例。如美国拍摄的著名"反共"影片《主席》在台湾被禁演，原因是有毛泽东画像。如电影《条条大路》被禁演，原因是其中"条条大路都是人走的"等对白，被认为是有"共匪口吻"。《阿三出马》被禁，原因之一是主人公阿三竞选虚构的"和平市"市长，被认为是宣传中共的"和平统战"……② 根据吴若芷统计，1956 年到 1965 年因为"违背反共抗俄国策或者鼓吹破坏国家法律"以及"含有共产思想毒素或者揄扬共党之行为"被禁的电影共 12 部。③

（二）事后管制

根据"出版法""电影检查法""广播电视法"等相关法规，出版物在出版发行时须送"内政部""新闻局""警总"等相关部门备核。而主管部门亦得随时对出版物、在播电影、电视节目进行临检。可到报刊销售点检查报刊，到电影院检查电影播映状况，可收看并检查电视节目内容等。一旦发现其传播活动中有不当之处，主管部门即可采用训诫、要求更正、罚款，甚至查禁、停刊、注销登记等方式处理，对当事人则可逮捕、拘留、送"感化"、判处有期徒刑、无期徒刑。通过这些严厉的"惩罚性"执法方式，台湾当局建立了"威慑机制"，有效地阻隔了两岸大众传播交流。

---

① 郑玩香：《战后台湾电影管理体系之研究：1950－1970》，中坜：中央大学历史研究所硕士论文，2001 年，第 63－65 页。

② 以上案例根据王天滨《新闻自由：被打压的台湾媒体第四权》，台北：亚太图书，2005 年，第 286－302 页整理。

③ 吴若芷：《中国电检问题的研究》，台北：政治大学硕士论文，1966 年，第 70－72 页。

停售、停刊、注销登记这三种事后管制手段的法源是"出版法"。1952年修正的"出版法"第40条规定了五种得以对出版物进行禁止发售、散布的情形，第41条规定了四种得以让出版物停止发行的情形。1958年"出版法"修正，根据其第41条规定，又增加了一种处罚措施，即注销登记。由于注销登记意味着报刊死亡，所以该规定引起新闻界的强烈反弹，但在国民党当局主导下，该规定以"备而不用"等借口被通过。根据这些规定，出版物中如果有"为匪宣传""违反反共国策""以文字、图书、演说为有利于叛徒之宣传者"等情形，轻则被停止发售、停刊，重则会以"触犯或煽动他人触犯内乱罪、外患罪者"被撤销登记。

由于涉及大陆的出版活动是"高压线"，台湾的报刊往往是小心翼翼，轻易不敢触碰，然而稍有不当，也会遭致停刊、停售等严厉后果。例如1985年6月7日，《民众日报》在头版刊发了美联社的通稿《中国将继续走开放路线，反对超级强国欺侮小国赵紫阳访英公开抨击美苏两大集团》。当天《民众日报》的社长李哲朗即被"警总"约谈，报道被斥为像"共匪"《人民日报》的翻版。最后，该报因"第一版头条新闻因标题及内容显然违反国策，有为匪张目之嫌，依"出版法"第四十条第一款规定，自本月十日起停刊7天"①。而这是1985年，台湾的社会空气已经宽松很多的情况下发生的。"戒严"时期台湾当局对两岸大众传播交流管制之严厉可见一斑。

对图书进行查禁是"戒严"时期台湾当局阻隔两岸出版交流的重要手段。整个"戒严"时期被查禁图书的数量极为庞大，而这些被查禁的图书以涉及大陆的"'匪伪'为大宗"②。如上文所述，由于相关法规中关于"匪伪"出版品的界定不清，造成了只要图书的出版地、作者、编者、译者、内容等任何一个方面与大陆稍有关系，就可能会被作为"匪书"查禁。执法过程中，当局更是本着禁绝"匪书"的目的，滥施法规。"许多被查禁的图书，在内容上并非所认定的'反动'、'左倾'，而是因为作者留在大陆未到台湾，就当'作者陷匪'与'匪书'二者被划上等号"③。

这就使得很多与意识形态完全无关，对台湾"安全"没有任何影响的图书

---

① 民众日报社史编纂委员会，《<民众日报>停刊日记》，转引自王天滨《新闻自由：被打压的台湾媒体第四权》，台北：亚太图书，2005年，第167-169页。

② 王文陆：《戒严时期查禁书刊展展览目录·序言》，引自《戒严时期查禁书刊展展览目录》，台湾"国家"图书馆，2007年，第2页。

③ 蔡盛琦：《1950年代图书查禁之研究》，《国史馆馆刊》第26期，第78页。

也被查禁，如陈寅恪、熊十力、郭绍虞等人的著作，只因作者留在大陆，就都被认定成"匪书"而被查禁。而《地球的历史》《人类是怎样成长的》《飞机潜艇及其它》《少年电机工程师》《生物趣味》《人类之家》等科普书籍被查禁，只因出版商是大陆的，而作者是俄国的。武侠小说也被查禁。还珠楼主的武侠小说被查禁，是因为作者是大陆的。梁羽生和金庸虽在香港，但他们的武侠小说也被查禁，则因为梁供职《大公晚报》，而金庸的小说则在《大公晚报》上连载过（《大公晚报》被台湾当局界定为"共匪"控制报纸）。[1]"台北市于1960年2月15日出动大批官警，分为229个小组检查……到17日三天时间，全省各地同步取缔所谓的'共匪武侠小说'，就有97种12万余册"[2]被查禁。查禁过程中许多持有"匪书"的民众，更是被罚款、羁押甚至处刑。如台湾作家叶石涛1951年被捕入狱，判刑5年，坐牢3年，原因是战后初期曾与一位台共人士往来，并向他购买几本"匪书"。[3]

滥施法规，企图禁绝"匪书"给台湾社会带来了巨大的消极影响。且不论两岸正常的出版交流被阻隔，由于大肆查禁"匪书"，使得很多台湾出版业者无书可出，租书业者无书可租，生计无着。而"由于1945年至1949年间由大陆流传到台湾的匪伪图书大都被列入查禁名单，文学、小说、学术、休闲作品被扫荡一空，阅读的空隙，由不良刊物取而代之，包括一些黑色内幕新闻、黄色刊物填补这空间，文坛面临一片混乱。"[4]而大量的现代文学优秀作品的查禁，使得文学的传承面临断层。台湾当局这种"扫荡式"的管制手段，使得台湾人民的经济和传播权利，文化的传承发展，学术活动的正常开展等各个方面都受到巨大损害。

三、司法活动

这个时期两岸大众传播交流领域的司法活动，有两个重要特征：一个是国民党干预司法，难言有司法独立；另一个是相关案件可由军事法庭审判，军事法庭可对涉案平民进行审判。

---

① 以上图书查禁状况，根据蔡盛琦《1950年代图书查禁之研究》，《国史馆馆刊》第26期，第97、98页整理。
② 蔡盛琦：《1950年代图书查禁之研究》，《国史馆馆刊》第26期，第100页。
③ 叶石涛案例根据蔡盛琦《1950年代图书查禁之研究》，《国史馆馆刊》第26期，第83页整理。
④ 蔡盛琦：《1950年代图书查禁之研究》，《国史馆馆刊》第26期，第99页。

　　根据"戒严"时期台湾法规，国民党并不享有任何司法权力，没有直接干预司法的法律依据。然而借助"戒严"时期的威权政治体制和权力结构，国民党得以对司法活动加以操控。国民党干预司法的典型案例是李荆荪案。1972年李因"匪谍"嫌疑，被军事法庭判处无期徒刑，这一判决结果不符合国民党的要求。于是国民党特一党部第十九支党部透过王师凯办公室直接命令"警总"："请严惩匪谍，以贯彻反共国策"；"此次匪谍李荆荪案，仅判处李犯为无期徒刑，似嫌宽纵"；"李犯应改判死刑，迅予处决"；"经我侦破之匪谍，应秘密审判，严予惩处，决不宽贷"。①最后，虽因李的"罪行"实在无法判处死刑，国民党的要求没有实现，但该案中国民党的作为依然体现了它对司法活动的操控。

　　根据"刑法""惩治叛乱条例""戡乱时期检肃匪谍条例"的规定，"散布谣言或传播不实之信息，足以妨害治安或者摇动人心者""以文字、图书、演讲为有利于叛徒之宣传""匪谍"等罪名，可按照"惩治叛乱条例"第10条规定"不论身分，概由军事机关审判之"。在司法实务中，由于大多数涉及两岸大众传播交流的刑事案件被以"内乱""以文字、图书、演讲为有利于叛徒之宣传""匪谍"等罪名定性，因此相关案件基本由军事法庭审判。

　　"戒严"时期台湾的军事审判制度，早期主要依据1930年公布的"陆海空军审判法"和1941年的"战时陆海空军审判简易规程"进行，1956年后则依据当年颁行的"军事审判法"进行。与普通司法审判相比，军事审判有诸多缺陷，无法保障人民的权利。尤其是1956年前的军事审判，问题更多：如实行审判不公开原则，军事审判机构容易秘密操控审判；如实行一审一复核制度，审判一经复核立即执行，当事人如果遭遇不平判决，绝无救济途径。1956年"军事审判法"施行后，军事审判制度虽有所改进，但依然是问题多多：如军事审判官由军事长官指派，并由军事长官复核判决结果，案件只有在"戒严"结束后方能上诉至普通法庭等。

　　军事审判介入两岸大众传播交流领域的司法活动的影响主要有两方面：一、让"命令——服从"的军事管理原则渗透入司法活动，使得军事长官得以对相关司法活动进行专断。二、它以维护"纪律和秩序"为目的，而忽略权利的保护，使得相关司法活动中出现了大量侵夺人民权利的现象。这一方面有利于台湾当局对两岸大众传播交流活动进行统治，另一方面则造成了大量"文字狱"。

---

　　① 王正华编：《战后台湾政治案件：李荆荪案史料汇编》，台北："国史馆""行政院文化建设中心"，2008年，第1125–1127页。

根据"戒严时期不当叛乱暨匪谍审判案件补偿基金会"提供的数据统计,"戒严"时期"以文字、图书、演讲为有利于叛徒之宣传"而被处 7 年以上有期徒刑的有 128 起,占"戒严"时期政治案件的比例为 5.01%,这些案件多由军事法庭审理,而其中冤案极多。[①] 两岸大众传播交流领域刑事案件由军事机关审判,使得人民"怕见军法"而不敢从事两岸大众传播交流活动,有效阻隔了两岸大众传播交流。

第三节　法规的深层结构解析

"戒严"时期,台湾地区两岸大众传播交流法规大规模克减人民权利,并赋予党、军、警、政、特等众多公共权力机构以两岸大众传播交流管制的权力,设置了事前审批、事前检查、临检、扣押、没收、逮捕、拘留、感化、徒刑等各种管制手段和惩戒措施。这使两岸大众传播交流管制充满了白色恐怖,造成了两岸大众传播人士不得往来,音讯难以传递的局面。台湾当局为何要制订这样的法规?如此违背"法理""人情"的法规又何以能够建构并且运行?它的背后又有什么样的社会深层结构因素?要弄清这些问题,我们必须深入探讨"戒严"时期台湾的政治体制和权力结构,才能弄清台湾地区两岸大众传播交流法规形成的历史背景,揭示它的社会功能和价值承载。

一、"强人党国威权体制"在台湾的建立

台湾威权政治体制的建立有其历史因素、外部因素、内部因素。国民党在大陆时期就有专制和"党国一体"的传统。1945 年国民党接收日本人统治了 50 年的台湾,也在一定程度上利用了日本人遗留的制度和社会控制结构。"二二八事件"的发生,虽然给国民党在台湾的统治造成了很多问题,但也为其威权制度建立创造了条件——如台湾本土精英被铲除,台湾人民形成畏惧政治、畏惧统治者的政治心理。1949 年,国民党败退台湾后,台湾本土不存在共产党等政治力量的抗争,国民党内不同派系的斗争也趋于平静,蒋介石和国民党的专制得以加强。然而就全国的形势而言,国民党的统治是岌岌可危的。解放军在东南集结重兵,紧锣密鼓地筹划解放台湾。只是因为朝鲜战争爆发,美国把台湾

---

① 　转引自苏瑞锵:《台湾政治案件之处置》,台北:政治大学博士论文,2010 年,第 181 页。

置于它的保护之下，使台湾当局得以成为国际"反共"阵营的一员，使解放军解放台湾的计划被迫搁置，才使蒋介石在台湾站稳脚跟。

蒋介石还通过加强对国民党控制、构建"动员戡乱体制"、构建"戒严体制"等方式，增强了专制权力。蒋介石败退台湾以后，先是通过国民党改造运动，消灭国民党内 CC 系、政学系、桂系等派系。后来又通过整肃吴国桢、孙立人、雷震、王世杰等党内异己力量等一系列动作，形成了"党外无党，党内无派"的状况，实现了对国民党的完全掌控。而"动员戡乱"体制和"戒严"体制的构建，更是强化了威权体制。

"动员戡乱"体制的构建可追溯至 1947 年，国民党以"戡平共匪叛乱"为由，宣布全国总动员，加强对经济、政治等个层面的控制，使全国进入非常时期。根据"国家总动员法"第 22 条规定："本法实施后，政府于必要时，得对报馆及通讯社之设立、报纸、通讯稿及其它印刷物之记载，加以限制、停止，或命其为一定之记载。"第 23 条规定："本法实施后，政府于必要时，得对人民之言论、出版、著作、通讯、集会、结社，加以限制。"国民党政府获得了对人民言论自由进行统治的法律依据。

1948 年"动员戡乱时期临时条款"制订，1960 年该法修订，规定了"动员戡乱时期，总统副总统得连选连任，不受宪法第四十七条连任一次之限制"的条款，解决了蒋介石连任的问题，使得蒋氏父子获得无限期统治的"合法性"的法律依据。1966 年，该法再次修订，赋予"总统""在动员戡乱时期，为避免国家或人民遭遇紧急危难或应付财政经济上重大变故，得经行政院会议之决议，为紧急处分"的"紧急处分权"。该法第 4 条、第 5 条还赋予"总统"在"动员戡乱时期设置动员戡乱机构，决定动员戡乱有关大政方针，并处理战地政务"以及"为适应动员戡乱需要，得调整中央政府之行政机构及人事机构"的权力。1972 年，"动员戡乱临时条款"第四次修正，又赋予"总统"决定"中央民意代表"增选名额和遴选海外代表的权力。

"动员戡乱"体制的施行，架空了"宪法"，改变了 1947 年"中华民国宪法"所确立的"双首长制""五权宪制"，使得"总统"权力得到极大扩张，失去必要的限制和制衡。"动员戡乱体制"的构建和发展，使得蒋介石逐步获得了无限期担任"总统""紧急处分权""调整中央政府行政机构、人事机构"等各种权力，权力逐步向"总统"个人高度集中，进一步增强了台湾政治的"强人"色彩。

1949 年 5 月陈诚宣布台湾"戒严"。根据"戒严法"以及在此基础之上构建的"台湾省戒严时期新闻纸杂志图书管制办法""台湾省戒严时期邮电检查实施办法"等法规，军事统帅和军事机关得以介入社会管理的各个层面，得以对人民的人身、言论、结社、行动等各种权利加以克减，还获得对平民进行军事审判的权力。"戒严"体制的构建，使得"命令—服从"机制得以在社会管理和司法活动中施行，这就更有利于作为台湾最高军事统帅的蒋介石和执行"以党治军"原则的国民党集中权力、加强控制。

从台湾威权体制构建的过程看，不管是"国民党改造"，还是"动员戡乱体制""戒严体制"的构建，其特征都是导致权力向国民党和蒋介石个人集中，形成了国民党和蒋介石主导的权力结构。对这种权力结构，台湾学者胡佛曾以雨伞进行比喻：国民党组织像一把雨伞的骨架，而强人则掌握伞柄，通过伞的机钮，将统治社会、政治社会、民间社会这三支伞柄撑开，张开威权体制的大伞，而民众则在大伞的笼罩下受到全面控制，失去了自由与民主。[①] 这个比喻可谓形象地道出了"戒严"时期台湾权力结构的主要特征，即蒋氏父子通过高度渗透到政府、军队和各个社会部门的国民党组织，进行权力垄断。

这种权力垄断在"中央"层面，体现为蒋氏父子和国民党中枢对"国民大会""立法院""检察院""行政院""考试院""国家安全会议"等"中央"机构的支配。其具体做法是，国民党主席直接通过"中央政策委员会"，操控"国民大会""立法院""监察院"，出台政策和规则，并将政策和规则的执行由国民党中常会交"行政院"和"考试院"执行。"国家安全"事务则由"总统"担任主席的"国家安全会议"决策、执行。[②]

这样的权力结构同样被复制于基层军、政机构和社会组织中。国民党在军队建立了政战系统，到 1954 年，台湾 60 万现役军人中，有 21 万是国民党员，占军人总数的 35%，而军官基本为国民党员。国民党还通过向农会、工会等社会组织的渗透，加强社会控制。1975 年台湾各级基层农会、县市农会、省农会所有的理事长都是国民党党员，而其会员代表中国民党员的比例则分别为 56%、82%、99%，理事中国民党会员比例则为 83%、96%、100%。工会 95% 领导人

---

① 关于台湾威权体制的伞状结构的论述参见胡佛《政治变迁与民主化》，台北：三民书局，1998 年，第 56 页；以及胡佛：《威权体制的伞状结构》，《二十一世纪》，1991 年 6 月，第 36 – 40 页。

② 以上台湾"中央"权力结构根据彭怀恩：《台湾政治变迁四十年》，台北：自立晚报社，1987 年，第 41 页；以及彭怀恩：《台湾政党政治》，台北：风云论坛出版社，1994 年，第 46 – 47 页整理。

以上为国民党员，其中一半同时担任国民党党内领导职务。[①]

由此看来，"戒严"时期台湾的政治体制和权力结构，不同于国民党在大陆时期无法完全实现专制野心的"弱独裁统治"，变成一种蒋氏父子和国民党牢牢把控全局的"强独裁统治"。对于这一点，殷海光曾有精辟的论述，他认为："从历史的观点看，台湾现政权的本质只是中国大陆旧政权的延续。除此之外，舵手的人格和国民党的性格都是台湾现时政情的重要因素，甚至是最强有力的发动机。"[②]在台湾的威权体制中，蒋氏父子对国民党和整个政治体系的有强大的控制力，其个人意志得以在各个层面的贯彻，是一个重要特征。而通过"党国"体制，国民党势力渗透到台湾政府、军队和各个社会部门每一个角落，实现对整个政权机器的全面控制，又是另外一个特征。对台湾这种强人和政党垄断权力的政治体制，台湾学者薛化元等人将其概括为"强人党国威权体制"。[③]

在这样的政治体制下，两岸大众传播交流法规可谓"成于'强人党国威权体制'"又"服务于'强人党国威权体制'"。所谓"成于'强人党国威权体制'"，指的是借助"强人党国威权体制"，台湾当局得以操控政权机器，按照自己的需要，构建两岸大众传播交流法规，并把持执法、司法活动，控制法规的运行。所谓"服务于'强人党国威权体制'"，指的是台湾当局通过两岸大众传播交流法规，来隔绝两岸大众传播交流，误导台湾人民对大陆、对中国共产党的认知，而台湾当局通过丑化大陆、共产党形象，进行"反共"和"光复大陆"宣传，为构建其威权体制的"合法性"服务。

二、"强人党国威权体制"下台湾当局对两岸大众传播交流法规及其运行的控制

在"强人党国威权体制"的统摄下，台湾法制沦为政治侍从，而处于附属地位。这一点在台湾历史中留下的证据比比皆是。如蒋介石为扩大自己的权力，为使自己永坐大位，多次操控"国民大会"，对"动员戡乱时期临时条款"进行

---

① 以上国民党员在台湾军队、工会、农会中所占的比例的数据分别引自孙代尧，《台湾威权体制及其转型研究》，北京：中国社会科学出版社，2003年，第86、98、100页。

② 殷海光：《剖析国民党》，引自《殷海光全集（12）》，台北：桂冠图书公司，1990年，第1112页。

③ 关于强人党国威权体制的论述参见薛化元、杨秀菁：《强人党国威权体制的建构与转变》，载于李永炽、张炎宪、薛化元主编《人权理论与历史国际学术研讨会论文集》，台北："国史馆"，2004年，第272－315页。

修正。"动员戡乱时期临时条款"作为最高位阶的"宪法"性文件，其制订和修正尚且如此被操控，其它低位阶的法律、法规、规章则更是被蒋氏父子和国民党随意拿捏。正如王世杰早年所说，国民党治下的法制实质上"即由一党统治，由一党独裁之意……党可以独裁，而不问党外人民的意见，党的决议，事实上，甚或形式上就等于法律；而且党更可以用决议的方式随时取消或变更法律"。① 而蒋氏父子和国民党还插手执法和司法，如雷震案。台湾学者许瑞浩通过对台湾当局公布的"国防部"档案及其他原始文献进行研究，认为雷震是由蒋介石亲自下令逮捕的，而雷震案的审判，则是由蒋经国主导，蒋介石最后拍板的。根据"国防部"公布的档案——《四十九年十月八日上午十一时在总统府集会商讨雷震案》，"蒋介石亲临主持"雷震案，并直接作出了"雷震之刑期不得少于十年"，"《自由中国》半月刊一定要能撤销其登记"，"复判不能变更初审判决"的指示。② 雷震案最后判决果然完全按蒋介石的指令办理。

可见在"强人党国威权体制"下，台湾的法制是"人治"和"党治"，而与"法治"无缘。在这样的体制下，台湾地区两岸大众传播交流法规作为台湾法规体系的一个部分，完全受制于政治，由国民党和蒋氏父子的支配，就是自然而然的事情了。

以两岸大众传播交流管制的核心工作——图书查禁为例，可以看清"强人"和国民党是如何支配法规及其运行的。在 50 年代，通常由"保安司令部""教育厅""新闻处""警务处"等单位组成小组进行书刊检查。该小组的活动经常是由国民党第四组来策划，"对于应取缔的刊物，第四组都是直接发文给机关单位，要求执行销毁与取缔工作。不仅如此，也常见行政系统，包括新闻处、保安司令部等单位，对于不能决定者，请示应否查禁的公文，可见第四组对于刊物的检查与查禁扮演着核心的角色。"③ 第四组除指挥查禁工作外，还制订相关法规。如其曾在 1953 制订了"报刊图书审查标准表"作为报刊图书的审查标准，1955 年又制订"各机关社团及学校图书馆室自清检查要点"及"匪及附匪分子作者名单"。而第四组的首脑则是由蒋介石亲自委任，曾虚白、马星野等国民党要员曾担任主任。蒋介石本人也经常直接对第四组的工作进行指示。可以清晰

---

① 王世杰、钱瑞升：《比较宪法》，上海：商务印书馆，1948 年，第 205 页。

② 陈世宏等编：《国防部档案选辑：雷震案史料汇编》，台北：国史馆，2002 年，第 331–332 页。

③ 蔡盛琦：《1950 年代图书查禁之研究》，《国史馆馆刊》，2010 年 12 月，第 88 页。

地看到，在图书查禁工作中，国民党第四组可以出台法规，可以做出决策，可以直接指挥其他公权力机关的行动。其本质就是秉承蒋介石和国民党旨意，直接对法制进行控制。

在这样的背景下，这一时期台湾地区两岸大众传播交流法规及其运行中所表现出来的种种特点就容易理解了：由于受到"强人党国威权体制"的支配，相关法规当然无法恪守中立而客观的立场，而是体现了明显的政治承担。其法律概念使用、法律推理和论证也要受到政治话语的影响，而不是一种独立的法律技术性活动。其司法也谈不上是独立的，而是受到国民党和行政机构的强势影响乃至操控。法官在处理两岸大众传播交流领域的案件时，国民党观点和意识形态对其判断起到决定性作用。因此，"戒严"时期的台湾地区两岸大众传播交流法规受到"强人党国威权政治体制"的支配，处于附属地位，这是它的本质特征，其创制、概念使用、规范设定、运行等各个方面无不鲜明地体现了这一点。

三、服务于"强人党国威权体制"的台湾地区两岸大众传播交流法规

"戒严"时期的台湾地区两岸大众传播交流法规是一种典型的威权主义传播制度。如西伯特所论，威权主义传播制度作为一种控制主义传播制度，其核心目标在于有效地控制媒体，为了达到这一目标，权力部门保有制订和修改制度的权力，并以新闻审查、特许权等制度，或者以叛国罪等罪名通过司法审判严厉惩治异议者等手段来控制媒体，"各个媒体都应当支持和促进政府当局的政策，以便政府达成自己的目标"。[①] 这一时期台湾地区两岸大众传播交流法规表现出了典型的控制主义特征，通过这一法规体系，台湾当局得以有效对两岸大众传播交流加以控制。在阻隔两岸大众传播交流的基础之上，台湾当局扭曲共产党和大陆形象，制造两岸敌对和台湾受到安全威胁的表象，进行"光复大陆"的政治感召，为其威权体制寻找"合法性"依据。可见，台湾当局制订的两岸大众传播交流法规扮演了威权体制的"政治侍从"角色。

---

① ［美］威尔伯·施拉姆等著，戴鑫译，《媒体的四种理论》，北京：中国人民出版社，2008年，第11、13、14页。《媒体的四种理论》即旧译的《报刊的四种理论》，旧译将 authoritarian-theory 翻译为集权主义理论，在戴鑫翻译的译本，将 authoritariantheory 翻译为威权主义理论，戴的翻译更贴近 authoritarianism 一词的原意，和近年学界对该词的理解也较为一致，本书也赞同这样的翻译。因此本书采用威权主义传播理论、威权主义传播制度的概念，而不使用集权主义传播理论、集权主义传播制度的概念。

（一）为"动员戡乱体制"和"戒严体制"构建合法性依据

"动员戡乱"体制"和"戒严"体制是"强人党国威权体制"的重要基础。然而它们的实施需要有其严格的法定条件。"动员戡乱体制"施行的前提是"共党匪乱"，导致"国家或人民遭遇紧急危难"。而"戒严"体制施行的前提台湾面临战争或者正在"接战"，处于严重的"安全威胁"中。

但事实情况是国民党败退台湾后，已经失去其政权的合法地位，中华人民共和国才是中国的合法政权。国民党的"戡平匪乱"毫无根据。而台湾除了在五十年代初曾面临战争外，其真实状况是外有美国保护，内无战事，而大陆则主动释放善意，缓和两岸关系。在七十年代末，大陆更是明确提出了和平解决台湾问题的方针。因此所谓的台湾面临"匪乱""战争威胁"，在五十年代中期后，就基本不存在。到七十年代末以后，则完全是无稽之谈。

然而，国民党要搁置1947年"中华民国宪法"中"中华民国"是"民有、民治、民享的国家"的规定，要推迟民主制度实施，限制人民权利，继续其专制统治，就必须虚构台湾面临"安全威胁"，处于"紧急状况"的假象。因此，台湾地区两岸大众传播交流法规必须承担阻隔两岸大众传播交流的政治任务，让民众无从知晓大陆和两岸局势的真实状况，好让其政治谎言得以继续下去。在此基础上，国民党当局蓄意误导台湾人民对大陆和中国共产党的认知，将中国共产党污为"匪""贼"，将共产党治下的大陆描述成为一片水深火热的状况，使得民众产生"恐共""反共"情绪，以此对人民进行"恐怖"控制，同时，为其"反攻大陆"提供依据，使得"动员戡乱体制"和"戒严体制"的实施有"合法性"依据。

（二）服务于"光复大陆"的政治目标，为国民党政权构建合法性依据

1949年，中华人民共和国成立，败退台湾的国民党政权为自身存在制造这样的合法性依据：将共产党扭曲为"叛乱集团"，而自己则作为"中华民国"的正统，暂时退居台湾，随时准备着"光复大陆"，恢复自己"汉室正统"的地位。

"光复大陆"这一政治目标和政权合法性来源，有很强的政治虚构色彩。在大陆的军事失败早已宣告其国民党政权不可挽回地崩溃，受到56个民族人民拥戴的中华人民共和国政权的合法性，也完全不是国民党自称"正统"所能改变的。而且随着时间推移，"光复大陆"只有口号意义，台湾当局在国际上越来越孤立。1971年第26届联大恢复中华人民共和国在联合国合法席位后，"光复大

陆"作为一个虚构的神话(myth)的本质更是显露无疑。

然而整个"戒严"时期,国民党都未放弃这个政治神话,一直将其作为自己政权合法性的主要来源。为了将这个虚构的神话继续下去,国民党政权需要隔绝两岸大众传播交流,让台湾民众对大陆和两岸关系的真实状况一无所知,以隐瞒其政治失败的真相,维持其所虚构的"光复大陆"的政治神话的感召力。这就决定了这一时期两岸大众传播交流法规必须以阻隔两岸大众传播交流为功能设定,必须通过严苛的规范和严厉的执行,对两岸大众传播交流严加统治。

(三)描绘"反共"表征,寻找政权的外部合法性依据

败退台湾之初,国民党在经济、政治、军事等方面面临困境,统治根基极不稳固。美国政府也失去对蒋介石的信任,通过发表《美国与中国关系白皮书》、总统声明等方式释放信息:美国不支持台湾政权。解放军几十万部队集结东南,积极进行解放台湾的准备。然而1950年6月25日朝鲜战争爆发,美国改变了对两岸局势的观望态度,决定支持蒋介石,用武力阻止中国人民解放军解放台湾。1950年6月27日,杜鲁门命令第七舰队入侵台湾海峡。8月1日,美台"防卫协定"签字,美国以"协防台湾"的名义为国民党提供军事援助。1954年美台签订"中美共同防御条约"。美国的干涉使得两岸对峙局面形成。"台湾的战略地位因朝鲜战争而提升,并由此获得美国的支持,但国民党还必须以一些实际行动"[1]来证明自己的价值。"台湾国民党政权在争取岛内人民支持之前,就是首先从头号资本主义强国美国那里,获得了维持生存至关重要的外部支持。"[2]获得美国的支持并加入国际反共阵营,是国民党政权合法性的重要依据。

因此,国民党必须积极打造其"反共"形象,以获得政权的外部合法性。但国民党一则是缺少实力,二则是受到美国的制约,难以有实质性的军事行动。在这样的情况下,通过传播活动,积极制造"反共"声势,构建"反共"的表征,昭示自己为国际反共阵营中的一员,就成为其汲取政权的外部合法性的重要方式。因此,台湾地区两岸大众传播交流法规必然要阻隔两岸大众传播,为国民党打造"反共"形象服务。

综上所述,"戒严"时期台湾地区两岸大众传播交流法规与国民党政权的合法性关系密切,其社会功能和价值承载远超过了两岸大众传播交流管理本身,

---

① 孙代尧:《台湾威权体制及其转型研究》,北京:中国社会科学出版社,2003年,第61页。
② 孙代尧:《台湾威权体制及其转型研究》,北京:中国社会科学出版社,2003年,第61页。

而与台湾的政治体制、权力结构密切相关。它不仅仅属于社会管理的范畴，和"戒严"时期国民党政权的建构和运作也有密切关系。这就让它有沉重的政治承担，沦为"政治侍从"，成为国民党维护专制统治的工具。因此"戒严"时期台湾地区两岸大众传播交流法规呈现浓重的"泛政治化"色彩，其功能和价值更是以政治为先导。然而这使它忽视了法本身的价值和规律，忽视法的技术要求，无视人民权利和自由的保障，在实际运行中给人民造成了巨大痛苦，对两岸关系、台湾文化发展等各个方面造成了严重的消极影响。

第四节 "戒严"时期台湾地区两岸大众传播法规的不良影响和两岸大众传播交流的暗流涌动

一、"戒严"时期台湾地区两岸大众传播法规的不良影响

过多的政治承担，让这一时期台湾地区两岸大众传播交流法规产生扭曲。其价值早已不是追求自由和正义，而是充当台湾威权政治体制的"侍从"。其运行也不再尊重司法独立、程序正义、罪刑法定等基本法律原则，而是服从"党"和"强人"的意愿。它为建构国民党政权的合法性，为维持国民党的专制统治发挥了重要作用，但这是以牺牲人民的基本权利，牺牲文化的传承发展，牺牲法的公平正义来取得的，它对两岸关系、对台湾人民的权益等方面产生了诸多消极影响。

（一）两岸大众传播交流受到阻隔，两岸交流和两岸关系发展受影响

台湾地区两岸大众传播交流法规的施行，使得两岸大众传播交流受到严重阻隔，两岸讯息不得交流，两岸大众传播人士无法往来。台湾人民基本上失去了解大陆信息的渠道。这就使得台湾人民无法正确认知大陆，对祖国的认同日益淡化。而台湾当局在阻隔两岸传播交流的基础上，还蓄意制造两岸敌对表象，将大陆形象妖魔化，将共产党涂抹成为"奸""匪""贼"的形象。"祖国大陆在台湾人心目中基本上是'一片残破的旧山河，大陆人民过着牛马不如的生活'、'共产共妻的大陆铁幕'、'极权统治'、'毛泽东万恶时代的形象'。1980年蒋经国在公开演讲时还指称'共匪已陷于困兽犹斗、挣扎反扑的阶段'。……台湾人普遍对两岸政治历史及祖国大陆发展状况的认知非常有限，他们不仅对祖国大

陆抱持不信任和敌意,甚至对祖国大陆的一切都感到恐惧。"[1] 这使得台湾人民对大陆的认知深受误导,为"台独"思想的产生埋下了隐患。因此"戒严"时期,国民党当局虽然坚持一个中国的政策,并且严厉压制"台独"思想、活动。但是其实行的阻隔两岸大众传播交流的制度,却在实际上造成了两岸的疏离,造成了台湾人民对大陆认知的扭曲和认同的淡漠,造成了两岸共同意义空间的缩小,造成了台湾同胞两岸共同体认同的弱化,对两岸关系发展的造成极为深远重大的损害。

（二）台湾人民的基本权利被克扣,造成人民痛苦

两岸大众传播交流虽与政治有一定关系,但其本质乃是文化交流、民间交流。台湾人民通过大众媒体进行传播活动,获知大陆讯息,不仅合符人之常情,也是不可剥夺的基本权利。对此,恐怕连持"反共"理念的人内心也是认可的。有史料记载,"在妖魔化故土的戒严令下,一般民众不可能看得到中国大陆的电视节目,但台湾'国防部情报局'负责监看大陆所有电视节目。1984年时贵为'国府参谋总长'的赖铭汤,于其卸任罹患癌症后,知道自己将不久于人世,有生之年不可能再踏上大陆,但又怀念大陆家乡,于是常到'情报局'观看大陆节目,尤其喜欢介绍大陆风光的节目。当时'情报局'局长汪希苓如果有空,会陪着这位曾经关心过他前程的长官观看大陆的电视节目。"[2] 连"反共"头目都无法压制自己的怀乡之情,要偷看大陆电视节目,可以想见两岸大众传播交流的权利对于台湾人民,尤其是那些形单影只的老兵是何等重要。正如1987年,台湾《中华杂志》所刊登的老兵公开信所说,他们"自小被各地党官抓来当兵吃尽苦头,家庭被迫分散,……想念在家亲人,……七等八等都已等到了三四十年之久,一部分思亲过分都已经成了精神病人,可在街头小巷看到自言自语的精神错乱人,情景十分凄惨"。[3] 而对于这些老兵,国民党给予他们的除了"荣民"称号,和将来"光复"后授田的空头支票外,连他们获知一点点大陆音讯,或谈论谈论大陆亲人的基本权利都要剥夺。

台湾当局还通过种种严厉的专制手段,对他们认定的卷入两岸大众传播交流的台湾人民进行罚款、训诫、羁押甚至绑架、暗杀等,使台湾人民生活于恐

---

① 刘国深:《当代台湾政治分析》,北京:九州出版社,2002年,第32页。
② 李成武、戚嘉林:《大陆台湾六十年》,海口:海南出版社,2009年,第175页。
③ 转引自张春英主编:《海峡两岸关系史》,福州:福建人民出版社,2004年,第948页。

惧之中，给他们造成巨大身心痛苦。这样的案例数不胜数，如曾任《大声报》《民众日报》主笔的张化民两次身陷囹圄的案件就是典型。1966 年 7 月，张化民因发表《神话与现实》《坏处着眼看国运》等文章，对两岸关系、对国民党"反攻大陆"政策进行评论而被捕，并以"为匪宣传"罪名被判处有期徒刑 8 年。1979 年他又因写作《中共统一与中共统战问题》等文章，因"以文字有利于叛徒宣传罪"被判处有期徒刑 10 年。张化民第一次服刑出狱后，行为受到特务监控。他的房东被特务警告，不敢将房租给他。他更是找不到工作，靠卖酸梅汤度日。"出狱后工作机会的不易获得与不被社会接纳，政府又未能安排工作及世界新专教职之失去，使心绪不平衡达到极点。"[①] 张化民仅仅因为文章论及大陆和中共，就被定罪为"为匪宣传"和"以文字有利于叛徒宣传罪"，并且因此而失去生存、发展的空间，一生潦倒。可见"戒严"时期，台湾当局的两岸大众传播交流管制给人民造成多大痛苦。又如东海大学文学院院长吕士朋，于 1952 年、1958 年两次被捕，原因是读过吴晗所著《锦衣卫与东西厂》，有"匪嫌"和讥讽情治机关之意，被超期羁押共近两年。[②] 台湾人民不要说进行两岸大众传播交流活动，哪怕是"外省人怀念大陆故乡，如果遭到检举，则立即被捕"。[③]

"戒严"时期台湾地区两岸大众传播交流法规不仅不能保障人民的基本权利，不能保障人民的自我发展和自我实现，反而是侵夺人民权利，使人民陷于恐惧和痛苦之中，是不折不扣的反动法规。

（三）影响台湾文化、学术、教育等的正常发展

"戒严"时期台湾地区两岸大众传播交流法规将正常的两岸大众传播交流活动政治化，用严厉手段对其进行政治禁锢，使得台湾文化、学术的发展受到影响。如上一节所述，"戒严"时期只要书籍的出版地、作者、编者、译者、内容等任何一个方面与大陆稍有关系，就可能会被作为"匪书"查禁。因此如陈寅恪、熊十力、郭绍虞等人的优秀学术作品被查禁，而"左翼"作家如鲁迅、茅盾、老舍等人的文学作品全部被查禁，甚至连与意识形态毫无关系的科学著作也被查禁。大量优秀出版品被查禁，形成的真空一度由黑色内幕新闻、黄色刊

---

① 蔡盛琦编：《保安处侦讯张化民笔录》，引自《战后台湾政治案件：张化民案史料汇编》，台北："国史馆"、文建会，2008 年，第 72 页。

② 李成武、戚嘉林：《大陆台湾六十年》，海口：海南出版社，2009 年，第 67 页。

③ 李成武、戚嘉林：《大陆台湾六十年》，海口：海南出版社，2009 年，第 66 页。

物来填补，造成了文化混乱。而大量三十年代"左翼"优秀文学作品被查禁，几乎使得台湾人对三十年代文学一无所知，相关的研究在台湾几乎是空白。由于查禁，大量优秀的学术成果和原始文献台湾人民见不到，只好走曲线，去国外做研究，耗费大量成本。台湾地区两岸大众传播交流法规确立的"扫荡式"的管制手段，使得台湾中华文化传承受到影响，使得众多中华民族优秀文化成果台湾人民不能享用，使得很多正常的文化、学术、科研活动无法开展，对台湾文化、学术、教育等各方面的消极影响是极为深远的。

二、两岸大众传播交流的暗流涌动

虽然"戒严"时期台湾当局构建了严厉的制度来阻隔两岸大众传播交流，然而两岸人民同种同文，两岸文化同根同源，这种联系绝非人力可以断绝。在面临被查禁、罚款、羁押乃至杀害的情况下，台湾人民依然以种种方式变相地进行两岸大众传播交流活动，两岸大众传播交流暗流涌动。

以两岸出版交流为例，"戒严"时期台湾当局对与大陆有关的"匪书"的查禁是极为严厉的。然而这些书籍并没有因查禁而完全消失，台湾出版者依然以各种方式、途径出版大陆书籍。如学者所说，台湾查禁的图书以涉及大陆的"'匪伪'为大宗……越禁看的人越多……禁不住，管不了，显然是审查者心中放不下的痛。"① 进入八十年代，台湾社会氛围相对宽松，台湾当局已经难对台湾的大众传播进行全面管控，台湾出版大陆的书籍增多，甚至形成热潮。如1986年，台湾新地出版社"违法"出版了大陆作家阿城的小说，风靡一时，在台湾掀起了"阿城旋风"。在《自立晚报》进行的1986年"台湾文坛十件大事"评选中，"大陆作家钟阿城小说登陆台湾"名列第四。② 在改革开放后，大陆也出版了不少台湾书籍。如1982年，福建人民出版社出版了白先勇的小说。80年代初古龙、琼瑶等人的作品也先后被出版。琼瑶等人还通过种种渠道，与大陆出版社交涉，希望得到版税。

在两岸影视交流方面，1982年起，台湾开始出现介绍大陆风光的录影节目，当时名曰"大陆秀"。1986年，新疆天山电影制品厂和台湾的方舟影业公司合

---

① 王文陆:《戒严时期查禁书刊展览目录·序言》，引自《戒严时期查禁书刊展览目录》，台湾"国家"图书馆，2007年，第2页。

② 郑磊:《阿城小说登陆台湾名列台湾文坛十大事件》，《出版工作》，1987年第4期，第112－113页。

拍影片《大汉紫禁令》。1986年，台港电影研究会在北京成立，该会以研究台、港电影，推动两岸电影学术交流为宗旨。

虽然台湾的禁令严厉，还是有台湾大众传播人士以各种方式到大陆交流。1983年3月，《自立晚报》的记者黄德北以观光的名义来到大陆。当时台湾当红电视主持人黄阿原，先赴日留学，于1983年辗转来到大陆并留在大陆，他还连续主持1984年、1985年两届中央电视台春节联欢晚会。1985年到1987年，台湾"环球通讯社"皮介行等人先后数度到大陆。

可见，两岸大众传播交流有其必然性，形势比人强。虽然台湾当局借助严厉的威权主义传播制度，对两岸大众传播交流活动严加禁绝，然而这种违背法的一般价值，违背台湾人民的一般情感，违背两岸关系发展趋向的制度，必然随着形势的发展而产生根本变化。

第二章　1987—1992 年台湾地区
两岸大众传播交流法规研究

本章探讨从 1987 年 7 月 15 日零时台湾"解严"起，到 1992 年 7 月 31 日
"台湾地区与大陆地区人民关系条例"（以下简称"两岸关系条例"）公布为止，
这 5 年间的台湾地区两岸大众传播交流法规。

第一节　法规本体研究

一、法规的构成状况和主要内容

1987 年 7 月 14 日，台湾当局公布"台湾地区解严令"，宣告自 1987 年 7
月 15 日零时起，台湾地区"解严"。1991 年 4 月 30 日，台湾当局又宣布自
1991 年 5 月 1 日起"动员戡乱"时期终止。1991 年 5 月 1 日，第一次"宪法增
修条文"公布。1992 年 5 月 28 日，第二次"宪法增修条文"公布。1987 - 1992
年这短短 5 年间，台湾先后经历"解严""动员戡乱"时期结束、"宪法增修"
等重大事件，台湾政治、社会、法律等各层面出现了巨大变化。在这样一个转
型时期，台湾地区两岸大众传播交流法规也被变革、重构。

首先是一批旧法规被废止，其具体情况如下表：

表 2.1　1987—1992 年被废止的主要两岸大众传播交流法规

序号	法规名称	废止时间
1	"台湾省戒严期间新闻纸杂志图书管制办法"	1987.7.15
2	"台湾地区戒严时期出版物管制办法"	1987.7.15
3	"管制匪报书刊入口办法"	1987.7.15
4	"戡乱时期国片处理办法"	1989.5.12
5	"附匪电影事业及附匪电影从业人员审定办法"	1989.5.24
6	"惩治叛乱条例"	1991.5.22
7	"戡乱时期检肃匪谍条例"	1991.5.16

资料来源：作者自制。

还有一些法规被修正，如"刑法"第 100 条于 1992 年 5 月 15 日进行重大修正。

除了废止、修正旧法，台湾当局还出台了一批新的法规，台湾地区两岸大众传播交流法规体系得以重构。其构成状况如下：

一、基本法规。1987 年"解严"后，"戒严法"不再实施，台湾当局订定"动员戡乱时期国家安全法"以替代"戒严法"。由"动员戡乱时期临时条款""动员戡乱时期国家安全法""动员戡乱时期国家安全法施行细则"构成"动员戡乱"体制的基本法。1991 年 5 月 1 日"动员戡乱"时期终止，第一次"宪法增修条文"公布，1992 年 5 月 28 日第二次"宪法增修条文"公布，由"宪法增修条文""国家安全法"等构成了基本法体系。

二、刑事法规。"戒严"时期的"刑法""惩治叛乱条例""戡乱时期检肃匪谍条例"这三部刑事法规在本时期初期被沿用。1991 年 5 月"惩治叛乱条例""戡乱时期检肃匪谍条例"被废止，1992 年"刑法"第一百条被修正，刑事法规重大变革。

三、行政法规。"出版法""广播电视法""电影法"没有进行修正，继续沿用。"沦陷区出版品、电影片、广播电视节目进入本国自由地区管理要点""现阶段大众传播事业赴大陆地区采访、拍片、制作节目报备作业规定""现阶段大陆大众传播人士来台采访拍片制作节目申请作业要点"出台，成为两岸大众传播交流法规的主干，使得整个两岸大众传播交流管理的原则、规则有根本变化。

在这三部法规基础之上，台湾当局又制订"现阶段新闻从业人员赴大陆地区采访报备作业实施要项""现阶段广播电视事业、广播电视节目供应事业赴大陆地区制作节目报备作业实施要项"等多部法规作为具体实施细则对两岸大众传播交流作更进一步的细致规定。这一时期台湾地区两岸大众传播交流法规的构成状况如下表：

表 2.2　1987—1992 年台湾地区两岸大众传播交流法规构成状况

类别	序号	法律、法规名称	公布（发布、颁行）时间
基本法规	1	"动员戡乱时期临时条款"	1948.5.10 公布
	2	"动员戡乱时期国家安全法"（1992.7.29 修正改名为"国家安全法"）	1987.7.1 公布 1987.7.15 施行
	3	"动员戡乱时期国家安全法施行细则"	1987.7.3 发布 1988.11.18 修正
	4	"宣告动员戡乱时期终止"	1991.4.30
	5	"宪法增修条文"	1991.5.1 第一次增修公布 1992.5.28 第二次增修公布
刑事法规	6	"刑法"	1934.10.31 公布 1992.5.15 修正第一百条
	7	"惩治叛乱条例"	1949.5.24 公布 1950.4.14 修正公布全文 1991.5.17 废止
	8	"戡乱时期检肃匪谍条例"	1950.6.13 公布 1991.5.16 废止

续表

类别		序号	法律、法规名称	公布（发布、颁行）时间
行政法规	传播基本法规	9	"出版法"	1930.12.16 公布 1958.6.20 修正全文 1999.1.12 废止
		10	"广播电视法"	1976.1.8 公布
		11	"电影法"	1983.11.18 公布
	大陆大众传播品进入台湾、在台传播相关法规	12	"申请出版沦陷区出版品审查要点"	1987.11.9 发布
		13	"沦陷区出版品、电影片、广播电视节目进入本国自由地区管理要点"	1988.8.8 发布
		14	"沦陷区出版品审查作业须知"	1987.11.17 颁行 1988.8.8 修正
		15	"行政院新闻局核验中心广播电视节目、录像节目带（影碟）进出口核验作业要点"	1990.2.1 颁行
	台湾大陆大众传播事业赴大陆交流相关法规	16	"现阶段大众传播事业赴大陆地区采访、拍片、制作节目报备作业规定"	1989.4.24 施行 1990.3.1 修正
		17	"现阶段新闻从业人员赴大陆地区采访报备作业实施要项"	1989.5.19 颁行 1990.6.5 修正
		18	"现阶段广播电视事业、广播电视节目供应事业赴大陆地区制作节目报备作业实施要项"	1989.5.18 颁行 1990.5.6 修正
		19	"现阶段电影事业赴大陆地区拍片报备作业实施要项"	1989.6.9 颁行 1990.5.6 修正
	大陆大众传播人士赴台湾交流相关法规	20	"现阶段大陆人士来台参观访问申请作业要点"	1990.7.28 颁行
		21	"大陆地区各主要大众传播事业所属有关专业人士来台参观访问申请须知"	1990.7.27 颁布 1991.12.16 修正
		22	"现阶段大陆大众传播人士来台采访拍片制作节目申请作业要点"（陆委会制订）	1991.9.10 颁行
		23	"现阶段大陆大众传播人士来台采访拍片制作节目申请须知"（"新闻局"制订）	1991.12.16 发布

资料来源：作者自制。

这些法规的主要内容如下：

（一）基本法规

1987 年 7 月 15 日，台湾"解严"，"戒严法"不再施行，但"动员戡乱"体制得以延续，"动员戡乱临时条款"继续沿用。1987 年 7 月 15 日施行的"动员戡乱时期国家安全法"替代"戒严法"，它赋予当局禁止共产主义，对人员、物品及运输工具实施检查，限制人民出入境等权力，使当局得以继续进行高压统治。"动员戡乱时期临时条款"的沿用和"动员戡乱时期国家安全法"的施行，使得台湾当局依然拥有"国家紧急权"，得以事前审查、核验、备案等严厉手段对两岸大众传播交流法规进行管制。当然相比"戒严"时期，人民的权利得到部分恢复，台湾当局权力有所压缩，如"国家安全法"明确规定"非军人不受军事法庭审判"。1987 年 7 月 3 日发布的"动员戡乱时期国家安全法施行细则"第 12 条规定了人民不得入境的六种情形，其中有"参加共产党或者其它叛乱组织，或其活动"和"曾经前往沦陷区有助于中共叛乱组织者"两种。这一规定成为后来"现阶段大陆人士来台参观访问申请作业要点"等法规禁止具有中国共产党员身份的大陆大众传播人士进入台湾的渊薮。

1991 年 5 月 1 日，"动员戡乱时期"终止，"动员戡乱临时条款"被废止。同日，第一次"宪法增修条文"公布，这标志着台湾"非常时期"终止，进入"宪政时期"。这意味着人民在"非常时期"被克减的权利将逐步得到恢复，当局获得的"紧急权力"也将丧失，构建于"动员戡乱"体制之上的两岸大众传播交流法规也当重构。然而依据第一次"宪法增修条文"第 8 条"动员戡乱时期终止时，原仅适用于动员戡乱时期之法律，其修订未完成程序者，得继续适用至中华民国八十一年七月三十一日止"之规定，多数法规并没有因 1991 年 5 月开始的"宪改"被废止或修正，而得以继续沿用至 1992 年 7 月。第一次"宪法增修条文"第 10 条规定了"自由地区与大陆地区间人民权利义务关系及其它事务之处理，得以法律为特别之规定"，使得"两岸关系条例"得以制订，为下一阶段两岸大众传播交流法规再次变革奠定基础。

（二）刑事法规

1991 年 5 月"动员戡乱"时期结束之前，"刑法"第 100 条关于"内乱罪"之规定，"惩治叛乱条例"中"以文字、图书、演讲为有利于叛徒之宣传者"等罪名，"戡乱时期检肃匪谍条例"关于匪谍之规定，依然被保留，使得当局依然能够以苛严的刑事管制方式对两岸大众传播交流进行管理。

1991年5月"惩治叛乱条例""戡乱时期检肃匪谍条例"被废止。1992年"刑法"第一百条重大修正，将原规定"意图破坏国体、窃据国土，或以非法之方法变更国宪、颠覆政府，而着手实行者，处七年以上有期徒刑；首谋者处无期徒刑。预备或阴谋犯前项之罪者，处六月以上、五年以下有期徒刑"修正为"意图破坏国体，窃据国土，或以非法之方法变更国宪，颠覆政府，而以强暴或胁迫着手实行者，处七年以上有期徒刑；首谋者，处无期徒刑。预备犯前项之罪者，处六月以上五年以下有期徒刑。"对这一修正，"立法院"公布理由是："一、第一项着手实行之行为态样，宜明确规定，爰明定可罚性较高之'强暴'、'胁迫'二种行为，并与现行刑法第一百零一条之暴动内乱罪有所区别。二、第二项之阴谋犯，对于国家法益尚无明显而立即之危害，可罚性较低，爰删除阴谋内乱之处罚规定。"1992年"刑法"第100条的修正，将"内乱罪"的构成要件由"着手实行"实施改为"以强暴或胁迫实行"，排除了"煽动型内乱罪"，使得言论不成为"内乱罪"的构成要件。因此通过图书、演讲、广电节目等形式宣传共产主义，不会再被界定为"内乱罪"。

"刑法"第100条"内乱罪"构成要素的重大修正，"惩治叛乱条例""戡乱时期检肃匪谍条例"的废止，使得台湾的刑事法规体系中再无专门的与两岸大众传播交流相关的罪名，标志着以严厉刑事手段管制两岸大众传播交流的历史的终结。

（三）行政法规
1. 传播基本法规
"出版法""广播电视法""电影法"在这一时期并没有修正，其规范没有变化，此处不再赘述。
2. 大陆大众传播品进入台湾地区、在台湾地区传播相关法规
"戒严"时期两岸大众传播交流管制的主干法规"台湾省戒严期间新闻纸杂志图书管制办法""戡乱时期国片处理办法"分别于1987年7月15日和1989年5月12日废止。台湾当局乃制订"沦陷区出版品、电影片、广播电视节目进入本国自由地区管理要点"作为主干，并出台"沦陷区出版品审查作业须知"规定了相关作业的细则，对大陆大众传播品在台湾传播进行管制。这两部法规

正式对大陆大众传播品在台传播"解禁"，但设置了许可制度和严格的许可标准，对大陆大众传播品在台湾的传播进行严格控制。

"沦陷区出版品、电影片、广播电视节目进入本国自由地区管理要点"对大陆大众传播品进入台湾设立了许可制度，并且设置了严格的许可标准。其内容主要有三个部分：一、"沦陷区"出版品、电影片、广播电视节目概念的界定。它"指在沦陷区出版、发行或制作者"，"中共机构或人员在自由国家或地区出版、发行或制作之出版品、电影片或广播电节目以在沦陷区出版、发行或制作论。"二、大陆出版品、电影片、广播电视节目进入台湾的相关规范。第 2 条规定所有"沦陷区出版品、电影片、广播电视节目"都必须经过"行政院新闻局"的检查，在其核验批准后，方可进入台湾地区。第 4 条规定了不得进入台湾的"沦陷区出版品、电影片、广播电视节目"的情形："（一）中共机构或人员出资、出版、发行或制作者。（二）宣传共产主义者。（三）有中共图案、标志者。（四）有惩治叛乱条例第六条及第七条规定之情形者①。"对不准进入的"沦陷区出版品、电影片或广播电视节目，应由其所有人或持有人退运、销磁或销毁。所有人或持有人逾期不处理时，行政院新闻局得径行处理之。"三、大陆出版品、电影片、广播电视节目在台湾的出版、发行、制作、播映、播放的相关规定。其第 6 条规定，"沦陷区出版品、电影片或广播电视节目进入本国自由地区后，如出版、发行、制作、映演或播送（放），应依法向行政院新闻局申请核准"。对于这些申请，如有"（一）中共机构或人员出资、出版、发行或制作者。（二）宣传共产主义者。（三）有中共图案、标志者。（四）有惩治叛乱条例第六条及第七条规定之情形者"这四种情形之一的，应不予核准。而"申请出版沦陷区出版品，每次以十种为限，印制完成后，始得继续申请。"出版品如果核准出版，依据第 12 条之规定，"应依出版法规定载明应载事项，并于发行时分送有关机关。"而电影片的检查，依其第 13 条之规定"沦陷区电影片之申请检查，依电影法有关之规定，其未经行政院新闻局检查核准之沦陷区电影片，不得公开映演或发行。"申请大陆广播电视节目的发行、制作、公开播送、播放的主体范围，依照第 14 条规定，仅"以经依法设立之广播、电视事业与广播电视节目供应事业为限。"

"沦陷区出版品审查作业须知"为"沦陷区出版品、电影片、广播电视节目

---

① 所谓"惩治叛乱条例第六条及第七条规定之情形"指的是"散布谣言或传播不实之消息，足以妨害治安或摇动人心者"以及"以文字、图书、演说为有利于叛徒之宣传者"这两种情形。

进入本国自由地区管理要点"的下位法，规定了"行政院新闻局"对大陆出版品进行审查的作业细则。其主要内容是关于大陆出版品审查咨询委员会的设置和运作。该委员会设置目的是"因应出版事业出版沦陷区出版品，特设置咨询委员会，协助行政院新闻局审查处理以上出版品，并答复相关之问题。"它由"行政院新闻局"聘请学者专家担任，共有五个小组，分别为：（一）文学、历史、哲学。（二）政治、经济、法律。（三）科技、医学、体育。（四）社会、心理、教育。（五）戏剧、音乐、美术。根据该法第 6 条规定，"沦陷区出版品经受理后……初审认为欠妥者，应送请相关咨询委员审查，提出意见，并于签奉核定后通知原申请人按照审查意见切实处理。原申请人如有疑义者，由咨询委员另行复审，但以一次为限。"但其第 5 条又规定，"沦陷区出版品有违反'沦陷区出版品、电影片、广播电视节目进入本国自由地区管理要点'第四点第一项第二款、第四款或第五款规定者，不予受理。"这实际上架空了咨询委员会的权力，"行政院新闻局"依然对大陆出版品的审查有专断权力。

3. 台湾大众传播事业赴大陆交流相关法规

这部分的法规由一个作业规定，三个实施要项构成。即以"现阶段大众传播事业赴大陆地区采访、拍片、制作节目报备作业规定"作为主干，在其基础上，台湾当局制订"现阶段新闻从业人员赴大陆地区采访报备作业实施要项""现阶段广播电视事业、广播电视节目供应事业赴大陆地区制作节目报备作业实施要项""现阶段电影事业赴大陆地区拍片报备作业实施要项"作为其下位法，分别对新闻从业人员、广电从业人员、电影从业人员赴大陆交流活动进行规制。这几部法规对台湾大众传播人士来大陆交流、从事专业活动设立了报备制度，要求相关人士必须先到主管机关报备后，方得到大陆。法规还对台湾大众传播人士在大陆的时长、活动等进行严格限制，尤其对他们与"中共"合作严加禁止。

"现阶段大众传播事业赴大陆地区采访、拍片、制作节目报备作业规定"是台湾大众传播人员赴大陆交流的主干法规，它构建了报备制度，对台湾大众传播人士赴大陆交流进行管制。其主要内容有以下几个方面：一、报备的主体范围。该法要求所有"依法设立有案之通讯社、报社、杂志社、广播电台、电视电台之新闻从业人员，台湾地区电影、广播电视及其它视听事业之从业人员，或'港九电影戏剧事业自由总会股份有限公司'之会员，申请赴大陆地区采访、拍片或制作节目"必须事先进行报备。二、与大陆合作或聘用大陆人员的规定。

根据其第 3 条规定，台湾大众传播事业因工作需要可接受大陆当地技术层面之支持，或雇用当地临时性人员，但"不得接受中共资金，或与中共共同采访、制作、出版、发行或与中共进行其它合作事宜"。三、对于新闻报道、影片、节目内容的限制。根据其第 4 条规定，要求"赴大陆地区采访所得新闻报导内容或赴大陆地区所拍影片、所录制广播电视或其它视听节目，不得有左列情事：（一）有惩治判乱条例第六条及第七条规定之情形。（二）违反出版法、电影法、广播电视法或其它有关法令规定。（三）刻意表现代表中共之图志或使用简体字。但因内容或剧情需要者，不在此限。"

"现阶段新闻从业人员赴大陆地区采访报备作业实施要项"是"现阶段大众传播事业赴大陆地区采访、拍片、制作节目报备作业规定"的下位法，主要是对台湾新闻从业人员赴大陆采访相关事宜进行规定。其主要内容有以下几个方面：一、报备的主体范围和在大陆停留的时间。要求所有"送备有案之通讯社、报社、杂志社、广播电台、电视电台新闻"的从业人员赴大陆采访需要报备，但"从业人员如兼具有公务人员或军人身份者，不得申请报备"。对于赴大陆的时间，根据 1989 年该法初版的规定，为每次不得超过 3 个月，如需要延期则应向"行政院新闻局"报备，但延期时长不得超过一个月，且以一次为限。1990 年该法规修正，改为"不限次数，但每人每次停留期间不得逾二年"，时限大大放宽。二、分支机构设置、节目传回的规定。根据该法第 7 条、第 8 条规定，"通讯社、报社、杂志社、广播电台、电视电台不得在大陆地区设立分支或代理机构或派驻人员"，"赴大陆地区采访所得之新闻性报导与节目，如需传回台湾地区，得经由国际电信设备或第三国（地）之设备传送。"

"现阶段广播电视事业、广播电视节目供应事业赴大陆地区制作节目报备作业实施要项"也是"现阶段大众传播事业赴大陆地区采访、拍片、制作节目报备作业规定"的下位法，主要是对台湾广播电视事业、广播电视节目供应事业赴大陆制作节目相关事宜进行规定。它的主要内容有：一、报备的主体范围和赴大陆的时限。要求"凡依法设立有案之广播电视事业、广播电视节目供应事业之从业人员，申请赴大陆地区制作节目"，应办理报备。"但其从业人员如兼具有公务人员或军人身份者，不得申请报备。"对于赴大陆的时限，根据 1989 年初版规定，为每次不得超过 3 个月。如需要延期则应向"行政院新闻局"报备，但延期时长不得超过一个月，且以一次为限。但 1990 年该法修正，改为"不限次数，但每人每次停留期间不得逾二年"，时限大大延长。二、对于在大陆制作的节目、广告送回、进入台湾及其在台湾播出的规定。其第 5 条规定："赴大陆地区制作之节目、广告，进入台湾地区，除新闻外应先经核验。供电台使用或发行者，除新闻外，应检附核验证明送请新闻局审查，取得准播或发行证明后，始得播出或发出。录像节目带之发行亦同。"第 10 条规定："赴大陆地区制作之节目、广告，经由邮递寄回台湾地区者，由行政院新闻局驻机场、港口或邮局核验中心核对报备通知书相符者，准予进入；如委托他人携回者，进关身应确实申报核验，并领取进关证明。"关于赴大陆制作的节目得在台湾播出的时长，该法规规定"赴大陆地区制作之节目，其播出时数，广播、电视电台每台每周不得超过三小时，每日最长不得超过一小时。但以摄取大陆实景制作之戏剧节目不在此限。如节目内容涉及大陆信息之介绍时，其时间以单元计算之。"该法规还要求"赴大陆地区采访所得之新闻性报导与制作之节目，如需传回台湾地区，得经由国际电信设备或第三国（地）之设备传送。"三、对节目内容的规制。其第 13 条规定"赴大陆地区制作之节目，不得访问中共党政各级机构干部。涉及文化、艺术、体育、职业性表演团体之访问时，对其节目之表现以片段为限。"其第 14 条规定："服务性节目中，不宜制作为大陆同胞寻找在台亲人或为在台同胞寻找大陆亲人。"其第 7 条规定："经报备而赴大陆地区制作之节目于送审时，应详填有关制作之资料，如有违反报备作业规定第三点前段规定或引用、剽窃、侧录或购买中共制作之电视或录像节目，返回台湾地区再重新剪辑者，不得播出或发行。已核准者，应予撤销。"

"现阶段电影事业赴大陆地区拍片报备作业实施要项"也是"现阶段大众传播事业赴大陆地区采访、拍片、制作节目报备作业规定"的下位法，主要是对台湾电影事业赴大陆拍片相关事宜进行规定。它的内容主要有：一、报备的主体范围和赴大陆交流的时长。该法规定"凡依法设立有案之台湾地区电影事业之从业人员或香港'港九电影戏剧事业自由总会有限公司'之会员，申请赴大陆地区拍片"，应办理报备。但"从业人员如兼具有公务人员或军人身分者，不得申请报备。"如未报备而赴大陆拍片，"不受理其电影片之检查"，该电影将无法上映。赴大陆的时长，根据 1989 年该法规初版规定，每次不得超过 3 个月。如需要延期则应向"行政院新闻局"报备，但延期时长不得超过一个月，且以一次为限。1990 年该法修正，改为"不限次数，但每人每次停留期间不得逾二年。"二、关于聘用大陆人员的规定。该法规规定，可聘用大陆人员从事"'技术层面之支持'，包括场地、器材、道具及服装等之支持"，而且这些人员必须是"非大陆地区影艺事业之从业人员或中共党、政、军干部。"他们如参加"影片演出，不得担任主、配角，不得在影片及其宣传品中列名，以维护台湾地区影艺事业从业人员之权益。"三、对内容有违反相关规定电影片，"检查时应责令修改、径予删除或禁演。"

4. 大陆大众传播人士赴台交流相关法规

这部分法规主要由两个"要点"和两个"须知"组成。即以"现阶段大陆人士来台参观访问申请作业要点""现阶段大陆大众传播人士来台采访拍片制作节目申请作业要点"为主干。在其基础上，台湾当局又制订"现阶段大陆大众传播人士来台采访拍片制作节目申请须知""大陆地区各主要大众传播事业所属有关专业人士来台参观访问申请须知"进行更加细致规定。这几部法规对大陆大众传播人士赴台交流、从事专业活动设立了许可制度，并设置了严格的许可标准和繁琐的许可程序，尤其是对具有共产党员身份的大陆大众传播人士赴台的控制更加严厉。这些法规还对大陆大众传播人士在台活动进行严格限制。

"现阶段大陆人士来台参观访问申请作业要点"于 1990 年 7 月 28 日颁行，1991 年 8 月 26 日修正。该法的主要内容有：一、申请赴台的大陆人士的主体资格。规定大陆"各主要大众传播事业所属有关专业人士"有资格申请赴台参观访问，但"申请人有动员戡乱时期国家安全法施行细则第十二条第一款至第四款情形之一者，得不予以许可。"[①] 其中情形之一"参加共产党或者其它叛乱组织，或其活动者"，使得台湾当局在事实上可以禁止绝大多数大陆大众传播人士进入台湾。1991 年该法规修正，该条规定没有变化，但当年"新闻局"宣布取消要求共产党员入境时必须"宣告脱离共产党组织"的规定，是一个进步。二、大陆大众传播人士进入台湾的申请方式。"在海外自由国家及地区者"，由台驻外办事机构受理申请后，将申请文件转送"行政院新闻局"；在大陆者，由在台大众传播事业代向"行政院新闻局"申请。三、大陆大众传播人士在台活动限制。赴台大陆大众传播人士必须提交参观访问计划书，并按计划书行事，并不得从事"违反法令或'国家'安全、利益之活动"，不得从事需有执业执照之专业行为，主管机关还得视情况需要，禁止其从事商业行为。四、大陆大众传播人士在台停留时长。每次"以二个月、每年一次为原则。其有特殊情形经

---

① 所谓"戡乱时期国家安全法施行细则第十二条第一款至第四款情形之一者"即"参加共产党或者其它叛乱组织，或其活动者；参加暴力或恐怖组织，或其活动者；涉有内乱罪、外患罪重大嫌疑者；在台湾地区外涉重大犯罪或有犯罪习惯者"这四种情形之一。

申请许可者，停留时间及次数得酌予延长或增加。但每年总停留时间不得超过六个月。"

"现阶段大陆大众传播人士来台采访拍片制作节目申请作业要点"由台"陆委会"制订。其主要内容有：一、大陆大众传播人士申请赴台采访拍片、制作节目的主体资格。赴台采访："大陆地区各主要新闻事业人员"。赴台拍片："大陆地区电影事业"。赴台制作节目："大陆地区广播电视事业、广播电视节目供应事业"。但该要点和"现阶段大陆人士来台参观访问申请作业要点"一样，规定"申请人有动员戡乱时期国家安全法施行细则第十二条第一款至第四款情形之一者，得不予以许可。"使得当局可以禁止共产党员进入台湾。二、申请方式。在海外的，由台湾的驻外机构受理申请后，将申请文件转送"行政院新闻局"；在大陆地区者，由在台大众传播事业代向"行政院新闻局"申请。"行政院新闻局"审核同意后，将申请文件转送"内政部警政署入出境管理局"核准后发给旅行证，送由"驻外使领馆（机构）"或在台代申请之大众传播事业转发。三、大陆大众传播人士赴台湾的时限。其第4条第5项规定大陆传播人士"每次在台停留期间以两个月、每年以一次为原则。其有特殊情形经申请许可者，停留时间及次数得酌予延长或增加。但每年总停留时间不得超过六个月。"四、大陆大众传播人士在台活动的限制。第4条第6项规定，大陆大众传播人士不得从事"从事违反法律或'国家'安全、利益之活动"，否则应依法处理并予以遣返。第5条第7项规定："申请人在台停留期间，主管机关得视情况需要，禁止其从事商业行为，且不得从事有执业执照之专业行为，违反者不得再度来台"。

"现阶段大陆大众传播人士来台采访拍片制作节目申请须知"由"行政院新闻局"制订。该法与"现阶段大陆大众传播人士来台采访拍片制作节目申请作业要点"同为对大陆大众传播人士赴台拍片、制作节目进行管制的法规，其内容相近。但该须知为"新闻局"制订，作业要点由"陆委会"制订，由于制订机关不同，因此其角度不同，规定也有差别。该须知的主要内容有：一、申请赴台采访、拍片、制作节目的大陆大众传播人士的主体资格。该须知规定大陆各主要新闻事业所属编辑、采访及重要行政人员，包括报社、杂志、通讯社、广播电台、电视电台之文字、摄影记者、编辑、主笔、参与采访之相关技术工程人员及重要行政人员等得申请赴台采访；各电影片制作业者得申请赴台拍片；经营广播电台与电视电台之事业或经营、策划、制作广播电视节目、广告、录影节目之事业得申请赴台制作节目。该法不再如"现阶段大陆人士来台参观访问申请作业要点"等法规那样，规定"申请人有动员戡乱时期国家安全法施行细则第十二条第一款至第四款情形之一者，得不予以许可"，是一个进步。二、赴台的申请方式和相关手续。在海外的，由台湾的驻外机构受理申请后，将申请文件转送"行政院新闻局"；在大陆地区者，由在台大众传播事业代向"行政院新闻局"申请。"行政院新闻局"审核同意后，将申请文件转送"内政部警政署入出境管理局"核准后发给旅行证，送由"驻外使领馆（机构）"或在台代申请之大众传播事业转发。要求申请人应缴交下列文件：所属机构委派令及足以证明身份的相关文件，亲笔签字之委托书。到台湾后，须凭入境许可至"行政院新闻局"登记申请采访证；特定主题之采访活动，除"行政院新闻局"核发之采访证外，还要由主办单位加发活动之采访证件。在台湾期间，要随身携带"行政院新闻局"所发核准函件，作为证明。除特别事项的采访外，应于预定赴台日前两个月提出申请。三、对大陆大众传播人士在台活动的限制。首先是对商业行为进行限制，大陆人士不得有收受酬劳；参加纯以营利为目的之活动；签订合约，从事需有执业执照之职业性演出；完成文书图画、灌制发音片、拍摄录影节目带、广告、电影片直接在台销售或播送（放）等活动。但可以从事示范、观摩或公益性活动之演出。还要求，申请人在台停留期间接受广播、电视电台之访问，应比照"现阶段广播电视事业、广播电视节目供应事业赴大陆地区制作节目报备作业实施要项"第 5 点送审规定办理，其播出时数并计入上述"实施要项"第 8 点规定的时数。其第 7 条要求"申请人在台停留期间须遵守中华民国法令及有关规定，并按计划书进行采访、拍片或者制作节目。违者视情节轻重，由有关机关依法处理。对该申请单位或接待单位之后续申请案件，得不予受理。"其第 8 条要求"申请人来台采访、拍片或制作节目，其内容如有歪曲情事，行政院新闻局对该申请人及其所属事业之后续申请案件，得不予受理。"其第 10 条要求大陆大众传播人士必须提交计划书，计划书"应就申请人预定来台之目的，叙述其活动主题、构想及行程计划，俾作接待单位安排日程之参考。拍片及制作节目申请案件并应检附剧本，如申请人来台所拍摄或制作之节目与原检附剧本不符，其后申请案件得不予受理。"

"大陆地区各主要大众传播事业所属有关专业人士来台参观访问申请须知"的主要内容有：一、申请赴台参观访问大陆大众传播事业人士的主体资格。规定"各主要新闻事业所属编辑、采访及重要行政人员；包括报社、杂志、通讯社、广播电台、电视电台之文字、摄影记者、编辑、主笔、参与采访之相关技术工程人员及重要行政人员；出版、电影、广播电视、广播电视节目供应事业主管级人员；有专业造诣或成就之出版、电影、广播电视、广播电视节目供应等专业人；中共大众传播事业在自由国家或地区之专业工作人员"有资格申请。而申请人是否符合条件，"行政院新闻局"得成立审查小组或邀请相关人员审查。二、赴台的申请方式。在境外的，向台驻外办事机构申请；申请人在大陆的，由在台大众传播事业代向"行政院新闻局"申请。申请人委托在台大众传播事业代提申请时，应备妥亲笔签名之委托书，无委托书者，会被退件，不被受理。三、赴台人数限制。"行政院新闻局"得视需要限制大陆出版、电影、广播电视、广播节目供应事业各类赴台参观访问之总人数。四、在台的行为限制。首先是商业行为之限制，要求大陆大众传播人士在台停留期间不得有收受酬劳、参加纯以营利为目的之活动；签订合约，从事需有执业执照之职业性演出；完成文书图画、灌制发音片、拍摄录影节目带、广告、电影片直接在台销售或播送（放）等行为。但可以从事示范、观摩或公益性活动之演出。其第6条还规定，"申请人在台停留期间接受广播、电视电台之访问，应依前点规定并比照'现阶段广播电视事业、广播电视节目供应事业赴大陆地区制作节目报备作业实施要项'第五点送审规定办理，其播出时数并计入上述'实施要项'第八点时数之规定办理。"其第7条要求申请人在台停留期间须遵守相关法令，并以申请时所填具之参观访问计划书所订之活动为限。违者视情节轻重，由有关机关依法处理，必要时可予遣返，并不在受理该申请单位或接待单位的后续申请案。其第8条要求，大陆新闻机构不得在台设立分支机构，亦不得雇佣台湾地区居民为特约记者或通讯员。其第9条要求，大陆大众传播人士入境所携带的大陆出版品、广告、电影片、录影节目带、广播电视节目，应依行"政院新闻局"颁行之"沦陷区出版品、电影片、广播电视节目进入本国自由地区管理要点"有关规定处理。第10条要求大陆大众传播人士应备计划书，计划书"应叙述申请人预定来台参观访问之构想，个人兴趣及愿望（包括参观之机构，意欲参加之场合及晤谈之人物等），俾作接待单位安排日程之参考"。

二、法规的主要特征

（一）两岸大众传播交流的有限"解禁"

比起"戒严"时期，这一时期台湾地区两岸大众传播交流法规最大的变化是对部分两岸大众传播交流活动有条件开放。这一时期"解禁"的主要两岸大众传播交流项目如下表：

表 2.3 1987—1992 年"解禁"的主要两岸大众传播交流项目

解禁时间	解禁项目	法律依据
1988.8.8	大陆出版品、电影片、广播电视节目进口	"沦陷区出版品、电影片、广播电视节目进入本国自由地区管理要点"
1988.8.8	大陆出版品、电影片、广播电视节目的出版、放映、播放	"沦陷区出版品、电影片、广播电视节目进入本国自由地区管理要点"
1989.4.24	台湾大众传播人士赴大陆交流、从事专业活动	"现阶段大众传播事业赴大陆地区采访、拍片、制作节目报备作业规定"
1990.7.28	大陆大众传播人士赴台参观访问	"现阶段大陆人士来台参观访问申请作业要点"
1991.9.10	大陆大众传播人士赴台交流、从事专业活动	"现阶段大陆大众传播人士来台采访拍片制作节目申请作业要点"

资料来源：作者自制。

相比"戒严"时期台湾地区两岸大众传播交流法规对两岸大众传播交流活动进行政治禁锢，这一时期台湾的相关法规给了两岸大众传播交流合法地位，允许部分两岸大众传播交流活动有条件地进行，是一大进步。

然而这种开放依然是极为有限的。法规赋予人民进行两岸大众传播交流的权利范围依然较小，要实施这些权利还要受到很多限制。如台湾出版业者出版大陆图书要事先经过许可，出版的数量也受到严格限制；而大陆出版品、电影片、广电节目进入台湾或者在台湾发行、放映、播出都需要事先检查审批。两岸大众传播人士往来、到对岸从事专业活动则要先经过许可或报备，而审批、报备的条件又非常苛严的。1990 年 7 月颁行的"现阶段大陆人士来台参观访问申请作业要点"要求申请赴台参观访问的大陆人士不能是共产党员不能参加共产党的活动，如果是则必须公开宣布脱党方能被批准。这样的限制，使该法规沦一纸空文，使得当时未能有任何大陆大众传播人士前往台湾。"现阶段大陆大众传播人士来台采访拍片制作节目申请作业要点"等法规则对大陆大众传播专业人士赴台的申请办法、时长、活动地点、活动范围、接触人群等都进行严格限制，这会导致大陆大众传播人士申请赴台和在台活动非常艰难。

（二）临时性、过渡性色彩强

1987年—1992年，台湾先后经历了"戒严"体制终结、"动员戡乱"体制终止、"宪改"开始等重大历史事件，旧的体制终结，而新的体制尚未定型。1989年10月，由台"法务部"拟订的"台湾地区与大陆地区人民关系暂行条例"草案经"行政院大陆工作会报"审查通过，并将其送各个相关部门"核备"。因此，待"宪政"制度构建起来，待正在酝酿中的"两岸关系条例"出台，两岸大众传播交流法规的"立法"基础、基本规范会有重大变化。在这样一个政治、社会转型时期，制度基础尚未稳固，台湾地区两岸大众传播交流法规自然也要打上这种转型期的时代烙印，具有很强的临时性、过渡性色彩。

这一点仅从法规的名称就可以清晰地看出。这一时期，两岸大众传播交流法规多以"现阶段××××"来命名，如"现阶段大陆大众传播人士来台采访拍片制作节目申请须知""现阶段大陆人士来台参观访问申请作业要点""现阶段新闻从业人员赴大陆地区采访报备作业实施要项"等。这样的话语表明这些法规更多的是"应时之需"，为"下一阶段"到来前暂且为支应之用。

法规体系的结构特征和制订、废止、修正状况更可以看出其过渡性、临时性特点。这一时期台湾地区两岸大众传播交流法规中，"法律"层次的法规如"广播电视法""出版法"等，基本是完全承袭上一时期的，原因主要是"法律"的制订、修订程序严格，周期较长，所以来不及、也没有必要在这样的转型时期对其进行重构。而真正在两岸大众传播交流管理中起作用的主干法规是行政机关，特别是"新闻局"和"陆委会"制订的"部门规章"，如"沦陷区出版品、电影片、广播电视节目进入本国自由地区管理要点""现阶段大众传播事业赴大陆地区采访、拍片、制作节目报备作业规定""现阶段大陆人士来台参观访问申请作业要点"等，其原因是行政机关出台法规，程序简单，周期短，更适合转型时期的临时需求。而实际上，这些"部门规章"的寿命也是极短的，它们基本上在1992年下半年和1993年上半年就被废止（其废止具体情况见下一章）。从其出台到废止，也就只有三四年时间，其过渡性、临时性显而易见。

可见这一时期台湾当局构建两岸大众传播法规的策略是：对位阶较高的法规，维持原状，哪怕它并不适应形势需要，也对其加以"悬置"，待将来法律基础稳定，再加以重构。而各种低位阶的法规，修正、制订程序较为简单，可以随时根据形势变化和主管部门的需要加以变革，因此临时性地制订了一批"作业要点""作业规定""作业要项""实施须知"作为两岸大众传播交流法规体系的主干。这样的法规建构策略和结构状况，让这一时期的台湾地区两岸大众传播交流法规看起来很像相关主管部门根据管理事项临机而设的办事规则，缺乏法的安定性。台湾当局赋予它的历史任务是在台湾社会急剧变革的情况下，作为"权宜性"的法规，暂时对两岸大众传播交流进行管理，待将来体制定型，法律基础稳固，再构建新的法规体系。

（三）"泛政治化"色彩有所淡化，但依然受政治支配

这一时期，台湾当局对两岸大众传播交流管制问题的态度、原则有根本变化。不再如"戒严"时期那样对两岸大众传播交流活动进行严厉的政治禁锢。对两岸大众传播交流的性质界定，从纯政治定位向有区别的定位转化，将部分两岸大众传播交流活动视为民间交流和文化交流予以开放。在这一思想指导下，法规的规范设置也呈现了一种区别对待的状况，对部分两岸大众传播活动有限开放，对某些两岸大众传播活动依然严格禁止。开放的部分多与政治关系较远，禁止的部分多与政治有一定关系。如含有宣传共产主义内容、有中共标志的大陆传播品被禁止进入台湾，而大陆风光、文化等内容的大陆传播品则被允许有条件进入台湾。再如台湾大众传播人士赴大陆交流或进行专业活动时，可雇佣某些大陆人员并与大陆方面合作，但如果这些人或合作活动与"中共党政军"有关系，则不被允许。这种变化还鲜明地体现在法律概念的使用上。"戒严"时期台湾地区两岸大众传播交流法规中大量存在的"奸""匪""伪"等极端政治化的、带有高度敌意的话语，在这一阶段的法规中已经不复使用。而代之以"大陆""大陆民众""大陆大众传播人士"等中性话语。

然而台湾地区两岸大众传播交流法规受政治支配的状况并没有根本转变。这一时期的台湾地区两岸大众传播交流法规，并不能真正将两岸大众传播交流当成民间交流和文化交流活动对待，其法律概念使用、规范设置，依然有较为浓重的"防共""反共"思维和对大陆的戒心。

在法律概念的使用上，这一时期的多数法规虽然不再使用"奸""匪""伪"等话语，但有部分法规依然将大陆称为"沦陷区"，而将台湾称为"自由地区"。如"沦陷区出版品、电影片、广播电视节目进入本国自由地区管理要点"就使用了不少这样的话语。这表明台湾当局在这一时期依然将共产党界定为"叛乱团体"，对大陆的大众传播品和大众传播人士依然有政治歧视和敌意。而"中

共""共产主义"这样的政治话语在法规中更是被大量使用，这些概念虽不像"奸""匪"等话语充满敌意，但并不是规范的法律概念，依然是模糊不清，没有清晰的内涵和外延。

法规的规范设置更体现了其泛政治化倾向和反共原则。如"沦陷区出版品、电影片、广播电视节目进入本国自由地区管理要点"规定大陆的大众传播品如果是"中共"机构或人员出资、出版、发行或制作的，或者内容涉嫌"宣传共产主义者"，或者有中共图案、标志的，则不许进入台湾，不得在台湾出版、发行、播映、播出。又如"现阶段电影事业赴大陆地区拍片报备作业实施要项""现阶段广播电视事业、广播电视节目供应事业赴大陆地区制作节目报备作业实施要项"规定台湾大众传播人士赴大陆制作影视广播节目，不得聘用"中共党、政、军干部"；"赴大陆地区制作之节目，不得访问中共党政各级机构干部"。更荒唐的是根据该法规规定，赴大陆制作的节目如要通过电信设施传输，不能直接传回台湾地区，"得经由国际电信设备或第三国（地）之设备传送"，这样的规定就更纯然是为在政治上"撇清"，而人为制造麻烦。

最集中体现这一时期台湾地区两岸大众传播交流法规"泛政治化"的是具有共产党员身份的大陆大众传播人士进入台湾的相关规定。这一时期出台的"动员戡乱时期国家安全法施行细则"的第 12 条规定了人民不得入境的六种情形，其中有"参加共产党或者其它叛乱组织，或其活动"和"曾经前往沦陷区有助于中共叛乱组织者"两种。"现阶段大陆人士来台参观访问申请作业要点"等法规承袭了这一规定。1989 年 4 月 18 日国民党大陆工作会报，曾对此做出"宽容规定"，"参加中共共产党及其外围组织、附庸党派或担任中共党、政、军机构职务者，如据实填报，并在第三地宣布脱离该组织，比照惩治叛乱条例自首之规定，依该条例第九条第一项第一款规定从宽处理。"[1] 该规定后来扩大适用至大陆杰出人士、海外大陆学人、留学生及领导民主运动人士赴台参观访问及赴台探病奔丧的大陆人民。[2] 此后，台湾当局又宣布，大陆大众传播人士赴台也比照这一规定执行。这一要中共党员宣布脱离组织，方允许入境的"宽容"

---

[1] 根据"行政院大陆工作会报"于 1989 年 4 月 18 日发布的"陆行字第一三九号函"核定"滞留大陆台籍前国军人员及眷属返台定居申请作业规定"。

[2] 根据"行政院大陆工作会报"于 1989 年 8 月 17 日颁"陆行字第四五一号函"。

规定，实际上阻隔了大陆大众传播人士赴台。[①] 这样的规定正如王洪钧等所言，以"昔日共产党员的叛乱意识若欲强加于今日的共产党员身上，恐令人有杯弓蛇影、以偏概全、不近人情的时空错置之感"，"就实务运作而言，也常生困扰……事实上，要求短期停留之申请者冒着返回大陆后被批斗的危险，欣然接受入境时宣告脱离共产党之形式，是强人所难"，"就法理言，人非国家之属物，皆具有独立之人格，崇尚自由之本质，其在大陆地区参加共产党组织或活动，是行使其现实上正当之政治权；且始终无叛乱破坏我国，窃据我国土或颠覆我政府之意图，依罪刑法定主义是不具违法性与该当性。"[②]

这一时期台湾地区两岸大众传播交流法规的基本原则，恰如台湾当局在开放台湾民众赴大陆探亲时所宣称的那样——"反共国策与光复国土目标不变；确保国家安全，防止中共统战"。[③] 这使它依然具有强烈的"泛政治化"色彩，无法回归文化和民间交流管理制度的正常性质。这决定了台湾当局须以保守主义、管制主义原则来设置重重制度障碍，来"隔离""中共"影响，过滤"政治"内容，使得两岸大众传播受到很多的干扰和阻碍。

（四）台湾当局权力受到压缩，但权力和权利的配置依然很不平衡

相比"戒严"时期台湾地区两岸大众传播交流法规中台湾当局权力极度扩张的状况，这一阶段的法规赋予公权力机构的权力大幅度压缩。其表现有：

1. 权力的范围缩小，强度弱化。"戒严"时期台湾地区两岸大众传播交流法规是典型的专制主义法规。当局操控了立法、执法、司法活动，与两岸大众传播交流相关的任何环节、媒体、渠道、形式、主体都在当局权力的笼罩之下，呈现的是"有权力，无权利"的状况。其权力的强度也是很大的，当局可以用逮捕、查禁、吊销许可、科以徒刑甚至暗杀等手段来进行管制。而到这一时期，法规赋予了人民进行大众传播交流的部分权利，权利扩张，而权力从某些领域

---

① 1991 年 6 月"行政院新闻局"宣布废止大陆记者来台应备"来台行程表""脱离共产党宣告书"。1991 年 8 月 26 日，"现阶段大陆人士来台参观访问申请作业要点"修正，方正式取消要求共产党员入境需要宣布脱党的规定。但由于有"刑法"第 100 条关于内乱罪之规定，共产党员依然有被以"预备内乱罪"之罪名起诉的可能，所以共产党员入境的问题在这一时期依然没有彻底解决。而一直要等到 1992 年"刑法"第 100 条的重大修正和"两岸关系条例"的通过，这一问题方得以较为彻底解决。

② 王洪钧等：《开放大陆记者来台采访之可行性及影响研究》，台北："行政院研究发展考核委员会"，1990 年，第 125–126 页。

③ 张春英：《海峡两岸关系史》，福州：福建人民出版社，2004 年，第 952 页。

退出，范围有所缩小。权力的强度也所有减弱，如军事暴力、特务监控、动辄查禁等管制手段在这一时期基本不再使用。特别是1991年5月"惩治叛乱条例""戡乱时期检肃匪谍条例"被废止，1992年"刑法"第100条重大修正之后，以刑事手段对两岸大众传播交流进行管制的历史宣告结束。这更标志着两岸大众传播管制中权力强度的减弱。

2. 被授予两岸大众传播交流管制权力的机构大大减少。"戒严"时期"内政部"、国民党、"教育部"、"国防部"、省政府、"警备总司令部"、"新闻局"等近十个机构都得到法规赋权得以管制两岸大众传播，而在这一时期仅有由"新闻局"和"陆委会"等少数机构有管理两岸大众传播交流的权力。

3. "戒严"时期法规授予公权力机关的主要是一种"主动式的权力"，即法律授权当局可以主动采取临检、事前检查甚至用监听、线人告密等特务手段，织就管制之网，以"老大哥"的身份，时时监控人民的一举一动。而这一时期，法规授予公权力机关的权力，以"被动式权力"为主，其核心权力是审批、备案的权力，即两岸人民根据自己的需求，向"行政院新闻局"等机构提出申请或者报备，经当局审批或备案后，方得进两岸大众传播活动。这种"被动式的权力"，使得当局难以像"戒严"时期那样，时时挥动权力大棒，渗透到社会生活的每一个角落。这使得当局对两岸大众传播活动的控制力减小，人民获得了从事相关活动的一定空间。

但是，本时期台湾地区两岸大众传播交流法规依然奉行管制主义原则，对权利和权力的配置，依然是不平衡的，权力依然占据主导地位。本时期，台湾人民和大众传播事业不论是出版、销售、放映、播出、阅听大陆出版品、影视广播节目，或者是赴大陆交流、从事专业活动，都受到当局的严格控制。大多数两岸大众传播交流活动是需要事先申请、报备的，不经同意则不能进行，而且审批条件又很苛严。透过这些严苛的规范，可以看出，台湾当局依然追求对两岸大众传播交流的全面控制，相关法规中依然是权力占据主导地位，权利和权力的配置仍然不平衡。

第二节　法规运行状况

这一时期台湾地区两岸大众传播交流法规的运行状况出现了较大的变化。首先是执法机构调整。国民党、军事、情治机关退出，"行政院新闻局"成为主管机构。其次，在司法领域，军事法庭不再审理两岸大众传播交流领域的刑事案件，相关司法活动由普通法庭执掌。"司法独立""法治"的理念初步显现。再次，随着当局控制力的减退，挑战法律，冲破法规"禁令"，"违法"进行两岸大众传播交流活动，蔚然成风。这一方面昭示了这一时期台湾地区两岸大众传播交流法规与现实的脱节，一方面也大大地推动了相关法规的革新。而两岸大众传播交流的"解禁"，使得业界被压制已久的渴望一下子迸发，出现了两岸大众传播交流的热潮，很多两岸大众传播交流的"第一次"在这一时期开创。

一、执法机构调整：军事和情治机关退出，"行政院新闻局"成为主管机构，陆委会、海基会成立并发挥一定作用

"戒严"时期的法规授予众多公权力机构以两岸大众传播交流管制权力，"内政部""新闻局"等众多行政机关和军事机关、情治机构、国民党共同组成了庞大的执法机构。本时期台湾的两岸大众传播交流管制的机构设置有重大调整，国民党不再直接参与管理，军事、情治机关退出，而"内政部""教育部"等行政部门也不再拥有两岸大众传播管理的权力，"新闻局"成为主管机构。1990 年，海基会成立，在协调、协助主管机关处理两岸大众传播事务中起到一定作用。1991 年，"行政院大陆委员会"成立，也在统筹处理两岸大众传播交流事务中发挥作用。

如上一章所述，从 20 世纪 70 年代中后期起，"行政院新闻局"在两岸大众传播交流管制中的地位渐渐增强。到本时期，随着"戒严""动员戡乱"时期终结，军事机关、情治机关等机构退出两岸大众传播交流管理领域，"行政院新闻局"成为两岸大众传播交流的核心机构。根据法规赋权，"行政院新闻局"拥有全方位的两岸大众传播交流管理的权力：

1. 对大陆大众传播品进入台湾、在台湾传播进行审批。根据"沦陷区出版品、电影片、广播电视节目进入本国自由地区管理要点"规定所有要进入台湾地区的"沦陷区"出版品、电影片、广播电视节目都必须经过行政院新闻局的检查，经其核验批准后，方可进入。而这些大陆的传播品要在台湾出版、发行、制作、映演或播送（放），都应依法向"行政院新闻局"申请核准。

2. 对台湾大众传播人士赴大陆交流、从事专业活动进行备案。根据"现阶段大众传播事业赴大陆地区采访、拍片、制作节目报备作业规定""现阶段新闻从业人员赴大陆地区采访报备作业实施要项""现阶段广播电视事业、广播电视

节目供应事业赴大陆地区制作节目报备作业实施要项"的规定，台湾通讯社、报社、杂志社、广播电台、电视电台的从业人员赴大陆采访、拍片、制作节目都必须事先向"新闻局"报备。

3. 对台湾大众传播事业赴大陆所制作的节目进行审批、检查。根据"现阶段大众传播事业赴大陆地区采访、拍片、制作节目报备作业规定""现阶段新闻从业人员赴大陆地区采访报备作业实施要项""现阶段广播电视事业、广播电视节目供应事业赴大陆地区制作节目报备作业实施要项"的规定"赴大陆地区制作之节目、广告，进入台湾地区，除新闻外应先经核验。供电台使用或发行者，除新闻外，应检附核验证明送请新闻局审查，取得准播或发行证明后，始得播出或发出。录像节目带之发行亦同。"而赴大陆制作的电影片如果有违法之处的，行政院新闻局可"责令修改、径予删除或禁演"。

4. 对大陆大众传播人士赴台交流、从事专业活动进行审批、管理。根据"现阶段大陆大众传播人士来台采访拍片制作节目申请作业要点""现阶段大陆大众传播人士来台采访拍片制作节目申请须知""大陆地区各主要大众传播事业所属有关专业人士来台参观访问申请须知"的规定，大陆大众传播人士如果要赴台湾交流或从事专业活动，应经台湾大众传播事业或台湾驻外机构向"行政院新闻局"提出申请，经其同意后，转交"入出境管理局"签发旅行签证。而"行政院新闻局"还得视需要限制出版、电影、广播电视、广播节目供应事业各类赴台参观访问的总人数，并对大陆大众传播人士在台活动进行监管。

1991年，"行政院大陆委员会"成立，也在统筹、处理两岸大众传播交流事务中发挥作用。"行政院大陆委员会"的前身是1988年8月以任务编组方式成立的"行政院大陆工作会报"。1991年1月18日台"立法"机构三读通过"行政院大陆委员会组织条例"，于当月28日公布施行，"行政院大陆委员会"成立，"正式成为政府统筹处理大陆事务的专责机关"①。该委员会设有委员17人至27人，由"行政院院长"派兼或聘兼，这些委员由"行政院秘书长""政务委员"及"内政部""外交部""国防部""财政部""教育部""法务部""经济部""交通部""文化部""国家安全局""金融监督管理委员会"等机关首长充任，保证了陆委会统筹大陆事务的作用。陆委会中专职负责两岸大众传播交流事务的部门是文教处。根据"行政院大陆委员会组织条例"第六条规定，文教

---

① "陆委会"，《本会简介》，"大陆委员会"官方网站，获取网址：http://www.mac.gov.tw/np.asp?ctNode=5956&mp=1，发布时间不详。

处执掌以下事务："一、关于台湾地区与大陆地区学术、文化、教育、科技、体育、大众传播等交流之审议、协调及联系事项。二、关于大陆政策文教业务之建议与拟办事项。三、关于大陆事务之其它文教事项。"而根据文教处的业务分工，具体分管两岸大众传播交流业务的是其第四科。

海基会成立于 1990 年 11 月 21 日，1991 年 3 月 9 日正式挂牌运行。由于两岸关系复杂独特，在"政府公权力无法直接介入处理的情况下，两岸交流所衍生的问题必须透过一个具有民间性质、但由政府委托指定执行公权力的机构，来担任中介的角色。"①海基会正是为这一目的而设立的。因此它虽然是民间组织，但实际上执行了部分政府委托的公权力。而在委托授权事项之外，海基会与台湾相关行政机构"是协调、支持与协助的关系，着重在事务性的横向联系，为功能取向。"②它"成为政府大陆工作体系中重要的一环"。③根据海基会的章程，办理和接受政府委托办理"两地区人民有关文化交流之事宜"是其主要业务之一。尽管刚成立不久，它在这一时期的两岸大众传播交流事务和相关法规执行中也发挥了一定作用。以首个大陆记者团赴台采访的审核过程为例。该项活动的计划由海基会于 1991 年 11 月底提出，当时计划是 1992 年 1 月成行。然而该计划在审批过程中，先后碰到大陆记者共产党员身份如何解决、是否要挂领记者证等一系列问题，可谓一波三折。该计划能推进并最后实现，与海基会与多个政府部门联系，进行斡旋不无关系。海基会在两岸大众传播交流事务处理和相关法规执行中具有特殊作用。它在两岸政府机构无法直接接触的情况下，发挥了中介作用，进行沟通协调，既代为执行一部分公权力，如代为接收大陆记者的入境申请文书，与大陆方面进行接触并转达意见等，也对行政机构运用法规处理问题的过程和结果有一定影响。

以"行政院新闻局"成为主管机构，陆委会进行统筹，海基会进行协调、协助，这一执法机构体系的建立，改变了"戒严"时期众多公权力机构一拥而上，合力钳制两岸大众传播交流的状况。这使得管理机构大大精简，有利于管理效率和规范性的提高，也减轻了人民在进行两岸大众传播交流时面临"天罗

① 海基会，《海基会的成立与沿革》，海基会官方网站，获取网址：http://www.sef.org.tw/ct.asp?xItem=1548&CtNode=3798&mp=19，发布时间不详。

② 海基会，《海基会的成立与沿革》，海基会官方网站，获取网址：http://www.sef.org.tw/ct.asp?xItem=1518&CtNode=3804&mp=19，发布时间不详。

③ 海基会，《海基会的成立与沿革》，海基会官方网站，获取网址：http://www.sef.org.tw/ct.asp?xItem=1548&CtNode=3798&mp=19，发布时间不详。

地网"的恐惧感。而排除军事机关和情治机关，则消除了执法中的军事暴力和特务手段，使得两岸大众传播交流回归行政管理的正常状态，增强了两岸大众传播管制中行政行为的透明度和规范性，减少了对人民权利的侵害，有利于两岸大众传播交流的发展。

二、司法活动：军事机关退出，两岸大众传播交流违法行为除罪化

"戒严"时期军事机关拥有两岸大众传播交流领域的司法权，并操办了这一领域内的大多数司法活动。"解严"后，"动员戡乱时期国家安全法"第 8 条明确规定"非现役军人，不受军事审判"，意味着军事机关退出两岸大众传播交流领域的司法活动。两岸大众传播交流中案件的侦查、审判活动不再有军事暴力、军事手段参与，相关违法行为也不会再被"军法处置"。这使两岸大众传播管理的"恐怖"程度、专制程度大大降低，台湾人民进行两岸大众传播交流活动时"怕见军法"的情绪得以去除。军事机关的退出，还改变了单一机构操办侦查、公诉、审判的状况，使得军队"命令——服从"机制的不再出现于相关司法活动中。这减少了司法活动的专制性，增强了两岸大众传播交流相关司法活动的透明度和规范性，有利于"法治""司法独立"精神在两岸大众传播交流相关的司法活动中践行，有利于人民权利的保障，对两岸大众传播交流的正常开展颇有裨益。

"戒严"时期，台湾当局为达到禁绝两岸大众传播交流的目的，不惜以严厉的刑事手段进行管制。如上一章所述，"刑法""惩治叛乱条例""戡乱时期检肃匪谍条例"设置了"内乱罪""以文字、图书、演讲为有利于叛徒之宣传"、"散布谣言或传播不实之信息，足以妨害治安或者摇动人心者""匪谍"等罪名，运用这些罪名，台湾当局动辄对"违法"的台湾人民判处重刑，制造大量冤狱。1987 年"解严"后，台湾基本不再判处"政治犯"。因此，这些罪名虽然还在，但不再被使用。1991 年 5 月，"惩治叛乱条例""戡乱时期检肃匪谍条例"废止，"以文字、图书、演讲为有利于叛徒之宣传"、"散布谣言或传播不实之信息，足以妨害治安或者摇动人心者""匪谍"等罪名也不复存在。1992 年"刑法"第 100 条重大修正，不再将煽动行为作为"内乱罪"的构成要件。台湾的刑事法规中不再有直接与两岸大众传播交流相关的罪名。这标志着两岸大众传播交流中违法行为的除罪化，标志着台湾当局以严厉刑事手段对两岸大众传播交流进行管制的历史终结。两岸大众传播交流违法行为的除罪化，有利于人民权利的

恢复和保障，其直接效果是使得台湾人民敢于突破禁令，破除坚冰，推动两岸大众传播交流发展。

三、法治观念逐渐显现

"戒严"时期，在"强人党国威权体制"下，台湾是"党治""人治"而非法治，立法、执法和司法活动受到两蒋和国民党操控。"解严"之后，随着"强人党国威权体制"的瓦解，权力重新分配，当局无法再直接对两岸大众传播交流的立法、执法、司法发号施令。李登辉 1988 年曾发表演讲说，说要"针对问题的症结，耐心地逐步用立法及沟通的方式，甚至舆论的力量找出解决的方法。其中最重要的，是建立司法及公权力的威信。立法之后，一定要切实、有效地执行，才能杜绝侥幸，避免'脱序'"。只要"一切依法行事，问题自然单纯得多，也容易解决"。① 虽然实际上，台湾当局未必能做到李登辉所说的"一切依法行事"，但在政治转型背景下，国民党当局不得不对执政理念进行调整。在这样的背景下，两岸大众传播领域的执法和司法活动得以更多地在法律的框架内运行，"依法行政""司法独立"等法治精神有所显现。

典型的案例是 1987 年《自立晚报》派遣徐璐、李永得突破禁令，进入大陆采访的事件。1987 年 9 月，在台湾当局尚未对台湾人民赴大陆解禁的情况下，《自立晚报》于 11 日派遣徐、李二人，经由日本，向中国驻日使馆提出申请，于 14 日来大陆采访，27 日经香港返回台湾。这一事件掀起轩然大波，台湾当局对此十分恼怒。台"行政院新闻局""入出境管理局"于 11 日得知此事后，就立即发出通告，要求《自立晚报》召回二记者。国民党中常会紧急召开会议研议此事，多位国民党"大佬"建议严惩，据称蒋经国在会上更是"震怒"② 。但 11 日 – 13 日，徐、李二人逗留日本期间，台湾当局也只是派"行政院新闻局"驻"东京办事处人员亲自向该两记者要求其终止大陆之行"，遭拒绝后并无进一步行动。27 日徐、李二人返台，"行政院新闻局"就立即发布声明，认为《自立晚报》在明知"主管机关不可能同意报社派遣记者前往大陆采访新闻，乃以前往日本采访为名，于李永得等抵达日本东京后，即向中共驻日本'大使馆'申

---

① 李登辉：《在台"革命实践研究院"大众传播研讨会上的讲话》，转引自顾永中，《试论政治转型中的台湾"法治"》，《中国法学》，1990 年第 5 期，第 104 页。

② 韩福东：《首位访问大陆的台湾记者李永得：听说我们去大陆，蒋经国震怒了》，《南方都市报》，2010 年 4 月 14 日，A 三 06–07 版。

请进入大陆采访，是其致函本局显系以虚伪声明之方法……违反'大众传播事业派遭从业人员申请出国审核办法'第十五条及第十六条之规定，本局决定于二年内停止受理该报及其人员出国之申请"并将"本案有关人员移请台北地方法院检察处侦办。"[①]该案件于 1988 年 3 月 24 日在台北地方法院一审宣判。判决认为《自立晚报》社长吴丰山和李永得"身为大众传播媒体之负责人及记者，其作为诚属非是。但因被告是因消极的不使登载，现行法律并无处罚规定。"[②]因此宣告其无罪。案件判决的结果与国民党高层和"新闻局"等主管机关的意志却并不相同。1988 年 4 月 8 日台北地检处不服判决，提起上诉。1988 年 9 月20 日，台湾高等法院驳回检察官上诉，维持原判。对这一结果"行政院新闻局"再度发布声明，表示"本于审判独立之精神，本局当于尊重"判决结果。[③]

通过此案可以看出，对《自立晚报》派记者前往大陆采访，国民党当局甚为恼怒。主管部门"行政院新闻局"发表多次措辞严厉的声明，力图对其加以严惩，甚至不惜冒着被指责网罗罪名之危险，以伪造文书的罪名将涉案人员移交司法。尽管案件背后或许还是有国民党当局的操作，但至少在表面上，对于这个举世瞩目的案件，国民党当局的行为都保持在法律的框架之中，并没有采取"戒严"时期惯用的特务手段，也没有政治人物直接对执法和司法工作进行指示、干预。而最后案件的处理结果也与国民党当局的意愿相悖。案件中，各方虽然进行激烈斗争，但都在法制的范围内行动。《自立晚报》一方多次表示如被"依法办理"将尊重一切结果。"新闻局"虽表现出欲进行严惩的强烈意志，但依然能在法律框架内"依法行政"。法院的判决也能排除干扰，以法律为准绳来办案，体现了一定程度的"司法独立"。

当然，本时期两岸大众传播交流法规依然有很多缺陷：人民守法状况也较差，国民党当局要依法行政也面临重重困难，两岸大众传播交流管理离"法治"境界还相差甚远。但比起"戒严"时期那种"法庭是国民党开的"，相关案件直

---

① "国科会"，新闻伦理资料库，《自立晚报赴大陆采访事件》，获取网址：http://museum02.digitalarchives.tw/teldap/2009/Journalistic_Ethics/ethics.nccu.edu.tw/index5485.html?q=node/100，发布时间不详。

② "国科会"，新闻伦理资料库，《自立晚报赴大陆采访事件》，获取网址：http://museum02.digitalarchives.tw/teldap/2009/Journalistic_Ethics/ethics.nccu.edu.tw/index5485.html?q=node/100，发布时间不详。

③ "国科会"，新闻伦理资料库，《自立晚报赴大陆采访事件》，获取网址：http://museum02.digitalarchives.tw/teldap/2009/Journalistic_Ethics/ethics.nccu.edu.tw/index5485.html?q=node/100，发布时间不详。

接按照蒋氏父子和国民党意愿判处的状况，其进步还是显而易见的。

四、守法状况较差

相比"戒严"时期，台湾民众战战兢兢，不敢越雷池一步的守法状况，这一时期台湾人民对不合时宜的法规敢于挑战。

以台湾大众传播人士赴大陆交流、从事专业活动为例，该活动要一直要到 1989 年 4 月 24 日"现阶段大众传播事业赴大陆地区采访、拍片、制作节目报备作业规定"颁行，方正式开禁。但在此之前，已经有很多台湾大众传播人士"违法偷跑"到大陆。最典型的是上文所述 1987 年《自立晚报》派记者到大陆采访事件。在其示范下，台湾赴大陆的大众传播人士络绎不绝。1987 年 9 月 26 日，准备许久的《中国时报》立即派出记者江素惠到北京拜访中国记协。10 月 3 日起，台湾《人间》杂志摄影记者钟俊升在大陆采访了整整三个月。10 月 26 日，台湾《环球新闻社》副总编辑皮介行到北京采访中共十三大。11 月 11 日凌峰赴大陆拍摄专题片《八千里路云和月》。11 月 18 日，《台湾时报》副总编辑张自强到大陆探亲、采访。而类似"违法"行为几乎贯穿于整个时期，遍布各个领域。

又如"现阶段大众传播事业赴大陆地区采访、拍片、制作节目报备作业规定"等法规于 1989 年施行，规定了台湾电视事业不能聘用大陆演员担任主配角，"不得接受中共资金，或与中共共同采访、制作、出版、发行或与中共进行其它合作事宜。"但 1990 年 8 月，台湾电视公司和台湾全美国际有限公司联合摄制的《草莽英雄》，公开邀请福建长龙影视联合公司协助拍摄，并聘请陈道明、杨春荣饰演重要角色。无视法规，甚至公然挑战法规，成为两岸大众传播交流领域的一种普遍现象，甚至成为一种媒体彰显自我的方式。最典型的当然还是《自立晚报》派记者赴大陆采访事件。该报社长吴丰山在 1987 年 9 月 12 日接受合众社采访时，谈及派记者到大陆采访的目的时宣称："我作此决定的主要出发点不是去大陆收集新闻，……而是要打破政府对台湾记者的这种活动实行的长达 38 年的禁令。"[①] 其挑战法规的目的溢于言表。

本时期台湾地区两岸大众传播交流法规守法状况差的原因是多方面的。首

---

① 舒伦·肖:《派记者到大陆旨在打破禁令》，原载《参考消息》1987 年 9 月 12 日，转引自中国人民共和国国史网，获取地址：http://www.hprc.org.cn/wxzl/bksl/zt/twzl/200906/t20090616_10648.html，发布时间：1987–09–12。

先是在台湾政治的转型，"强人党国威权体制"终结的历史背景下，当局的控制力大大降低，无法做到"违法必究"。其次是两岸大众传播交流违法行为的除罪化，以及军事机构、情治机构退出相关行政、司法领域，使得违法后果大大减轻。再次，20世纪80年代起，挑战当局成为一种社会风气和各种利益团体自我彰显的手段。后果不严重，又能让自己成为台湾各界关注的中心，从而获取某些资本，台湾的媒体和大众传播人士当然是不惮于去违法的。

当然守法状况不佳的根本原因是本时期台湾地区两岸大众传播交流法规与现实脱节。本时期台湾地区两岸大众传播交流法规落后于台湾的普遍民意和两岸大众传播交流现实状况，违背了文化发展的客观规律，而法规的安定性、权威性、可预知性不足，规范力又不够。这种人为制造两岸大众传播交流障碍的法规，在台湾当局无法像"戒严"时期那样进行强权压制的状况下，最终只能被冲垮。因此守法状况不佳，问题不在台湾民众，而在法规。这一时期两岸大众传播交流领域的实然法距离应然法较远，其本身的"合法性""正义性"问题不少，当然难以让人们遵从。

五、两岸大众传播交流热潮涌动

"解严"后，台湾人民被台湾当局压制了三十多年的需求，如火山爆发，两岸大众传播交流热潮涌动。在长达三十几年的"戒严"时期，除因当局"研究匪情需要"而获准进入台湾的极少数大陆大众传播品外，基本没有大陆大众传播品得以进入台湾。1988年"沦陷区出版品、电影片、广播电视节目进入本国自由地区管理要点"颁行，台湾当局有条件允许大陆大众传播品进入台湾后，经台湾当局核准进入台湾的大陆出版品数量大大增加，具体情况如下表：

表2.4 1988年7月—1992年6月经台湾当局核准
进入的大陆大众传播品数量

台湾所进口的大陆出版品（册）	在台发行的大陆出版品（种）	进口的大陆广播电视节目（种）
987346	430	428

资料来源：根据陆委会《两岸交流统计报告》整理，台北：陆委会，1992年，第20页。

1989 年,"现阶段大众传播事业赴大陆地区采访、拍片、制作节目报备作业规定"颁行,台湾正式开放大众传播人士来大陆交流、从事专业活动。1990 年 7 月 – 1992 年 6 月,来大陆交流、从事专业活动的台湾大众传播人士就有三千多人次,其具体情况如下表:

表2.5　1990 年 7 月—1992 年 6 月台湾大众传播人士赴大陆交流、从事专业活动人数

新闻采访(人次)	其他大众传播交流(人次)
1839	1724

资料来源:根据陆委会《两岸交流统计报告》整理,台北:陆委会,1992 年,第 20 页。

由于台湾当局的阻挠,大陆大众传播人士赴台困难重重。直至 1991 年 8 月,范丽青、郭伟峰首赴大陆采访后,大陆大众传播人士才得以陆续到台湾交流或从事专业活动,并且数量逐年增长,具体情况如下表:

表2.6　1990—1992 年大陆大众传播人士赴台交流、从事专业活动人数统计

年度	申请人数	同意	未准	已赴台	决定不赴台	尚未赴台
1990	4	3	1	0	3	0
1991	22	9	13	8	1	0
1992	180	160	20	128	31	1

资料来源:根据李庆平主编《两岸文化交流年报 1991 – 1993》整理,台北:海峡交流基金会,1994 年,第 144 页。

表2.7　1990—1992 年大陆大众传播人士申请赴台从事专业活动人数分项统计

年度	参观访问	采访	拍片	制作节目
1990	4	0	0	0
1991	19	3	0	0
1992	111	26	20	23

资料来源：根据李庆平主编《两岸文化交流年报 1991－1993》整理，台北：海峡交流基金会，1994 年，第 144 页。

这一时期两岸大众传播交流更是发生了诸多有历史意义的事件，创下了多个"第一"的纪录，以表格列下：

表2.8 1987—1992 年两岸大众传播交流大事

序号	时间	事件
1	1987.9.11	《自立晚报》宣布派记者徐璐、李永得前往大陆采访，两位记者取道日本，于 9 月 14 日－27 日在大陆采访，是台湾新闻记者首次赴大陆采访。
2	1987.11.11	台湾著名艺人凌峰到大陆拍摄电视系列片《八千里路云和月》，是台湾大众传播人士首次赴大陆拍片。
3	1989.9	琼瑶率"六个梦"剧组与湖南电视台合作，拍摄电视剧《婉君》在岳麓书院开机，大陆儿童演员金铭出演婉君。历经波折后，1990 年 2 月，该剧在台湾播出，创下很高的收视率。
4	1990.8.25	《中华工商时报》邀请台湾《工商时报》《中时晚报》记者共同沿欧亚大陆桥江苏连云港至新疆段，进行为期 20 多天的联合采访。
5	1990.8	台湾电视公司和台湾全美国际有限公司联合摄制的《草莽英雄》，邀请福建长龙影视联合公司协助拍摄，并聘请陈道明、杨春荣饰演重要角色。
6	1991.8.12	1991 年 8 月 12 日，新华社记者范丽青和中新社记者郭伟锋赴台采访。这是大陆记者自 1949 年以后首次赴台采访，开启了"两岸新闻双向交流"。
7	1992.5.3	18 位台湾记者受邀和 14 位大陆记者联合对三峡工程进行联合采访。
8	1992.7	福建电视台《海峡同乐》摄制组于赴台湾，成为第一个赴台的大陆电视摄制组。

资料来源：作者自制。

六、两岸大众传播交流呈现巨大的不对等状况

大陆对待两岸大众传播交流一直持积极开放态度，而且对促进这一交流立场稳定、执行高效。以台湾记者首赴大陆采访为例。1987 年 9 月，《自立晚报》记者徐璐、李永得向中国驻日大使馆提出来大陆采访申请，大陆方面在未

出台正式的台湾记者来大陆采访相关法规情况下，迅速批准其申请。对徐、李二人在大陆的采访活动不设限制，表示热烈欢迎。徐、李二人得以自行设计采访路线，自由选择采访对象，而大陆方面则帮助解决交通、联系采访对象，给予种种方便。1987 年 11 月 1 日，中国记协负责人发表谈话，受理台湾记者来大陆采访事宜。1988 年 5 月 31 日，大陆主管部门发布《关于台湾记者来大陆采访的管理办法》。对台湾记者的申请大陆方面一贯以打开大门欢迎的态度来对待。对他们的申请，大陆基本没有不核准的。[①] 由于大陆的开放，仅在 1990 年 7 月 – 1992 年 6 月，赴大陆的台湾大众传播人士就达 3500 多人次。

而台湾方面，虽然口头上说要"促进两岸民众相互了解，达到两岸资讯充分互通的终极目标"。[②] 但实则态度保守，顾虑重重，行为温吞，效率低下。

台湾"解严"后，在大量台湾记者已赴大陆采访的情况下，台湾各界呼吁台湾当局开放大陆记者赴台采访的声音越来越大。1990 年初，由王鸿钧主持的研究项目对 56 位台湾社会学专家、新闻界人士、情治机构工作人员等相关专业人士进行深度访谈，超过 95% 的专家认为："目前这种'台湾认识大陆'单向的形式不可能保持长久"，必须构建"两岸往返对等、互惠原则"，"大陆既以接受台湾记者采访，我们似亦应比照开放"，"怕大陆记者会有'负面报道'根本是自欺欺人。"[③] 因此，对大陆记者赴台采访的范围、对象、事件等，这些专家"基本上咸认不应限制"[④]。

台湾当局于 1990 年 7 月出台"现阶段大陆人士来台参观访问申请作业要点"，该法规虽然开放了大陆大众传播人士赴台，但开放事项为"参观访问"，而不是从事专业活动。法规还要求申请赴台者不能为中共党员，否则要声明退党，实际上阻却大陆大众传播人士赴台。如上表 2.4 所显示，1990 年该法规出台后，大陆大众传播人士申请赴台人数仅为 4 人，而最终没有人能够成行。这形成了法规虽出台，但根本无法运行，实际上沦为空文的状况。

---

① 1989 年 6 月"台视"不经调查，报道邓小平逝世的虚假新闻，"记协"于当年 6 月 22 日，对台湾"台视"四位记者申请北京采访的行程，要求"暂缓"。这是大陆方面首次"暂缓"台湾记者采访申请。

② 李庆平主编：《两岸文化交流年报 1991–1993》，台北：财团法人海峡交流基金会，1994 年，第 32 页。

③ 王洪钧等：《开放大陆记者来台采访之可行性及影响研究》，台北："行政院研究发展考核委员会"，1990 年，第 68 页。

④ 王洪钧等：《开放大陆记者来台采访之可行性及影响研究》，台北："行政院研究发展考核委员会"，1990 年，第 70 页。

　　1991 年 8 月,由于"闽狮渔"事件发生,新华社记者范丽青、中新社郭伟峰申请入台采访。虽然两位记者最终成行,开创了大陆记者赴台采访的历史,但是其申请过程和采访过程却一波三折。两位记者在台采访过程也受到严密监控,甚至有情报人员监听两位大陆记者电话,翻拣他们的垃圾。[①] 这种"防共""反共"态度,使得大陆大众传播人士赴台困难重重。

　　首个大陆记者采访团赴台的筹备、审批过程集中体现了这一点。该项活动计划启动于 1991 年底。海基会在当年 11 月底提出邀请大陆新闻从业人员访台的计划,计划是 1992 年 1 月成行。经辜振甫核准后,海基会将计划报陆委会审批。然而陆委会却认为计划有问题。陆委会表示"海基会计划'抵触现行法令规定',按现阶段办法,'大陆媒体来台采访的申请方式,应由在台传播媒体出面,或向我驻外单位代为申请,否则无法受理。'"[②]"新闻局局长"胡志强表示,"按照现阶段'大陆新闻从业人员来台采访申请作业要点',此计划'海基会'似不宜出面申请。"[③] 后经海基会与陆委会紧急沟通,表示该计划由海基会主办,将来则由台湾传播媒体协办,以这些媒体的名义来出面申请。12 月,陆委会方同意了海基会的计划。1992 年 1 月初,海基会致函海协会邀请大陆新闻单位记者及记协人员赴台参访。1 月 14 日,海协会致函海基会时,将阻碍两岸新闻交流的重大障碍——共产党身份问题提出来:"考虑到记者中有中共党员,我们认为他们在抵离台湾和在台期间,绝不应因为他们的政治身份而受到干扰和歧视。对此,希望得到台湾有关当局明确具体的说明"。海基会在当天即发表谈话,"表示'有关共(产)党身份的问题,不应成为这次交流活动的阻碍因素','核准大陆人士来台的关键,并非以其是否是共产党员为考虑'。"但 15 日,海基会副秘书长陈荣杰表示:"关于共产党员可能被检举以'预备内乱罪'起诉问题是'法律问题',不管是民间的'海基会'或官方的'陆委会',都无法做出具体保证。为避免遭人举发等不必要困扰[④],希望大陆方面尽量派不具共产党员身份的记者来台访问。""陆委会"则表示,"大陆记者中的中共党员入台后,'若遭检

---

　　① 参见范丽青、郭伟锋:《四十年间第一步——大陆记者首次台湾行》,北京:新华出版社,1992 年。

　　② 杨毅:《首批大陆记者赴台采访交涉始末》,引自翟象乾主编,《首批大陆记者台湾采访纪行》,吉林:吉林人民出版社,1992 年,303 页。

　　③ 杨毅:《首批大陆记者赴台采访交涉始末》,引自翟象乾主编,《首批大陆记者台湾采访纪行》,吉林:吉林人民出版社,1992 年,303 页。

　　④ 1991 年 9 月,国家中医药管理局王凤岐等五位专家赴台,却被"立法院立委"陈水扁告发,闹得沸沸扬扬,最终不得不提前离台。

举、告发，法院还是会受理，但可能以不起诉结案'"。1 月 25 日，海基会致函海协会，认为"共产党问题'系一法律问题'，无论是'海基会'、'陆委会'或台'司法机关'均无法做出具体明确说明外，正式希望'海协会''避免推荐身份可能引起法律争议之人选'"。①此后双方多次交涉，台湾方面虽隐晦说明记者入台后不会发生被起诉、中途被强制离台等情况，但始终坚持该问题是法律问题，无法做出承诺。于是问题被搁置起来。②共产党员身份问题没有解决，后来又有"采访证"问题。根据台"行政院新闻局"1991 年 12 月出台的"现阶段大陆大众传播人士来台采访拍片制作节目申请须知"，赴台采访的大陆记者应凭入境许可至行政院新闻局登记申请采访证，凭采访证进行采访。1992 年 3 月 28 日，台媒体刊登了"新闻局"准备发给大陆记者的采访证，该证有两处印有"中华民国"的字样。（大陆发给台湾记者的采访证，只加盖没有任何政治性的中国记协的印章）。对此中国记协书记王哲人表示大陆新闻界不能接受这一证件。但台"新闻局局长"胡志强却表示："新闻局不会更改采访证上的中华民国字样，除非大陆记者来台纯粹参观，只当客人，不进行采访，就可以不要持采访证，否则如果要采访，就必须持用该证。"③6 月 2 日，海协会致函海基会表示大陆记者表示无法接受出现"中华民国"字样的记者证，望海基会能转告有关方面进行修改。迫于压力，6 月 11 日胡志强表示"记者证是为让大陆记者来台现场采访的方便，并不强迫领取或挂用"④。6 月 23 日，海协会致函海基会，告知大陆记者赴台采访，将不领取或挂用采访证。对此海基会并未表示异议，采访证问题方才解决。⑤通过这个案例我们看到了台湾当局在采访证、赴台记者党员身份等问题上纠缠不清，设置障碍，使得原来正常的两岸大众传播交流活动面临重重困难，其保守态度和"防共"立场可见一斑。

　　法规的限制，台湾当局的阻挠，造成了两岸大众传播交流的严重不对等。

　　①　杨毅：《首批大陆记者赴台采访交涉始末》，引自翟象乾主编：《首批大陆记者台湾采访纪行》，吉林：吉林人民出版社，1992 年，第 304 - 305 页。
　　②　直至 1992 年 5 月，"刑法"第一百条进行重大修正，7 月"两岸关系条例"出台，才使得赴台记者共产党员身份问题得以解决。
　　③　根据杨毅《首批大陆记者赴台采访交涉始末》整理，翟象乾主编：《首批大陆记者台湾采访纪行》，吉林：吉林人民出版社，1992 年，第 307 页。
　　④　根据杨毅《首批大陆记者赴台采访交涉始末》整理，翟象乾主编：《首批大陆记者台湾采访纪行》，吉林：吉林人民出版社，1992 年，第 307 页。
　　⑤　根据杨毅《首批大陆记者赴台采访交涉始末》，翟象乾主编：《首批大陆记者台湾采访纪行》，吉林：吉林人民出版社，1992 年，第 301 - 309 页；以及吴芯雯：《今日台湾探秘——首批大陆记者访台实录》，北京：中国青年出版社，1993 年，整理。

1990 年 7 月 – 1992 年 6 月，来大陆的台湾大众传播人士就达 3500 多人次。而 1990 年 – 1992 年赴台的大陆大众传播人士人仅有 136 人，仅是来大陆的台湾大众传播人士的零头，两者相差近 30 倍。可见，台湾当局的保守态度和有意阻挠是这一时期两岸大众传播交流的最大障碍。

第三节　法规的深层结构解析

"解严"后，台湾地区两岸大众传播交流法规的变革重构与两岸关系发展、台湾政治转型等深层结构性因素有密切关系。新时期，中共提出了"和平统一、一国两制"的方针，为两岸关系发展奠定基础。台湾当局虽然坚持"不接触、不谈判、不妥协"的"三不"政策，但也逐渐形成了"官民"分开的大陆政策，允许两岸间"民间、间接、单向"交流。两岸关系的发展、台湾当局大陆政策的变化，为两岸大众传播交流活动"解禁"和台湾地区两岸大众传播交流法规重构提供了可能。台湾政治转型是台湾地区两岸大众传播交流法规变革的内源性因素。由于"强人党国威权体制"瓦解，台湾地区两岸大众传播交流法规不必承担为国民党政权建构"合法性"依据的政治重任。而"戒严"体制、"动员戡乱"体制的终结，使台湾当局失去"国家紧急权"，人民的各项权利陆续得以恢复，两岸大众传播交流相关权利作为言论自由的一个部分也得以部分恢复。这就使得台湾地区两岸大众传播交流法规的变革重构势在必行。

一、两岸关系解冻与台湾地区两岸大众传播交流法规变革

1979 年 1 月 1 日，全国人大常委会发表《告台湾同胞书》，标志着新时期党和政府的对台方针政策由"和平解放台湾"向"和平统一"的重大转变。1981 年，全国人大常委会委员长叶剑英就台湾问题向新华社发表讲话，勾画了"一国两制"的雏形。1983 年 6 月 26 日，邓小平阐述了祖国大陆和台湾和平统一的构想，使得"和平统一、一国两制"形成完备的理论形态。1984 年在全国人大二次会议上发布的《政府工作报告》首次将"和平统一、一国两制"作为国家的基本国策。

面对祖国大陆两岸政策的重大调整和释放的善意，台湾当局一方面坚持"反共"立场，另一方面也做了有限回应，对其大陆政策进行调整。1980 年 6 月 9 日，蒋经国发布讲话，提出了"三民主义统一中国"的口号，以对抗大陆

提出的"和平统一、一国两制"方针。蒋经国还在各种场合强调台湾当局对大陆要坚持"不接触、不妥协、不谈判"的"三不政策"。

1984 年起，在应对洛杉矶奥运会等事件过程中，台湾当局逐步形成了"官""民"分开的做法，此后渐渐发展为"官方"、政治不接触，而放开两岸民间交流的政策。两岸大众传播交流作为文化交流和民间交流的一部分，开始纳入台湾当局开放两岸交流的视野。

1987 年初，蒋经国召集国民党要员，研拟开放台湾民众赴大陆探亲。1987 年 6 月，由马英九负责的"民众往返大陆探亲问题之研析"完成。蒋经国命令以其为基础，由党政两个方面进一步研究该问题。10 月 14 日，国民党中常会通过了"国人赴大陆探亲问题的研究结论报告"。该报告确定了赴大陆探亲的基本原则是："反共国策与光复国土目标不变；确保国家安全，防止中共统战；基于传统伦理及人道立场的考虑，允许国人赴大陆探亲。"[1]1987 年 10 月 15 日，"内政部长"吴伯雄正式宣告[2]台湾民众赴大陆探亲的具体办法："同意除现役军人及公务员外，凡大陆有三等内血亲、姻亲或配偶的民众，均可于 11 月 2 日起，向'中华民国红十字会'登记赴大陆探亲。而先前'非法'进入大陆者，也不予追究。"[3]该办法后定型为"台湾地区人民出境转往大陆探亲规定"，法规进一步规定赴大陆探亲每年以一次，每次不超过 3 个月为限。1989 年 8 月 1 日，台湾当局将探亲的亲等限制放宽为四亲等。1990 年 5 月 26 日，又将探亲停留时间放宽为"不限次数，每次停留时间不得逾两年"。对待台湾同胞赴大陆探亲问题的处理，集中体现了台湾当局的大陆政策：一方面是固守"反共"的僵化立场不变，坚持所谓的"不接触、不谈判、不妥协"的"三不"政策；另一方面是面对岛内外的巨大压力，又不得不有所调整，采取措施有限缓解两岸关系。

1988 年 7 月 12 日，国民党第十三次代表大会通过的《中国国民党现阶段大陆政策》阐释了其大陆政策。认为："必须将中共和中国分别界限；将大陆同胞与中共政权分别对待。在民间性的基础上，踏出稳健的步伐。我们应坚持'不接触、不谈判、不妥协'的政府立场。更应巩固心防，加强国防，以御敌海

---

① 张春英主编：《海峡两岸关系史》，福州：福建人民出版社，2004 年，第 952 页。

② 根据"行政院"第二〇五三次会议所做出的"复兴基地居民赴大陆沦陷区探亲"两项具体决议。

③ "蒋故'总统'经国先生百年诞辰纪念活动筹备委员会"，《蒋经国生平与贡献》，获取网址：http://www.cck.org.tw/life/life_taiwan_8.html，发布时间不详。

峡之外，掌握攻守之势。"① "本党大陆政策的最终目标，在消除马列主义共产制度的专制统治；建设民主、自由、均富、和平、统一的新中国。……我们的基本政策如下：一、维护中华民国宪法。二、反对马列共产主义。三确保复兴基地安全。四、支援大陆同胞争取自由。五、强化三民主义统一中国行动。"② 对两岸交流则坚持"民间、间接、单向"的原则。

1990 年 10 月 7 日，台湾当局成立"国家统一委员会"，并开始研拟"国家统一纲领"，1991 年 2 月，"国家统一纲领"通过。"国统纲领"对国家统一的目标、原则、进程等进行了阐述。它提出两岸"不否认对方为政治实体""在国际间相互尊重，互不排斥"。要求大陆"秉持政治民主、经济自由、社会公平及军队国家化的原则，共商统一大业"，则不尊重两岸经历数十年，已经建立了各自不同的社会制度这一现实状况，苛求大陆改变社会制度，实际上表明台湾当局依然没有放弃"三民主义统一中国"的目标。但是比起之前台湾当局提出的大陆政策，"国家统一纲领"不再强调"反共意识"，表明愿意"摒除敌对状态"，要通过交流、合作、协商来"重建一个统一的中国"，是一个进步。"国统纲领"还设计了近程的两岸统一"进程"，认为应包含以下内容："（1）以交流促进了解，以互惠化解敌意；在交流中不危及对方的安全与安定，在互惠中不否定对方为政治实体，以建立良性互动关系。（2）建立两岸交流秩序，制订交流规范，设立中介机构，以维护两岸人民权益；逐步放宽各项限制，扩大两岸民间交流，以促进双方社会繁荣。（3）在国家统一目标下，为增进两岸人民福祉，大陆地区应积极推动经济改革，逐步开放舆论，实行民主法治；台湾地区则应加速宪政改革，推动国家建设，建立均富社会。（4）两岸应摒除敌对状态，并在一个中国的原则下，以和平方式解决一切争端，在国际间相互尊重，互不排斥，以利进入互信合作阶段。""国统纲领"所设计的化解敌意，促进了解，加强交流的"进程"，对两岸关系发展有一定的积极作用。

1991 年 4 月 30 日，台湾当局宣布自当年 5 月 1 日起"动员戡乱"时期终止。虽然台湾当局终止"动员戡乱"时期的主要目的不在于解决两岸关系问题，但"戡乱动员"时期的终止，意味着台湾当局不再将中共视为"叛乱团体"，放

---

① "大陆委员会"：《大陆工作手册（一）》，台北："行政院大陆委员会"，1991 年 12 月第 2 版，壹－十八页。
② "大陆委员会"：《大陆工作手册（一）》，台北："行政院大陆委员会"，1991 年 12 月第 2 版，壹－十九页。

弃"戡平共匪叛乱"的目标，有利于两岸关系的发展。

纵观"解严"前后的两岸关系，可以看出这是一个重要的过渡和转折时期。大陆主动调整两岸政策，释放善意，是化解两岸关系僵局的主导因素。台湾在"解严"后两岸政策也有所改变，从将大陆政权视为"叛乱团体"到愿意"摒除敌对状态"，愿意加强"交流、合作、协商"，从不放弃"反共基本立场和光复目标"到对"将大陆同胞与中共政权分别对待"再到愿意进行"良性互动"。而且台湾当局还表示，近程愿意就"建立两岸交流秩序，制订交流规范，设立中介机构，以维护两岸人民权益；逐步放宽各项限制，扩大两岸民间交流，以促进双方社会繁荣"而努力。还采取了有限开放台湾民众赴大陆探亲，开放民间赴大陆进行经贸考察等切实措施，这有利于两岸交流合作的发展。但本时期，台湾当局的两岸关系政策依然是保守的，它顽固坚持"三不"原则，固守"官民分开、政治与经济文化分开"的策略，保持"惧共、防共"和对大陆高度戒备的心态，阻碍了两岸关系的进一步发展。

两岸关系的变化，台湾大陆政策的重大调整，是本时期台湾地区两岸大众传播交流法规变革、重构的重要结构性因素。大陆提出的"和平统一、一国两制"方针和释放的善意，采取的促进两岸交流的种种措施，是两岸大众传播交流法规变迁的重要外源性因素。"和平统一、一国两制"方针的提出和大陆采取的各种缓和两岸关系的举措，使得台湾当局以大陆为敌人，宣布台湾处于"紧急状态"、面临"外部威胁"，因而要限制人民自由，克减人民权利，以维护秩序，确保"国家安全"的借口完全失去依据。这就使得"戒严"时期，台湾以"反共""维护台湾安全"为借口，对两岸大众传播交流进行严厉阻隔的谎言被戳穿，以隔绝两岸大众传播交流为功能设定的法规失去其合法性。大陆采取的促进两岸交流的措施，也使得两岸大众传播交流的破冰和发展成为可能。例如因为有大陆敞开大门欢迎台湾同胞的政策，从 80 年代初开始，就有包括部分大众传播人士在内的台湾同胞绕道第三地，到大陆参观、访问。这就冲破了"戒严"时期台湾地区两岸大众传播交流法规严禁台湾大众传播人士来大陆的"禁令"。特别是 1987 年徐璐、李永得顺利在大陆进行为期多日的采访，更向台湾大众传播人士展现了大陆的开放态度。在其示范下，台湾大众传播人士不断来到大陆交流或从事专业活动。这就使得相关法规呈现了与现实的巨大矛盾，到了不加以革新，将失去效力的程度，大大地推动了台湾地区两岸大众传播交流法规的变革。

在大陆主动调整对台政策，并采取各种措施推动两岸关系发展的情况下，"解严"后，台湾当局的大陆政策也有较大调整，两岸交流、两岸关系得以发展。这是这一时期两岸大众传播交流法规变革的重要基础。1988年通过的《中国国民党现阶段大陆政策》虽然依然固守"应坚持'不接触、不谈判、不妥协'的政府立场。更应巩固心防，加强国防，以御敌海峡之外，掌握攻守之势"，但也强调"将大陆同胞与中共政权分别对待。在民间性的基础上，踏出稳健的步伐"。这种区别对待的立场，并愿意在民间交流方面踏出稳健步伐的态度，使得两岸大众传播交流有可能从政治禁锢的牢笼中解脱出来，向文化交流和民间交流的正常状态回归。"国统纲领"中，台湾当局更是明确提出要"建立两岸交流秩序，制订交流规范，设立中介机构，以维护两岸人民权益；逐步放宽各项限制，扩大两岸民间交流"。李登辉1991年在"国家统一委员会"第六次委员会议上还明确指出"文教交流可以优先办理"①。意味着两岸大众传播交流作为民间交流和文化交流的一个部分，将得到台湾当局的优先考虑和推动。在这样的情况下，自然需要对"戒严"时期的台湾两岸大众传播法规加以重构。而随着两岸交流、两岸关系的发展，台湾人民对大陆信息、对两岸大众传播交流的需求日益增加，"大陆热"涌现，使得严厉禁绝两岸大众传播交流的旧法规体系不合时宜，必须加以重构。

然而，台湾当局始终坚持"惧共、防共"保守立场，纠结于"官民分开"，对大陆怀有意识形态歧见和高度的戒备心理。在这样的两岸政策下，台湾当局虽将两岸大众传播交流界定为文化交流和民间交流，对其进行有限开放，但由于大众传播与政治和意识形态的密切关系，台湾当局担心大陆借助两岸大众传播交流进行"统战"，又对其充满了矛盾和戒备心态。在这样的政策和心态下，在两岸大众传播交流法规中，台湾当局设置了区别对待的规范，力图"过滤"政治性内容：如开放大陆大众传播品进入台湾，但一定要过滤掉与政治有关的所有要素；如开放大陆大众传播人士赴台参观访问，但对其共产党员身份纠缠不清；如允许台湾大众传播人士赴大陆拍片、制作节目，却严格要求其不能接受中共资金、不能雇佣中共党政军人员。然而，台湾当局始终没有，恐怕也无法清晰界定两岸大众传播交流中，什么是和政治有关，什么是和政治无关的，因而最终在保守主义和防共立场下，只能是制订出保守的、严格限制两岸大众

---

① 海基会:《两岸文化交流年报1991－1993》，台北：海基会，1994年，第1页。

传播交流的法规。

相对于大陆对台政策的清晰、明确、稳定,台湾的大陆政策则是不清晰、不稳定的。台湾各种政治势力在这一问题上观点不一。国民党虽然居于主导地位,但不管其内部,还是外部都有不一致的声音。而同一政治人物在表述两岸关系和大陆政策时,也往往前后矛盾。影响两岸关系诸多不稳定因素中,最重要的就是"台独"倾向。"解严"后,民进党成立,"台独"势力走向公开化,公开鼓吹"台独"为其牟取政治资本,严重干扰两岸关系。而这一时期"戒严"体制和"动员戡乱"体制先后结束,"宪改"刚开始而远未完成,"两岸关系条例"正在研拟之中,两岸关系如何界定,大陆的地位如何确定,两岸关系的制度如何构建,都尚不明朗。这就让台湾地区两岸大众传播交流法规缺乏一个明确而稳定的政治、法律基础。因此,这一时期台湾两岸大众传播法规在革旧立新的同时,由于诸多基础性问题尚未解决,无法构建起稳定的规范,呈现了不稳定、未完成、过渡性的特征。

二、台湾政治转型与台湾地区两岸大众传播交流法规的变迁

台湾早期的威权体制是一种硬性威权政治,这种体制在 20 世纪 70 年代随着岛内外一系列重大事件的发生而开始松动,到蒋经国接班后,已逐步转变为软性威权政治。[1]1987 年,台湾当局宣布"解严",更标志着台湾政治从威权主义到政治自由化的成功"软着陆"[2]。1988 年 1 月,蒋经国去世,李登辉接任"总统"。由于李登辉根底较浅,不像蒋经国那样具有魅力领袖权威,于是李登辉发起一场"宁静革命",通过巧妙设计来压制政敌,并推动法制和民主,来获得领导的合法性,构建起"法制——理性权威"。[3]李登辉一方面分化瓦解国民党内的各派力量,一方面利用学生运动和民进党的抗争活动,积极推动台湾的政治体制改革,以攫取权力。1990 年 3 月,李登辉当选为第八任"总统"。当年6 月,作为民意象征的"国是会议"召开。这一由台湾各界出席的会议达成了"总统民选""终止动戡"时期、"修正宪法"等共识,也标志着李登辉将国民党外的反对势力和民间力量引入,进行政治改革。1991 年,台湾的"一机关两阶段""修宪"开始。1991 年 4 月,"国民大会"临时会通过"动员戡乱时期临时

---

① 彭怀恩:《台湾政治发展》,台北:风云论坛出版社,2003 年,第 155、199、211 页。

② 孙代尧:《台湾威权政治体制及其转型研究》,北京:中国社会科学出版社,第 229 页。

③ 彭怀恩:《台湾政治发展》,台北:风云论坛出版社,2003 年,第 211 页。

条款废止案"和"中华民国宪法增修条文",完成了第一阶段"修宪"。1991年5月1日,"动员戡乱"时期终止。1991年年底,第二届"国民代表"选出,资深"国代"全部退职,终结了"万年国代"的怪异现象。1992年5月底,经过激烈斗争,第二届"国大"完成了第二阶段"修宪",通过了第二次"宪法增修条文"。其内容包括规定1996年"总统""副总统"由全民选举产生,省市长民选等。

台湾的政治转型使得台湾政权的合法性依据发生了根本变化。如上一章所论,"戒严"时期台湾当局政权的合法性主要构建在这样的基础上:将共产党扭曲为"叛乱团体",而自己则作为"中华民国"的正统,暂时退居台湾,随时准备着"光复大陆",而台湾人民则服从国民党的领导,以避免陷于"共党的水深火热",并完成"光复"这一历史任务。然而随着中华人民共和国恢复在联合国的合法席位、中美建交等重大事件的发生,台湾以"中国正统"自居越来越显得自欺欺人。而几十年"反攻大陆"的"光复行动"一无所成,让"光复大陆"显出其政治虚构的原形。大陆主动调整对台政策,提出"和平统一、一国两制"方针,使得以"两岸敌对""台湾面临安全威胁"为借口的威权体制也难以维持。因此台湾当局必须通过政治转型,进行民主和法制改革,为自身合法性寻找依据。在这样的情况下,台湾当局通过采取"解严"、开放"党禁"、开放"报禁"、终止"动员戡乱"时期、召开"国是会议"、吸纳学生运动的诉求、进行"宪改"等一系列措施,使得威权体制向民主体制转变,并汲取新的合法性来源,缓解其合法性危机。

台湾当局政权合法性依据的根本变化,使得它无法再如"戒严"时期那样严厉阻隔两岸大众传播交流,难以制造"反共"表征。这就使得台湾地区两岸大众传播交流法规可以从沉重的政治承担中解脱出来。它跟台湾政权合法性的构建不再有直接关系,可以不必设置重重制度障碍来阻隔两岸大众传播交流。在这样的情况下,台湾地区两岸大众传播交流法规的政治禁锢得以放松,两岸大众传播交流得以向文化交流和民间交流的性质回归。这是台湾两岸大众传播交流得以变革和重构的重要结构性因素。

台湾政治转型带来的政治制度、政治体制、法律制度的根本变化,使得两岸大众传播交流法规必须进行相应调整,以适应其赖以构建的体制和制度基础的新变化。1987年7月15日台湾宣告"解严","戒严体制"终结,军事机关退出社会管理,台湾恢复"文官制度","党禁""报禁"、严厉的言论管制、对平民的军事审判也随之终结。大量的建立在"戒严"制度之上的法规被废止。这导致了这一时期两岸大众传播交流法规的第一波重大变化——"台湾省戒严期间新闻纸杂志图书管制办法""台湾地区戒严时期出版物管制办法""管制匪报书刊入口办法"等"戒严"体制下的两岸大众传播交流法规于当日废止。而对大陆大众传播品肆意查禁、对相关人士进行特务式监控、对相关案件进行军事审判等"戒严"时期的管控方式也随之被清除。1991年,"动员戡乱"体制终结,"动勘临时条款"废止,台湾的"非常时期"结束。台湾当局失去"紧急权",人民被克减的权利得到恢复,当局不得再以"非常时期"为借口压制言论自由,必须恢复人民被剥夺的相关传播权利。这就决定了进行两岸大众传播交流的权利作为人民言论自由的一个部分,应当得到恢复。"动戡时期"的结束,也意味着台湾当局不再将中国共产党视为"叛乱团体",这为两岸大众传播交流正常化开辟了道路。而这一时期"宪法"的两次修正,虽未能使台湾实现"宪政",但对法治理念的树立,对法制的重构,起了重要作用,这有利于两岸大众传播交流法规的发展。第一次"'宪法'增修条文"第10条"自由地区与大陆地区间人民权利义务关系及其它事务之处理,得以法律为特别之规定",使得"两岸关系条例"得以制订,成为下一阶段两岸大众传播交流法规再次变革的基础。这一时期的台湾"宪改"活动,为台湾两岸大众传播交流继续深入变革打下了基础。

台湾的政治转型开始于70年代,经历了十几年的酝酿,从80年代中期开始出现了"实质性"的转型,并1986年3月国民党第十二届三中全会后步入实施阶段。而1987年–1992年是其政治转型实施的关键阶段,许多决定政治转型走向的关键举措都在这一时期完成,如"解严"、终止"动勘时期"、开始"宪改"等。但至1992年,这一过程正在进行中而尚未完成,是台湾政治转型实施阶段的起步期,主要特征是"破字当头",要完成的历史任务是"诀别旧政治体制",而新的政治结构、政治制度、政治运行机制的构建、成形,还尚待时日。[①]因此这一时期台湾各项制度还处于未确定、未定型的状况。与两岸大众传播交流法规相关的一些基础性的重大问题并未解决,如"两岸关系条例"正在研拟中,台湾公权力机构正在调整中。这使得这一时期的台湾地区两岸大众传播交流法规中诸多重大的基础性的问题无法解决,决定了两岸大众传播交

---

① 台湾政治转型的阶段划分,参见金泓汎等:《台湾的政治转型——从蒋经国体制到李登辉体制》,香港:香港社会科学出版社,1998年,第11–22页。

法规的过渡性、临时性特征。

三、两岸大众传播交流实践挑战法规，推动法规的变革、重构

在"解严"之前，两岸人民就屡屡突破台湾当局的禁令，进行两岸大众传播交流活动。如上一章所述，即使在五六十年代，台湾当局以白色恐怖方式对两岸大众传播交流进行禁锢时，台湾出版业者出版大陆图书的活动也并未停止，只是在"地下"进行。到80年代，随着台湾政治转型的酝酿和社会空气的宽松，两岸大众传播交流更呈现不可阻挡之势，两岸大众传播交流活动从"地下"涌出"地面"，公开进行。如1986年，台湾新地出版社"违法"出版了大陆作家阿城的小说，不仅没有被查禁，还风靡一时，在台湾掀起了"阿城旋风"。1986年，李行导演的影片《汪洋中的一条船》成为第一部在大陆发行的台湾故事片，在大陆掀起观影热潮。台湾的大众传播人士也"违法""私下"来到大陆，如1983年《自立晚报》的黄德北，以观光名义来到大陆。1983年，台湾著名主持人黄阿原（原名黄益腾），毅然回到大陆，并在大陆定居发展事业。可见在"戒严"时期的后期，当局对两岸大众传播交流的禁锢已经逐渐难以为继，台湾两岸大众传播法规不合时宜、违反人情法理和文化发展内在规律的窘境日渐明显，其变革和重构成为一种必然。

"解严"后台湾人民更主动、公开向法规发起挑战。其典型案例如上文所述1987年《自立晚报》派记者首赴大陆采访事件。《自立晚报》在派员赴大陆前，已经充分研究法规，知道这样的行为是"违法"的，却知其不可而为之。面对当局多次要求召回记者的声明和要进行处罚的威胁，《自立晚报》都断然拒绝。1987年9月14日，徐璐、李永得接受共同社采访时声称知道可能会受到处罚，但是"我们不怕"。[1] 社长吴丰山9月12日接受合众社采访时声明："做好了接受政府"要对他的报纸和两位记者"进行惩罚的思想准备"，更公开说："我决不会把我的记者召回来。我作此决定的主要出发点不是去大陆收集新闻，……而是要打破政府对台湾记者的这种活动实行的长达38年的禁令。"[2] 其公然挑战

---

[1] 共同社：《来大陆采访台记者说"不怕处罚"》，原载《参考消息》1987年9月14日，转引自中国人民共和国国史网，获取网址：http://www.hprc.org.cn/wxzl/bksl/zt/twzl/200906/t20090616_10649.html，发布时间：1987–09–14。

[2] 舒伦·肖：《派记者到大陆旨在打破禁令》，原载《参考消息》1987年9月12日，转引自中国人民共和国国史网，获取地址：http://www.hprc.org.cn/wxzl/bksl/zt/twzl/200906/t20090616_10648.html，发布时间：1987–09–12。

禁令的态度相当鲜明。随后《自立晚报》与当局的对簿公堂，一审二审自立晚报社胜诉，更是宣告了挑战成功，而法规"失败"。在这一案例的鼓励下，台湾记者赴大陆采访，成为不可阻挡的热潮。《中国时报》《人间》杂志、"环球新闻社"、《台湾时报》等媒体的记者纷纷赴大陆探亲、采访。

台湾大众传播人士还采取走上街头抗议、召开集会等各种方式，表达诉求，要求台湾当局开放两岸大众传播交流禁令。1987 年 11 月 11 日，凌峰突破台湾当局阻挠，以探亲名义赴大陆拍摄专题片《八千里路云和月》。该节目摄制完成后，台湾却禁止《八千里路云和月》在台湾播出。凌峰并不屈服，他走遍台湾主要城市，举办《八千里路云和月》说明会，到街头表达抗议，召开听证会，最终争得了节目在台湾播出的权利。1989 年 9 月，琼瑶带领摄制组来到长沙与湖南电视台合作拍摄电视剧。然而 1990 年电视剧《婉君》拍摄完毕，要在台湾上映，却受到台湾当局阻挠，原因是"景色拍得太美，小金铭又太可爱，怕引起观众对内地太多的向往"①。面对台湾当局阻挠，琼瑶展开积极抗争，向台湾各界进行说明，给当局施加压力，最终使得电视剧"一刀未剪"在台湾上映。

台湾人民屡屡突破制度，"违法"而行，对法规造成了巨大冲击，使法规和现实之间处于严重的失衡、失序状态。这种法规与现实的严重脱节，有法不依的情况，使得法律的权威性和当局的公信力遭受严峻挑战，使得相关法规到了不得不改的境地。这就给台湾当局巨大压力，迫使台湾当局必须尽快出台新的法规，以重构两岸大众传播交流新秩序，维护法的权威和政府的公信力。

这一时期两岸大众传播交流实践对台湾两岸大众传播交流形成冲击，最终推动其变革、重构，生动地体现了行动者在制度构建中的重要作用。对制度进行研究，通常有两种分析路径：一种是以结构为中心的分析路径，它更注重经济、政治、观念等形成的结构性序列对制度的影响。另一种是以行动者为核心的分析路径，它从"行动者本体论出发，视制度结构为有目标导向的个体行动者所创造的成果。"②如上文所述，两岸尤其是台湾的大众传播人士，通过积极的实践活动，对台湾地区两岸大众传播交流法规形成巨大冲击，加速了旧法规的废止，并在法规的建构、形塑中发挥作用。这一时期行动者在相关制度建构中

---

① 宋涵:《故人归来掀起两岸"琼瑶红"》，网易网，获取网址: http://lady.163.com/09/0814/14/5GMERKBQ00263KIA.html，发布时间不详。

② 何俊志:《导论：新制度主义政治学的流派细分和整合潜力》，引自何俊志等编译，《新制度主义政治学译文精选》，天津：天津人民出版社，2007 年，第 5 页。

发挥的作用，主要是一种"破坏性"作用，这与当时台湾所处的历史阶段有关。这一时期台湾正处于政治转型时期，"转型政治体系中的制度变动剧烈，绩效低下"①，旧的台湾地区两岸大众传播交流法规呈现了与现实严重不相符的状况，无法合理配置各个阶层的权利，不利于社会福利的总体增量，甚至成为台湾人民争取应有权利和利益的阻碍。国民党当局对社会的控制力削弱，又使人们冲破制度的制约成为可能。这就让台湾民众为争取自己的利益而积极行动就成为必然。但此时台湾处于转型期，各种利益输入和社会整合的机制并未构建完善，行动者缺乏制度化的行动空间来顺畅地输入利益，所以这一阶段行动者对制度变迁发挥的作用，主要表现为对旧制度破坏。

---

① 李月军:《以行动者为中心的制度主义——基于转型政治体系的思考》,《公共管理学报》, 2007 年第 3 期, 第 28 页。

第三章 1992—2003 年台湾地区 两岸大众传播交流法规研究

本章探讨自 1992 年 7 月 31 日"台湾地区与大陆地区人民关系条例"（以下简称"两岸关系条例"）颁行之日起，至 2003 年 4 月 8 日"大陆地区出版品电影片录像节目广播电视节目进入台湾地区或在台湾地区发行销售制作播映展览观摩许可办法"修正公布全文前，这十年多间的台湾地区两岸大众传播交流法规。

第一节 法规本体研究

一、法规的构成状况和主要内容

1991 年 5 月 1 日，"动员戡乱"时期终止，"宪法增修条文"公布，标志着台湾政治体制由"动员戡乱"体制向"宪政"体制转变。但根据第一次"宪法增修条文"第 8 条规定"动员戡乱时期终止时，原仅适用于动员戡乱时期之法律，其修订未完成程序者，得继续适用至中华民国八十一年七月三十一日止"，部分构建于"动员戡乱"体制之上的法规还将得以继续沿用，整个法规体系的变革并未完成。

1992 年 7 月 31 日，根据上述法规，所有适用于"动员戡乱"体制的法规被废止，其中也包括"沦陷地区出版品电影片广播电视节目进入台湾地区管理要点"等多部构建于"动员戡乱"体制基础之上的两岸大众传播交流法规。1992 年 7 月 31 日，"两岸关系条例"颁行，台湾当局力图借助这部法规对两岸人民间的投资、贸易、婚姻、继承等各种关系加以规制，规范两岸人民的往来，并处理由此衍生的各种问题。该条例采取"委任立法"的方式，授权"内政部""新闻局"等相关行政机构制订两岸通航、投资、出入境等事项的具体规范。这种种变化意味着台湾处理两岸人民关系、往来相关事务的法规发生根

本变化。在这种情况下，台湾地区两岸大众传播交流法规得以重构。首先是在
1992–1993年间，一批两岸大众传播交流法规被废止，这些法规主要有：

表3.1　1992—1993年被废止的主要两岸大众传播交流法规

序号	名称	废止时间
1	"现阶段新闻从业人员赴大陆地区采访报备作业实施要项"	1992.9.1
2	"现阶段电影事业赴大陆地区拍片报备作业实施要项"	1992.9.1
3	"现阶段广播电视事业、广播电视节目供应事业赴大陆地区制作节目报备作业实施要项"	1992.9.1
4	"沦陷地区出版品电影片广播电视节目进入台湾地区管理要点"	1993.3.5
5	"大众传播事业赴大陆地区采访拍片制作节目作业要点"	1993.7.2
6	"大众传播事业赴大陆地区采访拍片制作节目作业规定"	1993.7.2
7	"大陆地区各主要大众传播事业所属有关专业人士来台参观访问申请须知"	1993.10.8
8	"现阶段大陆大众传播人士来台采访拍片制作节目申请作业要点"	1993.10.8
9	"现阶段大陆大众传播人士来台采访拍片制作节目申请须知"	1993.10.8

资料来源：作者自制。

　　还有一些法规虽然没有被明令废止，但也不再实际运行。如"申请出版沦陷区出版品审查要点"直到2011年10月7日才被明令废止，但在这时期已经不再施行了。台湾当局还对原有法规进行修正、并出台大量新的法规，从而建构起新的法规体系。

　　这一时期台湾地区两岸大众传播交流法规体系主要由以下几个层面法规组成：一、基本法规。主要由"宪法""宪法增修条文""国家安全法""两岸关系条例"等组成。二、行政法规。主要有以下几个部分组成：1.基本传播法规，主要有"广播电视法""卫星电视法"等。2.台湾大众传播人士赴大陆交流或从事专业活动相关法规，主要有"台湾地区人民进入大陆地区许可办法""台湾地区大众传播事业赴大陆地区采访拍片制作节目管理办法"等。3.大陆大众传播品进入台湾或在台湾传播的相关法规。主要有"大陆地区出版品电影片录像节目广播电视节目进入台湾地区或在台湾地区发行销售制作播映展览许可办法""大陆地区图书电影片录影节目进入台湾地区展览观摩作业要点""大陆地

区出版品申请在台湾地区发行制作审查作业规定"等。4.大陆大众传播人士赴台湾交流、从事专业活动相关法规。主要有"大陆地区人民进入台湾地区许可办法""大陆地区大众传播人士来台参观访问采访拍片制作节目许可办法""大陆地区专业人士来台从事专业活动许可办法""大陆地区新闻人员进入台湾地区采访注意事项"等。其具体构成情况如下表:

表 3.2　1992—2003 年台湾两岸大众交流法规构成状况

类别	序号	法律、法规名称	公布（发布、颁行）时间
基本法规	1	"宪法"	1934.11.29 公布 1948.5.19 修正公布
	2	"宪法增修条文"	第三次：1994.8.1 修正公布全文 10 条 第四次：1997.7.21 修正公布全文 11 条 第五次：1999.9.15 修正公布 1、4、9、10 条（2000.3.24 大法官解释释字 499 号认为该次修正条文违背"修宪"正当程序，故失去效力，1997 年之增修条文继续适用） 第六次：2000.4.25 修正公布全文 11 条
	3	"国家安全法"	1987.7.1 公布（初名"动员戡乱时期国家安全法"） 1992.7.29 修正改为现名
	4	"国家安全法实施细则"	1987.7.3 发布
	5	"台湾地区与大陆地区人民关系条例"	1992.7.31 公布
	6	"台湾地区与大陆地区人民关系条例施行细则"	1992.9.16 公布

续表

类别		序号	法律、法规名称	公布（发布、颁行）时间
行政法规	传播基本法规	7	"出版法"	1930.12.16 公布 1958.6.20 修正全文 1999.1.12 废止
		8	"广播电视法"	1976.1.8 公布
		9	"电影法"	1983.11.18 公布
		10	"卫星广播电视法"	1999.2.3 公布
		11	"有线广播电视法"	1993.8.11 公布，初名为"有线电视法" 1999.2.3 修正公布全文 76 条，并改名"有线广播电视法"
		12	"公共电视法"	1997.5.31 公布
	台湾大众传播人士赴大陆交流相关法规	13	"台湾地区人民进入大陆地区许可办法"	1993.4.30 发布
		14	"台湾地区大众传播事业赴大陆地区采访拍片制作节目管理办法"	1993.7.2 发布 2000.10.26 废止

续表

类别	序号	法律、法规名称	公布（发布、颁行）时间
大陆大众传播品进入台湾、在台传播相关法规	15	"大陆地区出版品电影片录像节目广播电视节目进入台湾地区或在台湾地区发行销售制作播映展览许可办法"	1993.3.3 发布 2000.10.24 "大陆地区图书电影片录影节目进入台湾地区展览观摩作业要点"并入，并修正更名为"大陆地区出版品电影片录像节目广播电视节目进入台湾地区或在台湾地区发行销售制作播映展览观摩许可办法"
	16	"大陆地区图书电影片录影节目进入台湾地区展览观摩作业要点"	1993.3.5 颁行 2000.10.24 被并入"大陆地区出版品电影片录像节目广播电视节目进入台湾地区或在台湾地区发行销售制作播映展览观摩许可办法"
	17	"大陆地区出版品申请在台湾地区发行制作审查作业规定"	1993.3.5 颁行 1999.8.17 废止
	18	"大陆地区出版品录影节目进入台湾地区许可数额"	1993.3.5 发布
	19	"大陆地区影视节目得在台湾地区发行、映演、播送（放）之数量、类别、时数"	1994.12.28 发布
	20	"进口出版品电影片录影节目及广播电视节目原产地认定基准"	1999.2.10 发布
大陆大众传播人士赴台湾交流相关法规	21	"大陆地区人民进入台湾地区许可办法"	1993.2.8 发布
	22	"大陆地区大众传播人士来台参观访问采访拍片制作节目许可办法"	1993.10.8 发布 1998.7.1 被废止，由"大陆地区专业人士来台从事专业活动许可办法"替代
	23	"大陆地区专业人士来台从事专业活动许可办法"	1998.6.29 发布
	24	"大陆地区新闻人员进入台湾地区采访注意事项"	2000.11.9 颁行
	25	"政府机关（构）接受大陆地区新闻人员采访注意事项"	2000.11.7 颁行

资料来源：作者自制。

这些法规的主要内容如下：

（一）基本法规

1."宪法增修条文"

"宪法增修条文"这一时期共进行了第三次、第四次、第五次、第六次共四次"宪法增修"。1994年，第二届"国民大会"第四次临时会完成了第三次"修宪"。主要内容有确定1996年进行第九任"总统""副总统"直选等。在此次"修宪"基础上，1996年，台湾进行首次"总统"直选，李登辉当选。1997年第三届"国民大会"第二次会议将第三次"宪法增修条文"全盘调整，完成第四次"修宪"。其主要内容有："行政院院长"由"总统"任命，无须经"立法院"同意；"总统"得于"立法院"通过对"行政院院长"之不信任案后十日内，宣告解散"立法院"；冻结省级自治选举。有学者认为"冻省"和"省级虚级化"为李登辉"台独"的开端，也为中国国民党在2000年台湾领导人选举的分裂种下远因。1999年第五次"修宪"，但该次"修宪"由于违背"修宪"正当程序，其第1、4、9、10条经"大法官"会议第499号解释文指出，于解释文公布当日（2000年3月24日）起即时失效，回退到第四次"修宪"内容。2000年第六次"修宪"，主要内容为"国民大会"职权、任期，"国民代表"数量等。

2."国家安全法""国家安全法施行细则"

"国家安全法"于1992年7月和1996年2月两次修正，但其第二条"人民集会、结社，不得违背宪法或主张共产主义，或主张分裂国土"的规定仍然得以保留，其"反共"的基调在这一时期没有根本变化。"国家安全法施行细则"在这一时期有多次修正，其中关于大陆人民进入台湾的第12条和关于台湾人民出境的第13条也多次进行修正。该法第12、13条是两岸大众传播人士往来的相关规范的基础，其修正对相关法规影响较大。将这两条法规的具体修正状况整理如下表：

表 3.3 "国家安全法施行细则"第 12、13 条修正沿革

序号	公布时间	有否对第12条进行修正	有否对第13条进行修正	条文内容	修正状况解读
1	1987.7.3	原始条文	原始条文	"第十二条 本法（指'国家安全法'）第三条第二项第二款人民入境得不予许可之情形如左： 一、参加共产党或其它叛乱组织，或其活动者。 二、参加暴力或恐怖组织，或其活动者。 三、涉有内乱罪、外患罪重大嫌疑者。 四、在台湾地区外涉嫌重大犯罪或有犯罪习惯者。 五、曾经前往沦陷区有助于中共叛乱组织者。 六、离开沦陷区未在自由地区连续住满三年，或已住满五年未取得当地居留权或在台湾地区无直系血亲者。" "第十三条 本法第三条第二项第二款人民出境得不予许可之情形如左： 一、前往台湾地区外参加非法组织或其它活动者。 二、涉有内乱罪、外患罪重大嫌疑者。 三、涉有重大经济犯罪或重大刑事案件嫌疑者。 四、曾经前往沦陷区者。"	根据这两条法规，有共产党员身份，甚至与共产党有关系的人民，台湾当局都可限制其出入境。反映了台湾当局的"反共"立场和相关法规的泛政治化。 而当时大陆法规并未对具有国民党身份的台湾民众入境有特殊限制。

序号	公布时间	有否对第12条进行修正	有否对第13条进行修正	条文内容	修正状况解读
2	1988.11.18	有	有	"第十二条 本法第三条第二项第二款人民入境得不许可之情形如左： 一、参加共产党或其它叛乱组织，或其活动者。 二、参加暴力或恐怖组织，或其活动者。 三、涉有内乱罪、外患罪重大嫌疑者。 四、在台湾地区外涉重大犯罪或有犯罪习惯者。 五、曾经前往沦陷区有助于中共叛乱组织者。 六、离开沦陷区后未在自由地区连续住满四年，或虽已住满四年未取得当地居留权或在台湾地区无直系血亲、配偶者。但依规定因来台奔丧探病等事由，经许可者，不在此限。" "第十三条 本法第三条第二项第二款人民出境得不许可之情形如左： 一、前往台湾地区外参加非法组织或其它活动者。 二、涉及内乱罪、外患罪重大嫌疑者。 三、涉有重大经济犯罪或重大刑事案件嫌疑者。 四、曾经擅往沦陷区者。"	入境方面：可以不许可参加共产党、前往大陆"有助于"共产党的人民入境的规定没有改变。将离开大陆后在"自由地区"连续住满方得入境的年限由3年提高到4年。 入境方面：基本没有变化，但将曾经"前往沦陷区"修正为"擅往沦陷区"。

序号	公布时间	有否对第12条进行修正	有否对第13条进行修正	条文内容	修正状况解读
3	1992.7.30	有	有	"第十二条　本法第三条第二项第二款人民入境得不许可之情形如左： 一、现在中共党务、军事、行政或其它公务机构任职者。 二、参加暴力或恐怖组织，或其它活动者。 三、涉有内乱罪、外患罪重大嫌疑者。 四、在台湾地区外涉嫌重大犯罪或有犯罪习惯者。 五、曾经前往大陆地区有助于中共者。 六、离开大陆地区后未在自由地区连续住满四年，或虽已住满四年未取得当地居留权或在台湾地区无直系血亲、配偶者，但依规定因来台奔丧探病等事由，经许可者，不在此限。" 本法第三条第二项第二款所称在台湾地区设籍，系指在台湾地区出生设有户籍或民国三十八年十二月三十一日以前迁居台湾地区设有户籍而言。 "第十三条　本法第三条第二项第二款人民出境得不予许可之情形如左： 一、前往台湾地区外参加非法组织或其活动者。 二、涉有内乱罪、外患罪重大嫌疑者。 三、涉有重大经济犯罪或重大刑事案件嫌疑者。"	入境方面：将十二条第一项第一款"一、参加共产党或其它叛乱组织，或其活动者"修正为"一、现在中共党务、军事、行政或其它公务机构任职者"，不再限制共产党员的入境，是一个很大进步。但依然限制在大陆党政军等公务机构任职者入境。 出境方面：将第十三条第一项第四款"曾经擅往沦陷区者"删除。使得那些未经台湾当局批准而经第三地前来大陆的台湾人民出境不再受限。该款修正的客观原因是这是由于当时"擅往"大陆者众多，该款难以执行。但其废止依然是一个进步。

序号	公布时间	有否对第12条进行修正	有否对第13条进行修正	条文内容	修正状况解读
4	1995.11.29	有	有	"第十二条　本法第三条第二项第二款人民入境得不予许可之情形如左： 一、参加暴力或恐怖组织，或其活动者。 二、涉有内乱罪、外患罪重大嫌疑者。 三、在台湾地区外涉嫌重大犯罪或有犯罪习惯者。 四、现在中共行政、军事、党务或其它公务机构任职者。 五、曾经前往大陆地区有助于中共者。 六、离开大陆地区后未在自由地区连续住满四年，或虽已住满四年未取得当地居留权或在台湾地区无直系血亲、配偶者。但依规定因来台奔丧探病等事由，经许可者，不在此限。" "本法第三条第二项第二款所称在台湾地区设籍，系指在台湾地区出生设有户籍或民国三十八年十二月三十一日以前迁居台湾地区设有户籍而言。 第十三条本法第三条第二项第二款人民出境得不予许可之情形如左： 一、前往台湾地区外参加非法组织或其活动者。 二、涉有内乱罪、外患罪重大嫌疑者。 三、涉有重大经济犯罪或重大刑事案件嫌疑者。"	入境方面：将原第十二条第一项第一款"一、现在中共党务、军事、行政或其它公务机构任职者。"修正为"四、现在中共行政、军事、党务或其它公务机构任职者。"并调整至第四款，内容的变化不大，但顺序的变化，反映了台湾当局"反共立场"的微妙变化。 入境方面：没有大的变化。

续表

序号	公布时间	有否对第12条进行修正	有否对第13条进行修正	条文内容	修正状况解读
5	1997.7.30	有	无	"第十二条本法第三条第二项第二款人民入境得不许可之情形如左： 一、参加暴力或恐怖组织，或其活动者。 二、涉有内乱罪、外患罪重大嫌疑者。 三、在台湾地区外涉嫌重大犯罪或有犯罪习惯者。 四、现在中共行政、军事、党务或其它公务机构任职者。 五、曾经前往大陆地区有助于中共者。 六、离开大陆地区后未在自由地区连续住满四年，或虽已住满四年未取得当地居留权或在台湾地区无直系血亲、配偶者，但依规定因来台奔丧探病等事由，经许可者，不在此限。 七、未曾与台湾地区设籍之兼具外国国籍人民申请入境，有外国人入出国境及居留停留规则规定禁止入境之事由者。 本法第三条第二项第二款所称于台湾地区设籍，系指在台湾地区出生设有户籍或民国三十八年十二月三十一日以前迁居台湾地区设有户籍而言。"	入境方面：增加第7项，但大陆人民进入台湾的规范基本没有变化。
6	2000.1.19	无	无		

序号	公布时间	有否对第12条进行修正	有否对第13条进行修正	条文内容	修正状况解读
7	2000.4.19	有	有	删除第十二条、十三条	第12、13条的删除，不再以是否加入共产党、是否曾前往大陆、是否在大陆公务机构中任职，作为是否允许人民出入境的条件。使得该法规的"反共"色彩、泛政治色彩大大淡化，是一个大的进步。

资料来源：作者自制。

3."两岸关系条例""两岸关系条例施行细则"

1992年7月31日，"两岸关系条例"公布。"两岸关系条例"是制约、形塑两岸交流的重要制度因素。它对两岸经济、文化等方面的往来进行规制，并处理由此衍生的问题。在两岸大众传播交流管理领域，"两岸关系条例"采取"委任立法"的方式，由"两岸关系条例"确定基本原则，然后授权"内政部""行政院新闻局"等行政机构制订具体法律规范。因此，它是台湾地区两岸大众传播交流法规的重要基础，是其"母法"。根据"两岸关系条例"的授权，台湾当局制订"大陆地区出版品电影片录像节目广播电视节目进入台湾地区或在台湾地区发行销售制作播映展览许可办法""大陆地区大众传播人士来台参观访问采访拍片制作节目许可办法"等两岸大众传播交流专门法规，构建起两岸大众传播交流法规体系。

"两岸关系条例"中与两岸大众传播交流直接相关的法条，以及根据这些条文授权所制订的两岸大众传播交流法规的具体情况如下表（以下条文皆为1992

年 7 月 31 日版之条文）：

表 3.4　"两岸关系条例"与两岸大众传播交流

有关条文及根据其授权所制订法规

条文号	条文内容	根据授权所制订法规
第 9 条	"台湾地区人民进入大陆地区，应向主管机关申请许可。 台湾地区人民经许可进入大陆地区者，不得从事妨害国家安全或利益之活动。 第一项许可办法，由内政部拟订，报请行政院核定后发布之。"	"台湾人民进入大陆地区许可办法"
第 10 条	"大陆地区人民非经主管机关许可，不得进入台湾地区。 经许可进入台湾地区之大陆地区人民，不得从事与许可目的不符之活动或工作。 前二项许可办法，由有关主管机关，报请行政院核定后发布之。"	"大陆地区人民进入台湾地区许可办法" "大陆地区大众传播人士来台参观访问采访拍片制作节目许可办法"（1998 年后为"大陆地区专业人士来台从事专业活动许可办法"取代）
第 18 条	"进入台湾地区之大陆地区人民，有左列情形之一者，治安机关得不待司法程序之开始或终结，径行强制其出境： 一、未经许可入境者。 二、经许可入境，已逾停留期限者。 三、从事与许可目的不符之活动或工作者。 四、有事实足认为有犯罪行为者。 五、有事实足认为有危害国家安全或社会安定之虞者。 前项大陆地区人民，于强制出境前，得暂予收容。 前二项规定，于本条例施行前进入台湾地区之大陆地区人民，适用之。"	

条文号	条文内容	根据授权所制订法规
第31条	"台湾地区人民、法人、团体或其它机构，非经主管机关许可，不得为大陆地区法人、团体或其它机构之成员或担任其任何职务；亦不得与大陆地区人民、法人、团体或其它机构联合设立法人、团体、其它机构或缔结联盟。 前项许可办法，由有关主管机关拟订，报请行政院核定后发布之。 本条例施行前，已为大陆地区法人、团体或其它机构之成员或担任职务，或已与大陆地区人民、法人、团体或其它机构联合设立法人、团体、其它机构或缔结联盟者，应自前项许可办法施行之日起六个月内向主管机关申请许可，逾期未申请或申请未核准者，以未经许可论。"	
第34条	"台湾地区人民、法人、团体或其它机构，非经主管机关许可，不得委托、受托或自行于台湾地区为大陆地区物品、劳务或其它事项，从事广告之进口、制作、发行、代理、播映、刊登或其它促销推广活动。 前项许可办法，由行政院定之。"	本时期该条有授权制订法规，但主管机关并未出台相关法规，直到2003年方有相关法规出台。
第35条	"台湾地区人民、法人、团体或其它机构，非经主管机关许可，不得在大陆地区从事投资或技术合作，或与大陆地区人民、法人、团体或其它机构从事贸易或其它商业行为。 前项许可办法，由有关主管机关拟订，报请行政院核定后发布之。 本条例施行前，未经核准已从事第一项之投资、技术合作、贸易或其它商业行为者，应自前项许可办法施行之日起三个月内向主管机关申请许可，逾期未申请或申请未核准者，以未经许可论。"	
第37条	"大陆地区出版品、电影片、录像节目及广播电视节目，非经主管机关许可，不得进入台湾地区，或在台湾地区发行、制作或播映。 前项许可办法，由行政院新闻局拟订，报请行政院核定后发布之。"	"大陆地区出版品电影片录像节目广播电视节目进入台湾地区或在台湾地区发行销售制作播映展览许可办法"

条文号	条文内容	根据授权所制订法规
第 77 条	"大陆地区人民在台湾地区以外之地区，犯内乱罪、外患罪、经许可进入台湾地区，而于申请时据实申报者，免予追诉、处罚；其进入台湾地区参加主管机关核准举办之会议或活动，经项目许可免予申报者，亦同。" （作者注：该条法规的出台，解决了共产党员进入台湾，可能会依照"刑法"第 100 条规定被起诉的问题。）	
第 78 条	"大陆地区人民之著作权或其它权利在台湾地区受侵害者，其告诉或自诉之权利，以台湾地区人民得在大陆地区享有同等诉讼权利者为限。"	
第 88 条	"违反第三十七条规定者，处新台币二十万元以上一百万元以下罚锾。 前项出版品、电影片、录像节目或广播电视节目，不问属于何人所有，得没入之。"	
第 89 条	"违反第三十四条第一项规定者，处新台币十万元以上五十万以下罚锾。 前项广告，不问属于何人所有或持有，得没入之。"	
第 90 条	"违反第三十三条第一项规定者，处新台币十万元以上五十万元以下罚锾。"	
第 91 条	"违反第九条第一项规定者，处新台币二万元以上十万元以下罚锾。"	

资料来源：作者自制。

"两岸关系条例"在 1992 – 2003 年多次修正。但涉及两岸大众传播交流的条文，除了第 35 条，其他则基本没有修正。仅是在 1997 年为使得语言表达更严密，将第 10 条第 2 项"经许可进入台湾地区之大陆地区人民，不得从事与许可目的不符之活动或工作"的"或工作"三字删去。

（二）行政法规

1. 传播基本法规

（1）"出版法"

"出版法"1930 年公布，至 1999 年废止。该法共修正 6 次，分别是在 1935

年、1937 年、1952 年、1958 年、1973 年及 1997 年。1949 年国民党败退台湾后仍沿袭。"戒严"时期对该法规进行了三次修正，以加强国民党当局对言论的控制，相关内容已在前文中阐述，不再赘述。

"解严"后，随着台湾社会转型，台湾当局对言论领域的控制减弱，"出版法"作为"戒严"时期压制言论、查禁出版物主要依据的"恶法"，越来越显示出与时代的不合拍，要求对其加以修正乃至废除的声音越来越大。实际运作中"出版法"也没有起太大作用。到 90 年代中期，"出版法"虽然有字面上规定的登记、处罚、奖助这三类主要功能，但在实际运作中几乎没有价值。其登记功能，随着 1997 年修正"出版法实施细则"将其第 12、13 条对发行人的资格限制删除，已无限制作用。处罚功能，最后阶段只执行第 32 条第 3 款禁止"触犯或煽动他人触犯或妨害风化罪"，而其余条款皆已失去作用。依此而来的第 6 章相应行政处罚方式也只有"扣押"仍在执行。而对出版品的处罚办法在"刑法"及其他相关法令已有规范，故已无需"出版法"另行规范。奖助功能，出版法第 24 条规定，对新闻杂志教课书及经官方奖励的重要专门著作的发行可免征营业税，而"营业税法"第 8 条免征营业税的规定已有相关规定，完全可以替代。因此"出版法"即使废止，也不会对实际生活有多少影响。1998 年 5 月，台湾出版业界代表召开的"出版法"修订研讨会上，多数代表认为"出版法"的架构过于陈旧，无法通过修正使其适应新的形势，而其他相关法令也可覆盖"出版法"中的相关管理事项，故"出版法"已无继续存在的必要。1998 年 8 月，"新闻局"顺应民意，向"行政院"建议废止"出版法"。"行政院"于当年 9 月通过废止案，1999 年 1 月 12 日，台湾"立法院"通过废止"出版法"案。[①]

"出版法"的废止，是台湾新闻传播管理的重大变化，也是台湾言论自由的标志性事件。当然，它也对两岸出版交流法规的变革起了直接作用，部分与"出版法"相配套的两岸出版交流法规也随之废止或修正，如"大陆地区出版品申请在台湾地区发行制作审查作业规定"随之废止。"出版法"的废止使得两岸大众传播交流的自由，特别是台湾人民进行两岸大众传播交流的自由得到一定程度的扩张。

（2）"广播电视法""电影法"

该法规与两岸传播交流有关的内容与上一时期相比，没有大的变化。值得

[①]　参见袁伟:《台湾废除"出版法"始末》，人民网，获取网址：http://www.people.com.cn/GB/channel1/14/20000714/144314.html，发布时间：2000-07-14。

关注的是其第 21 条关于广播电视节目内容不得有"违背反共复国国策"情形的规定依然被保留。广播电视节目的审查制度也被保留下来。本时期台湾广播电视管理方面一个比较大的变化是 1999 年 12 月 31 日"行政院新闻局"发布了"电视节目分级处理办法"对电视节目分级管理，但涉陆内容并不在分级标准中。

"电影法"曾于 2001 年、2002 年 4 月、2002 年 5 月三次修正，但这几次修正并未直接涉及两岸电影交流。

（3）"卫星广播电视法"

1999 年 2 月 3 日，该法公布。该法并没有专门涉及两岸大众传播交流的内容。它主要对两类卫星电视事业的设立、运营、节目内容等加以规定：一类是台湾本地的卫星电视事业、服务经营者、节目供应者，另一类是境外的卫星电视事业。根据该法第 15 条规定，"境外卫星广播电视事业经营直播卫星广播电视服务经营者，应在中华民国设立分公司"，"境外卫星广播电视事业经营卫星广播电视节目供应者，应在中华民国设立分公司或代理商"并提交各种材料，方可在台湾播送节目或广告。但依该法第二条第一项第五款规定，境外卫星广播电视事业仅指"外国卫星广播电视事业"。所以该法规并未对大陆卫星电视事业或者节目供应者在台湾播送节目或广告进行规定。而对台湾民众自设卫星接收器接收卫星节目包括大陆节目，该法并未有相关规定。因此台湾民众自己架设符合规定规格的卫星接收器接收大陆卫星电视，或在社区、楼栋中架卫星设接收器，以非营业目的向居民提供大陆的卫星电视节目，并不违法。

（4）"有线广播电视法"

该法于 1993 年 8 月 11 日公布。对有线电视经营者的身份，其第 20 条规定"经营有线电视者，应具备本国公民身份，并以股份有限公司或财团法人为限，且外国人不得为有线电视系统之股东。"至 1999 年修正，改为："外国人直接及间接持有系统经营者之股份，合计应低于该系统经营者已发行股份总数百分之五十，外国人直接持有者，以法人为限，且合计应低于该系统经营者已发行股份总数百分之二十。""系统经营者具有中华民国国籍之董事，不得少于董事人数三分之二；监察人，亦同。董事长应具有中华民国国籍。""对于有外国人投资之申请筹设、营运有线广播电视案件，中央主管机关认该外国人投资对国家安全、公共秩序或善良风俗有不利影响者，得不经审议委员会之决议，予以驳回。"该法规只规定了"具有中华民国国籍"者和外国人有筹设、经营有线广播电视的资格，排除了大陆自然人、法人等主体参与筹设或营运台湾有线广播电视的资格。

（5）"公共电视法"

没有专门关于两岸大众传播交流的内容，但其相关规定两岸大众传播交流活动亦应遵循。

2. 台湾大众传播人士赴大陆交流或从事专业活动相关法规

（1）"台湾地区人民进入大陆地区许可办法"

"台湾地区人民进入大陆地区许可办法"依据"两岸关系条例"第九条第三项制订，由"内政部"于1993年发布，至2002年8月共修正5次。该法规规定台湾地区人民应向"内政部警政署入出境管理局"申请，得到许可后可进入大陆。但公务员（教育人员除外）以及"国家安全局""国防部""法务部调查局"、各级警察机关及其所属各级机关未具公务员身份的人员，除非满足某些特定条件，否则原则上不许可进入大陆。对台湾大众传播人士赴大陆，该法规并没有特殊的规定，其进入大陆的条件和审批手续和一般民众是一样的。这意味着90年代初由"现阶段大众传播事业赴大陆地区采访、拍片、制作节目报备作业规定""现阶段新闻从业人员赴大陆地区采访报备作业实施要项"等法规构建起来的台湾大众传播人士赴大陆交流须得事先向"行政院新闻局"报备的制度终结。

（2）"台湾地区大众传播事业赴大陆地区采访拍片制作节目管理办法"

虽然报备制度终结，但本时期，台湾当局依然对台湾大众传播事业赴大陆采访拍片制作节目进行特殊限制，这些限制主要由"台湾地区大众传播事业赴大陆地区采访拍片制作节目管理办法"来规定。该法由"行政院新闻局"于1993年7月发布，1993年12月6日和1997年2月7日两次修正，2000年10月26日废止。该法规的主要内容以及修正沿革状况如下表：

表 3.5　"台湾地区大众传播事业赴大陆地区采访拍片制作节目
管理办法"主要规定及其沿革状况

序号	事项	1993 年 7 月版	1993 年 12 月版	1996 年 2 月版
1	申请机关	1.报社、通讯社、杂志社、广播电视事业的新闻从业人员赴大陆采访，径直向"内政部警政署入出境管理局"申办。 2.电影、广播电视及广播电视节目供应事业之从业人员赴大陆拍片或制作节目应由其事业向主管机关（"新闻局"）申请核定。（根据"台湾地区人民进入大陆地区许可办法"，经"新闻局"核定，还要向"内政部警政署入出境管理局"申办）	1.同 1993 年 7 月版 2.删除。意味着台湾大众传播人士不论是赴大陆采访或拍片、制作节目，直接向"入出境管理局"申办，无须经新闻局核定。	没有进行规定。意味着只要按"台湾地区人民进入大陆地区许可办法"办理即可。
2	主管机关	"新闻局"	同 1993 年 7 月版	同 1993 年 7 月版
3	公务人员、军人从事相关活动特殊规定	由所属机关遴派，报经该管中央主管机关核转主管机关同意	删除，意味着公务员、军人从事相关活动则仅需要遵循"台湾地区人民进入大陆地区许可办法"办理	同 1993 年 12 月版
4	所拍摄影片或节目内容限制	不得有以下情况：1.违反电影法、广播电视法或其它台湾法规规定；2.寻找亲友；3.刻意表现中共的图志或使用简化字，内容或剧情需要除外。	同 1993 年 7 月版	第 1、3 点同 1993 年 7 月版。删除第 2 点。

序号	事项	1993年7月版	1993年12月版	1996年2月版
5	与大陆的合作	"1.资金：不得接受大陆人民、组织的资金。 2.不得与大陆人民、组织共同采访。 3.不得与大陆人民、组织共同制作、发行。 4.可接受大陆的技术层面的场地、器材、道具、服装的支持。 5.可雇佣非党政军干部的大陆人民担任编剧、导演、导播、演员。"	同1993年7月版	删除"不得与大陆方共同采访、制作、发行"等方面的限制，规定"采访、拍片、制作节目可与大陆方面共同为之，不再做具体限制，仅要求涉及出资时，按有关规定办理。"
6	雇佣大陆人员数量限制	"1.电影片中台湾人担任编剧及导演（播）的不得少于影片编剧、导演（播）的1/2，主角与配角各不得少于1/2。 2.广播电视剧节目雇佣大陆人民担任编剧、导演（播）不得超过该剧编剧导演（播）人数1/3。雇佣台湾地区、大陆地区以外的人员亦同。其它人员应当由台湾地区广播电视事业、广播电视节目供应事业从业人员担任。所雇佣大陆地区人民充任主角、配角的比例情况也同相同，各不得超过主角配角数量的1/3，其它演员也需由台湾广播电视业者充任。 3.娱乐节目中，受访或表演的大陆人员、团体、表演者，其受访、表演时间不得超过节目时间的1/2。"	第1、2、3点的规定同1993年7月版。 增加电影事业赴大陆拍摄的电影片，获得"国产电影片暨电影从业人员参加国际电影展奖励要点"规定的第一类国际电影展影片竞赛奖项，不受人数比例限制。	2.将"其它演员也需由台湾广播电视业者充任改"为"由台湾人民充任"。 其余同1993年12月版
7	在大陆停留的时间	"每次停留时间不得逾2年"	同1993年7月版	删除

续表

8	节目传送回台湾	"不得直接由大陆传回台湾"	同 1993 年 7 月版	删除
序号	事项	1993 年 7 月版	1993 年 12 月版	1996 年 2 月版
9	内容审查	"拍摄的影片和非新闻节目进入台湾时应由主管机关核验其内容。"	同 1993 年 7 月版	同 1993 年 7 月版
10	在台湾播出（映）	"电台电视台播放来大陆制作的节目，每周不得超过 5 小时，每天不得超过 2 小时。"	播出的时长同 1993 年 7 月版。增加如果违反播出时长的规定，主管机关得于 1 个月内不受理该电台电视台赴大陆所制作节目播送的申请。	
11	罚则	"1. 未经审批，擅自赴大陆拍片或制作节目的，主管机关得不受理其电影或节目的检查（审查）申请。 2. 影片、节目内容或与大陆合作有违该法规，主管机关可责令修改、迳予删剪、禁演、禁播或禁止发行，还可撤销原核准。如果引用、剽窃、侧录或购买大陆地区电影片、节目辑入所拍摄的电影片或制作的节目，也可进行相同处置。 3. 如未按该法规办理相关事务，主管机关可于一年内不受理其申请。"	第 2 点同 1993 年 7 月版；第 1、3 点删除	同 1993 年 12 月版。

资料来源：作者自制。

　　从上表可见，该法规对台湾大众传播人士赴大陆采访、拍片、制作节目的规制更加宽松。2000 年该法规废止，意味着对台湾大众传播人士赴大陆采访、拍片、制作节目的规制不再执行任何特殊的规定。台湾大众传播人士前来大陆从事专业活动，只要同一般台湾民众赴大陆履行一样的程序、承担一样的义务就可以。这使得台湾大众传播人士有更高的从事两岸大众传播交流的自由度，有利于两岸大众传播交流的开展。

3. 大陆大众传播品进入台湾或在台湾传播相关法规

（1）"大陆地区出版品电影片录像节目广播电视节目进入台湾地区或在台湾地区发行销售制作播映展览观摩许可办法"

该法规于 1993 年 3 月 3 日公布，最初名为"大陆地区出版品电影片录像节目广播电视节目进入台湾地区或在台湾地区发行销售制作播映展览许可办法"，是对大陆大众传播品进入台湾、在台湾传播进行管制的最主要法规。该法规共四章二十条。第一章为总则，主要内容是对大陆地区出版品、电影片、录像节目、广播电视节目的概念进行界定。第二章的主要内容是大陆出版品的管理，对进入台湾地区大陆出版品的内容、申请程序、数量等加以限制。第三章的主要内容为大陆电影片、录影节目、广播电视节目的管理。第四章为附则。该法规对大陆大众传播品在台湾传播设置了许可制度和严格的许可标准，并对传播活动进行严格管理。在这一时期，该法规经历 7 次修正，具体情况如下：

表3.6 1993—2003年"大陆地区出版品电影片录像节目广播电视节目进入
台湾地区或在台湾地区发行销售制作播映展览观摩许可办法"修正沿革情况

序号	时间	修正情况	条文内容及变化状况
1	1993.3.3	订定发布全文20条	
2	1994.10.21	修正发布第13、16条条文；并增订第13-1～13-3条条义	1. 将原第13条"非供商业性使用之大陆地区录影节目，经核验无第四条规定情形且未逾主管机关公告数量者，得进入台湾地区。但认有疑义者，主管机关的留置之"改为"大陆地区录影节目……"。 这一修正扩大了得以进入台湾地区的大陆录影节目的范围，原来只有大陆录影节目只有满足"非供商业用途"这一条件方可进入，此时则所有大陆地区录影节目都可进入，而不论其是否是商业使用之目的。 2. 增订第13条之一"经许可进入台湾地区之大陆录影节目，在台湾地区发行、播映时，按广播电视法施行细则第三十五条第一项规定办理，并须改用正体字。录影节目的发行、播映之类别，有主管机关公告之。" 该处增订首次开放了大陆录影节目在台湾地区的发行、播映，配以第13条对商业性使用的开放，大陆录影节目在台湾可进行商业性和非商业性的播映、发行，惟其具体类别需要符合主管机关公告。 3. 增订第13条之二"主管机关对于前条申请案件，认为有第四条各款情形之一，或非前条第二项公告得发行、播映之录影节目者，应不予核准。" 该处增订主要是对在台湾发行、播映的大陆录影节目的内容进行限制。 3. 增订第13条之三"大陆地区录影节目于许可进入台湾地区或经核准在台湾地区发行、播映后，发现有第四条各款情形之一，或非第十三条之一第二项公告得发行、播映之录影节目者，主管机关的撤销其许可或调回复审。" 此处增订主要规定了对在台发行、播映的大陆录影节目违规的处理办法。 4. 将原第16条"依前三条规定进入台湾地区之大陆地区电影片、录影节目及广播电视节目，不得销售。"改为"依第十三条、第十四条及第十五条规定……"。 该处修正使得表述更规范。

序号	时间	修正情况	条文内容及变化状况
3	1996.2.7	修正发布全文 22 条	1. 删去第 2 条第 5 款第 3 目"有中共党、政、军领导干部参与而由台湾地区或其它国家、地区人民、法人、团体或其它机构发行或制作者。" 这一修正使得对大陆出版品电影片录影节目广播电视节目的界定更科学合理，由大陆党政军领导干部参与的非大陆地区制作、发行的大众传播品不再被界定为大陆出版品、电影片、录影节目、广播电视节目。 2. 增订第 2 条第 6 款第 2 目"台湾地区大众传播事业赴大陆地区拍摄之电影片或制作之节目，违反台湾地区大众传播事业赴大陆地区采访拍片制作节目管理办法第八条雇佣人员比例之规定，或该电影片、节目系与大陆地区人民、法人、团体或其它机构共同出资，且大陆地区出资额在二分之一以上者。" 该处增订，使得台湾大众传播事业赴大陆地区拍摄、制作的节目、电影片如雇佣大陆人员或者大陆地区投资的资金超出"台湾地区大众传播事业赴大陆地区采访拍片制作节目管理办法"所规定比例者，也被界定为大陆地区节目、电影片，而在传播上受到控制。 3. 将原第 13 条、第 13 条之一、第 13 条之二、第 13 条之三合并，修正为新的第 13 条"经许可进入台湾地区之大陆地区电影片、录影节目、广播电视节目，应依相关法令规定，经主管机关审查核准并用正体字后，始得在台湾地区发行、映演、播映或播送。 "前项电影片每年映演之数量，录影节目、广播电视节目发行、播映、播送之类别及数量，由主管机关公告之。 "有线电视系统经营者、有线电视节目播送系统经营者经向主管机关申请核定后，得同步转播大陆地区卫星节目，且不受前二项规定之限制。 "前项节目内容不得违反有线电视法第三十五条第一项各款规定。"

续表

序号	时间	修正情况	条文内容及变化状况
			此处修正开放了大陆电影片、广播电视节目在台湾的发行、上映、播送①，并对其具体管理办法进行规定。其管理办法是大陆影视作品在台湾发行、上映、播送前，需要经过事前审查核准。而主管部门对准许每年电影片映演之数量，录影节目、广播电视节目发行、播映、播送之类别及数量公告，以进行总的控制。 此次修正还首次正式开放台湾有线电视同步转播大陆的卫星电视节目。根据此次修正的规定，台湾的有限电视业者，事先经过有关部门核准后，可同步转播大陆卫星电视节目。 4. 将原第 18 条修正为： "依第 7 条及第 13 条申请在台湾地区发行、制作、映演、播映、播送大陆地区图书、发音片、其它出版品、电影片、录影节目、广播电视节目者，应缴纳审查费及证照费。 前项审查费及证照费数额，有主管机关定之，其征收并依预算程序办理。"

---

① 1988 年 8 月 8 日发布的"沦陷区出版品、电影片、广播电视节目进入本国自由地区管理要点"第 6 条规定，"沦陷区出版品、电影片或广播电视节目进入本国自由地区后，如出版、发行、制作、映演或播送（放），应依法向行政院新闻局申请核准"。但在实际运行中，台湾当局没有真正开放大陆影视节目的大众传播，基本上只允许政府机关、大陆研究机构为研究目的而播映大陆影视节目。1993 年 3 月 5 日"沦陷地区出版品电影片广播电视节目进入台湾地区管理要点"废止。1993 年 3 月 3 日发布的"大陆地区出版品电影片录影节目广播电视节目进入台湾地区或在台湾地区发行制作播映许可办法"，则只允许大陆影视节目在"政府机关、大专院校或以研究大陆事务为主旨机构、团体为业务或研究目的，在该申请之政府机关、大专院校或机构、团体作非商业性播映，其参与者以业务或研究有关人员为限"。不再允许大陆影视节目在台湾发行、制作、映演或播送（放）。直到 1996 年 2 月 7 日"大陆地区出版品电影片录影节目广播电视节目进入台湾地区或在台湾地区发行制作播映许可办法"修正发布，方真正开放大陆电影片、广播电视节目在台湾的发行、上映、播送。

序号	时间	修正情况	条文内容及变化状况
4	1999.3.3	修正发布第2条条文	1.将原第2条第1项第5款将大陆出版品、电影片、录影节目、广播电视节目的概念界定改为"依本条例施行细则第三十三条规定，准用进口货品原产地认定标准认定者。" 2.将原第2条第1项第6款 "六、大陆地区出版品、电影片、录影节目、广播电视节目进入台湾地区：指大陆地区出版品、电影片、录影节目、广播电视节目经携带、邮寄、货运或以其它方式进入台湾地区者。 "有左列情形之一之出版品、电影片、录影节目、广播电视节目，视为大陆地区出版品、电影片、录影节目、广播电视节目： "一、台湾地区、其它国家、地区之人民、法人、团体或其它机构将前项第五款第一目或第二目之成品重制者。 "二、台湾地区大众传播事业赴大陆地区拍摄之电影片或制作之节目，违反台湾地区大众传播事业赴大陆地区采访拍片制作节目管理办法第八条雇佣人员比例之规定，或该电影片、节目系与大陆地区人民、法人、团体或其它机构共同出资，且大陆地区出资额在二分一以上者。 "第一项第五款第二目所称合作，指以金钱、他物或劳务共同经营者。" 改为"六、大陆地区出版品、电影片、录影节目、广播电视节目进入台湾地区：指大陆地区出版品、电影片、录影节目、广播电视节目经携带、邮寄、货运或以其它方式进入台湾地区者。" 此次修正，规定了对大陆出版品、电影片、录影节目、广播电视节目的界定直接根据"两岸关系条例"第三十三条规定，准用进口货品原产地认定标准认定。

序号	时间	修正情况	条文内容及变化状况
5	1999.5.28	修正发布第2、7、9、13、18、21条条文	1.将原第2条第1项第1款 "一、出版品：指用机械印版或化学方法印而供出售或散布之文书图画。发音片视为出版品。" 改为"一、出版品：包括新闻纸（报纸、通讯稿）、杂志、图书及有声出版品。" 此处修正使得对出版品的概括更简洁、周全、准确。 2.将原第7、9条中的"图书、发音片及其它出版品"改为"图书、有声出版品" 这两处修正，配合第二条对出版品的概念界定，将"发音片"修正为"有声出版品"。但将"其它出版物"删去，使得可在台湾发行、制作的大陆出版品仅限于图书和有声出版品，新闻纸、杂志不得在台湾发行、制作，缩小了许可范围。 3.将第13条"有线电视系统经营者、有线电视节目播送系统经营者经向主管机关申请核定后，得同步转播大陆地区卫星节目，且不受前二项规定之限制。 "前项节目内容不得违反有线电视法第三十五条第一项各款规定。" 改为不受"第四十条各款之规定"。 此处修正是配合"有线电视法"的修正。 4.第18条"图书、发音片及其它出版品"改为"图书、有声出版品"。 第21条"图书、发音片及其它出版品"改为"图书、有声出版品"。 这两处修正乃是配合第2条、第7条、第9条的修正。
7	2000.6.1	修正发布第13条条文	将原第13条"有线电视系统经营者、有线电视节目播送系统经营者经向主管机关申请核定后，得同步转播大陆地区卫星节目，且不受前二项规定之限制。 "前项节目内容不得违反有线电视法第四十条各款之规定。" 改为"前项节目之管理，应符合有线广播电视法及卫星广播电视法之相关规定。" 此处修正主要是配合1999年"卫星广播电视法"的出台。

序号	时间	修正情况	条文内容及变化状况
8	2000.10.24	修正发布名称（从原名称"大陆地区出版品电影片录像节目广播电视节目进入台湾地区或在台湾地区销售发行制作播映许可办法"改为"大陆地区出版品电影片录像节目广播电视节目进入台湾地区或在台湾地区发行销售制作播映展览观摩许可办法"）及第5、11～15、17、19、21条条文	1. 将原版第5条"大陆地区出版品经核验无前条规定情形且未逾主管机关公告数量者，得许可进入台湾地区。但认为有疑义者，主管机关的留置之。 "前项留置之大陆地区出版品，主管机关应于三十日内将处理情形函知所有人或持有人。所有人或持有人应于收到通知后三十日内至主管机关办理相关手续。逾期不办理者，主管机关得依本条例第八十八条第二项规定没入之。" 修正为"大陆地区出版品经核验无前条规定情形且未逾主管机关公告数量者，得许可进入台湾地区。但认为有疑义者，主管机关得留待审查处理。 "前项留待处理之大陆地区出版品，主管机关应于三十日内将处理情形函知所有人或持有人。" 此处修正将"留置"改为"留待处理"使得表述更为科学，并去掉所有人、持有人逾期未处理的，可以没入的规定。 2. 第11条增加了对违规销售进入台湾的大陆大众传播品的处理办法"依第5条及第6条规定许可进入台湾地区之大陆地区出版品，不得销售。违反者，主管机关得废止其许可"。 3. 将原第12条"留置"改"留待"。 4. 将原第13条关于"有线电视系统经营者、有线电视节目播送系统经营者经向主管机关申请核定后，得同步转播大陆地区卫星节目，且不受前二项规定之限制。 "前项节目之管理，应符合有线广播电视法及卫星广播电视法之相关规定。" 修正为"前项节目之管理，应符合有线广播电视法及卫星广播电视法之相关规定。违反者，主管机关得废止其许可。" 此处修正增加了对有线电视业者同步转播大陆卫星电视节目出现违反相关法规情况时的处理办法——废止其转播许可。 5. 将原第14条"主管机关对于前条第1项申请案件，认为有违反相关法令规定、有第四条各款情形之一，或非前条第二项公告项目者，应不予核准。" 改为"……应不予许可"。 6. 将原第15条"大陆地区电影片、录影节目、广播电视节目于许可进入台湾地区或经核准在台湾地区发行、映演、播映、播送后，发现有违反相关法令规定、有第四条各款情形之一，或非属第十三条第二项公告项目者，主管机关得撤销其许可、核准或调回复审。" 修正为"……主管机关得撤销其许可"。

序号	时间	修正情况	条文内容及变化状况
			7. 将原第17条"依第十二条及第十六条规定许可进入台湾地区之大陆地区电影片、录影节目、广播电视节目，不得销售。" 修正为"……大陆地区电影片、录影节目、广播电视节目，不得销售。违反者，主管机关得废止其许可。" 8. 将原第19条"大陆地区出版品、电影片、录影节目及广播电视节目经核验或留置审查不准进入台湾地区者，主管机关得限期命所有人或持有人退运、消磁或销毁。所有人或持有人逾期不处理时，主管机关得依本条例第八十八条第二项规定没入之。但付邮递送经留置审查不准进入台湾地区者，主管机关得迳行退运或依同条例第八十八条第二项规定没入之。 "大陆地区出版品、电影片、录影节目、广播电视节目违反公告数量进入台湾地区时，主管机关得准用前项规定处理。" 修正为"大陆地区出版品、电影片、录影节目及广播电视节目经核验或留待审查不准进入台湾地区者，主管机关得限期命所有人或持有人退运、消磁或销毁。所有人或持有人逾期未处理，或邮递送经留置审查不准进入台湾地区者，由主管机关依相关规定处理。 大陆地区出版品、电影片、录影节目、广播电视节目违反公告数量进入台湾地区时，准用前项规定。" 9. 第21条"大陆地区杂志、图书、有声出版品、电影片及录影节目经主管机关许可，得进入台湾地区展览、观摩。 "前项展览、观摩作业要点，由主管机关定之。" 修正为"政府机关、学术机构或最近一年未违反相关法令受行政处分之大众传播事业、机构、团体，得依业务性质，于展览、观摩二个月前，申请主管机关许可大陆地区杂志、图书、有声出版品、电影片及录影节目进入台湾地区展览、观摩。 "经许可在台湾地区展览之大陆地区杂志、图书及有声出版品，不得于展览时销售；经许可在台湾地区观摩之大陆地区电影片、录影节目，不得于观摩时，直接或间接向观众收取对价。但经主管机关专案许可者，不在此限。

序号	时间	修正情况	条文内容及变化状况
			"经许可展览、观摩者，应于展览、观摩结束后一个月内，将前项大陆地区杂志、图书、有声出版品、电影片及录影节目运出台湾地区。但经主管机关专案许可赠送有关机关（构）典藏者，不在此限。 "同一申请者在一年内申请观摩大陆地区电影片之数量及放映场次，由主管机关公告之。 "违反第二项或第三项规定者，主管机关得废止其许可，并依本条例第八十八条规定处分，及于一年内不再受理其申请。" 此处修正主要原因是将之前单行的"大陆地区图书电影片录影节目进入台湾地区展览观摩作业要点"并入。因此本次修正亦将该法规名称从"大陆地区出版品电影片录像节目广播电视节目进入台湾地区或在台湾地区销售发行制作播映许可办法"改为"大陆地区出版品电影片录像节目广播电视节目进入台湾地区或在台湾地区发行销售制作播映展览观摩许可办法"。

资料来源：作者自制。

从上表可见，虽然十几年间，台湾当局对大陆大众传播品在台湾传播的限制逐渐放松，但依然保留了许可制和严格的许可标准，实行管制主义原则，力图对其全面控制。

（2）"大陆地区图书电影片录影节目进入台湾地区展览观摩作业要点"

"大陆地区图书电影片录影节目进入台湾地区展览观摩作业要点"根据"大陆地区出版品电影片录像节目广播电视节目进入台湾地区或在台湾地区发行销售制作播映展览许可办法"第19条第2项制订。该要点于1993年3月发布，主要内容有：一、规定该事项的管理机关为"行政院新闻局"，得申请大陆图书、电影片、录影节目展览、观摩的主体是政府机关、学术机构、图书出版业者、大众传播机构。二、大陆图书在台展览管理办法。要求必须提前两个月提出申请。图书不得有：宣扬共产主义或从事统战者，妨害公共秩序或善良风俗者，违反法律强制或禁止规定者，凸显中共标志者（因内容需要不在此限），或其他不宜展览者。展览的图书不得于现场销售，展览结束后应全数运出台湾地区。三、大陆电影片在台湾观摩的管理办法。只有法规所列国际影展之入围或获奖的电影作品方能申请入台观摩。同一主体一年只能申请4部以内大陆电影观摩，每部放映以两场为限。电影片放映前应先送"新闻局"审查，取得临时准演证明。影片映演不得收取对价。观摩结束后影片应全数运出台湾。四、大陆录影节目在台湾观摩的管理事项。获得国际性展览、竞赛或观摩活动入围或得奖的大陆录影节目方能申请进入台湾地区观摩。观摩前应先送"新闻局"审查许可，观摩结束后应全数运出台湾。

该要点曾于 1993 年 9 月、1995 年 2 月、1999 年 6 月三次修正。历次修正中，其管理的办法、原则没有根本变化，但对得进入台湾展览、观摩的大陆大众传播品的类别、范围、数量有所放宽。将该法规 1999 年 6 月修正版与最初版进行比较，可发现有以下不同：一、允许展览、观摩的大陆大众传播品类别由图书、电影片、录影节目三类扩大到杂志、图书、有声出版品、电影片、录影节目五类，法规名称也相应改为"大陆地区杂志图书有声出版品电影片录影节目进入台湾地区展览观摩作业要点"。二、允许展览、观摩的范围也有所扩大，可进入台湾观摩的电影片和录影节目的范围从应获得或入围国际奖项，变成只要内容不宣扬共产主义、违背公序良俗即可申请观摩。三、数量上也有所增加，电影申请观摩的数量从每年 4 部，每部放映以 2 场为限变为每年 8 部，每部 8 场为限。

该要点于 2000 年废止，相关规定并入"大陆地区出版品电影片录像节目广播电视节目进入台湾地区或在台湾地区发行销售制作播映展览观摩许可办法"。

（3）"大陆地区出版品录影节目进入台湾地区许可数额"和"大陆地区影视节目得在台湾地区发行、映演、播送（放）之数量、类别、时数"

这两部法规都是"大陆地区出版品电影片录像节目广播电视节目进入台湾地区或在台湾地区发行销售制作播映展览观摩许可办法"的子法规。主要是对进入台湾和在台湾地区传播的大陆大众传播品数量、类别等进行限制。

"大陆地区出版品录影节目进入台湾地区许可数额"对许可进入台湾的大陆出版品、录影节目的数量进行了规定。该法规 1993 年原始版本规定：个人得带入台湾的图书、发音片为 40 册（片），录影节目为 10 卷，每种限 1 册（卷、片）；报纸和杂志如以随身携带方式进入台湾的，可分别带入 5 份和 20 册，每种限 1 份（册），邮递货运方式进入的，仅限 1（份、册）。大专传播机构、学者、专家、政府机关、学术机构则可获取数量较多的大陆出版品、录影节目。该法规此后多次修正，逐步增加许可进入台湾的出版品和录影节目的数量。如1999 年该法规修正，个人得以带入的数量完全没有变化，但政府机关、大众院校或以研究大陆事务为主的机构、团体的申请获取的大陆录影节目数量从 20 卷，增加为数量不限，出版品从数量不限，每种一册，增加为数量不限，每种两册。

　　"大陆地区影视节目得在台湾地区发行、映演、播送（放）之数量、类别、时数"主要对得在台湾传播的大陆影视节目的数量、类别、时数进行限制，并对配额申请、分配的方式进行规定。该法规在这一时期多次修正。选择 1997 年 8 月的修正版和 2003 年 3 月的修正版进行比较分析，以对照该法规的主要规定和变化情况。

表 3.7　"大陆地区影视节目得在台湾地区发行、映演、播送（放）之数量、类别、时数"1997 年修正版和 2003 年修正版对照

序号	内容	1997 年 8 月修正版	2003 年 3 月修正版
1	进口电影片数量	10 部，每部 36 个拷贝为限。上演场所，每县市 8 个，每"直辖市"13 个为限。	数量没有变化。 增加台湾电影片制作业投资的大陆电影片，如以台湾名义，入围或获得法国坎城影展、意大利威尼斯等十几个影展奖项者，不受每年十部之限制之规定。 增加电影片发行业申请进入台湾发行、映演大陆电影片，每次以一部为限，该电影片发行业非将许可之电影片在台湾地区作商业公开上映后，不得于同一年度或以后年度再次申请之规定。
2	录影节目、广播电视节目发行、播映、播送的类别	1 科技类、2 企业管理类、3 自然动物生态类、4 地理风光类、5 文化艺术类、6 体育运动类、7 语言教学类、8 医药卫生类、9 综艺类、10 剧情类（如果由电影片转录的，可播映的则仅限于经核准在台湾映演的大陆影片；有线电视系统可播映发行已超过两年的大陆电影片，数量以 20 部为限）。	类别与 1997 年修正版一样。 发行超过二年的大陆地区电影片，除可在台湾地区有线广播电视系统、有线播送系统播出外，还可在直播卫星广播电视服务经营者及境外卫星广播电视事业经营直播卫星广播电视服务经营者播送。每年数量还是以 20 部为限。

序号	内容	1997 年 8 月修正版	2003 年 3 月修正版
3	大陆广播电视节目播送时数	1. 无线广播电视台：大陆广电节目并入非本国自制节目计算 [即执行"广播电视法"第十九条，"本国"自制节目不得少于 70%（含 70%）。大陆和外国节目总额不得多于 30% 之规定]。 2. 有线电视系统：并入非本国自制节目计算（即执行"有线电视法"有线电视节目中"本国"自制节目不得少于 20% 的规定），且大陆节目不得超过可供利用频道播送节目播送总时长的 16%。	同 1997 年修正版
4	配额分配方式	没有规定	10 部电影的配额分配方式：经相关主管部门审查认为无违规的，应依申请顺序，发给申请者许可。但同一日内之申请案超过限定的数量时，以抽签方式决定其申请顺序。

资料来源：作者自制。

　　从上表可见，虽然该法规经常修正，但法规的内容并没有实质性变化，得在台湾地区传播的大陆影视节目的数量、时长、类别都没有增加，仅仅是配额分配方式，申请方式进行调整。

　　（4）"大陆地区出版品申请在台湾地区发行制作审查作业规定"

　　"大陆地区出版品申请在台湾地区发行制作审查作业规定"于 1993 年颁行。1999 年，因"出版法"废止，台湾不再对出版品实行审查，该法规失去合法性依据而废止，中间没有进行过修正。该法规规定，"行政院新闻局"对申请在台湾发行、制作的大陆地区出版品进行审查，如认为无违反"大陆地区出版品电影片录像节目广播电视节目进入台湾地区或在台湾地区发行销售制作播映展览许可办法"第四条之情形者，许可发行、制作。如认为有上述情形之一者，送

"大陆地区出版品资讯委员会"审查，并提出修正意见，非按意见修正不得发行、制作。如申请者有疑义，可申请复查一次。1998年该法规废止，但并不意味着大陆出版品可以在台湾迳行出版，它依然要遵守"大陆地区出版品电影片录像节目广播电视节目进入台湾地区或在台湾地区发行销售制作播映展览观摩许可办法"的规定，"非经合法登记的出版业者向主管机关申请许可"，不得在台湾发行。

（5）"进口出版品电影片录像节目及广播电视节目原产地认定基准"

该法规由"财政部"和"经济部"于1999年2月10日联合发布，在这一时期没有修正过。根据"大陆地区出版品电影片录影节目广播电视节目进入台湾地区或在台湾地区发行制作播映许可办法"1999年3月3日修正版第2条第1项第5款大陆出版品、电影片、录影节目、广播电视节目"准用进口货品原产地认定标准认定"的规定，该法规成为大陆出版品、电影片、录影节目、广播电视节目的认定准则。

"进口出版品电影片录像节目及广播电视节目原产地认定基准"规定：出版品的原产地依照发行者所属国或地区认定，如与台湾合作发行的，以投资额最大者认定。电影片及由电影片转录的电视节目、录影节目以所标明的制作者所属国或地区认定，如联合投资，以投资最大者认定，但重要演员所属国或地区相同并超过半数的，以其所属国或地区认定。广播电视节目及录影节目，以标示节目制作者所属国或地区认定。联合制作的，以投资最大者认定，但重要演员（主角及配角）所属国或地区相同并超过三分之一的，以其所属国或地区认定，编剧、导播（演）所属国或地区并超过三分之一的，以其所属国或地区认定。

4. 大陆大众传播人士赴台湾交流、从事专业活动相关法规

台湾当局对大陆人民进入台湾实行分类管理办法。大陆的一般民众进入台湾由"大陆地区人民进入台湾地区许可办法"加以规制，而大众传播、法律、卫生等方面的专业人士则由"大陆地区大众传播人士来台参观访问采访拍片制作节目许可办法""大陆地区卫生专业人士来台从事卫生相关活动许可办法""大陆地区法律专业人士来台从事法律相关活动许可办法"等专门法规进行规制。1998年台湾当局有对大陆专业人士赴台交流相关法规进行调整，将上述"大陆地区大众传播人士来台参观访问采访拍片制作节目许可办法"等法规汇整为"大陆地区专业人士来台从事专业活动许可办法"。因此，1998年前，大陆大众传播人士赴台交流主要由"大陆地区大众传播人士来台参观访问采访拍片制作

节目许可办法"进行规制，1998 年后，则由"大陆地区专业人士来台从事专业活动许可办法"加以规制。

（1）"大陆地区人民进入台湾地区许可办法"

"大陆地区人民进入台湾地区许可办法"没有直接与大陆大众传播人士赴台交流相关的内容。但某些条文间接涉及该领域，如作为大陆大众传播人士的监护人或陪护者身份进入台湾的，由"大陆地区人民进入台湾地区许可办法"进行规定。

（2）"大陆地区大众传播人士来台参观访问采访拍片制作节目许可办法"

该法规于 1993 年 10 月发布，此后分别于 1995 年 6 月 20 日、1996 年 2 月 7 日、1996 年 7 月 31 日三次修正。1998 年该法规被废止，由"大陆地区专业人士来台从事专业活动许可办法"替代。

"大陆地区大众传播人士来台参观访问采访拍片制作节目许可办法"依据"两岸关系条例"第十条第三项制订。其 1993 年最初版的主要内容有：一、主管机关、赴台大陆大众传播人士的主体资格。主管机关为"行政院新闻局"，得赴台参观访问（含参观、访问、比赛、演讲、领奖、颁奖或评审等活动）、采访、拍片及制作节目的大众传播人士包括：大陆的出版、电影、广播电视、广播电视节目供应等事业的从业人员，对出版、电影或广播电视有专业造诣的人士，在其他国家地区工作的大陆大众传播事业的专业人员。二、申请方式。备齐参观访问计划书、保证书等文件，在国外者，经台驻外办事机构，在大陆者，由台湾大众传播事业向主管机关提早 2 个月申请。三、在台活动的规制。大陆大众传播人士应由台湾有关民间团体接待。应按照计划书进行活动，应领取采访证或其它许可函并随时携带。在台停留期间，可参加电台非戏剧节目表演或接受采访，但不得超过该节目时长的二分之一。有大陆大众传播人士参与的节目，其播出时间要计入"台湾地区大众传播事业赴大陆地区采访拍片制作节目管理办法"第 15 条所规定的时间。四、罚则。如大陆大众传播人士赴台期间所制作节目与事实不符，或未依照计划进行活动，或有违背法规情节重大者，主管机关对申请人及所属事业之其他申请案件得不受理。

该法规有多次修正，但只是进行局部修正，其基本规定并没有大的改变。以该法 1996 年 7 月修正版与 1993 年原始版比较，仅在如下几个方面有变化：一、得赴台的大陆大众传播人士的范围，增加了申请人为 18 岁以下 16 岁以上者，或年逾 60 岁者，或因健康原因需要有人照顾者，可申请其配偶或直系亲属陪同。二、将第12、13条中应领取采访证或其它许可函并随时携带之规定删除。三、参加电台非戏剧节目表演或接受采访的节目播出时间由计入"台湾地区大众传播事业赴大陆地区采访拍片制作节目管理办法"第15条规定的时间改为依照"广播电视法及其施行细则办理"。

（3）"大陆地区专业人士来台从事专业活动许可办法"

该法规根据"两岸关系条例"第10条第3项制订，由"内政部"于1998年6月29日发布。它取代"大陆地区大众传播人士来台参观访问采访拍片制作节目许可办法""大陆地区卫生专业人士来台从事卫生相关活动许可办法""大陆地区法律专业人士来台从事法律相关活动许可办法"等各单项法规，统一对大陆大众传播、文教、宗教、体育等各类专业人士赴台从事专业活动加以规制。1998—2003年，该法三次修正，分别是2001年8月、2002年1月、2002年6月。

"大陆地区专业人士来台从事专业活动许可办法"1998年原始版与两岸大众传播交流相关的主要内容如下：

一、主管机关和申请办法。办理大陆地区大众传播人士申请赴台参观访问、采访、拍片或制作节目的主管机关为"内政部"。申请人应于预定赴台之日一个月前提出。但因采访特别需要者，不在此限。申请人如在第三地区者，由申请人向台"驻外办事处"或其他经授权机构申请，核转主管机关办理。如该地区尚无派驻机构者，得由邀请单位代向主管机关申请。大陆大众传播人士申请来台参观访问、采访、拍片或制作节目，应于于预定赴台之日一个月前提出申请。但因采访特别需要者，不在此限。主管机关（"内政部"）于收受申请案后，应将申请书副本及有关文件送相关目的事业主管机关（"新闻局"）进行专业资格审查。"新闻局"成立审查小组的，审查申请人专业资格及来台活动之必要性，并可要求申请人提供有关资料文件。如遇有重大突发事件、影响台湾地区重大利益情形或于两岸互动有重要关系者，得经"行政院大陆委员会"会同主管机关及相关目的事业主管机关，许可申请人进入台湾从事与许可目的相符之活动。主管机关及相关目的事业主管机关可以依活动质限制入台人数。

二、可不予许可的情况。有下列情形之一的，台湾当局可不许可大陆大众传播人士入境：参加暴力、恐怖组织或其活动者，涉有内乱罪、外患罪重大嫌疑者，在台湾地区外涉嫌重大犯罪或有犯罪习惯者，现在大陆地区行政、军事、党务或其他公务机构任职者，违反其他法令规定者等。

三、对大陆大众传播人士在台活动的规制。大陆大众传播人士应按照其上缴的活动计划活动，如果计划有变更，邀请单位应检具变更活动计划及原核定申请计划，送主管机关备查。主管机关收受前项备查案件后，应将相关文件复印件送相关目的事业主管机关。大众传播人士在台停留期间不得逾六个月，并且不得申请延期。相比艺术和科技人士得可停留 1 年，并可通过申请延期再停留两年，该规定较为严苛。大陆地区专业人士或其眷属在台停留期间，不得违反"国家安全法"及其他法规，且不得从事营利行为、须具专业执照之行为、与许可目的不符之活动或其它违背"对等尊严原则"之不当行为。违反者，主管机关得撤销其许可并移送有关机关依法处理。

四、设立保证人制度、邀请单位负责制度等相关制度以加强对大陆专业人士在台活动。具体包括：1. 设立邀请单位负责制度。要求邀请单位对所邀请的大陆地区专业人士的背景应先行了解，提供资料，依计划负责接待及安排与其专业领域相符之活动，并依接待大陆人士来台交流注意事项办理接待事宜。邀请单位应于活动结束后一个月内提交活动报告送主管机关备查，并应主管机关或相关目的事业主管机关要求随时提交活动报告。邀请单位未依这些规定办理接待、安排活动或有其他不当情事者，主管机关可于一年内不受理其申请案。2. 设立保证人制度。大陆地区专业人士申请进入台湾地区，应寻得邀请单位负责人或有正当职业的台湾人为保证人，并将保证书送保证人户籍地警察机关（构）办理对保手续。保证人如服务于政府机关、公立学校、公营事业机构或私立大专校院者，其保证书应盖服务机关（构）、学校印信，免办理对保手续。保证人之责任如下：保证被保证人确系本人，无虚伪不实情事；负责被保证人入境后的生活及其在台行程的告知；被保证人如有依法须强制出境情事，应协助有关机关将被保证人强制出境，并负担强制出境所需之费用。3. 留置护照等相关文件。必要时，主管机关或相关目的事业主管机关可要求大陆大众传播人士将所持护照或相关文件交由"内政部警政署入出境管理局机场（港口）服务站"保管，俟出境时发还。4. 要求大陆专业人士于入境后十五日内向居住地警察分驻（派出）所办理登记手续。

（4）"大陆地区新闻人员进入台湾地区采访注意事项"

该法规由"行政院新闻局"于 2000 年 11 月 19 日颁行，是对大陆新闻人员在台湾采访活动进行管理的主要法规。其主要内容如下：

一、大陆新闻人员赴台湾采访的申请方式。大陆地区新闻人员申请进入台湾地区采访的主管机关为"内政部"，执行单位为"内政部警政署入出境管理局"（以下简称"境管局"），目的事业主管机关为"行政院新闻局"。除采访特别需要外，大陆新闻人员进入台湾前应洽台湾新闻事业或相关团体担任邀请单位，于赴台之日一个月前，提供采访计划、行程表、邀请单位立案证明等文件，由邀请单位代向"境管局"提出申请。

二、对进入台湾的大陆新闻人员的行为限制。要求赴台湾采访的大陆新闻人员，应于入境后十五日内，向居住地警察分驻（派出）所办理登记手续，并与邀请单位保持密切联系。大陆新闻人员应依采访计划及行程表从事采访活动，不得擅自变更。采访计划及行程表有变更的，本人或邀请单位应先向"新闻局"报核，再检具变更活动计划及新行程表送"境管局"备查。要求大陆新闻人员从事采访活动时，"应遵守新闻人员职业道德，并秉持公正客观原则"，"应遵守中华民国法令"。大陆新闻人员，应于入境后三日内凭旅行证向新闻局领取记者证，进行采访活动时，应事先征求受访机关（构）或单位之同意，并主动出示记者证。

三、罚则。大陆新闻人员如从事与许可目的不符之活动，或采访期间变换所属媒体或丧失新闻人员身分，或违反法令规定或公序良俗，则主管部门缴回其记者证及旅行证，要求于三日内离境。

（5）"政府机关（构）接受大陆地区新闻人员采访注意事项"

该法规于2000年11月7日由"行政院新闻局"颁行，本时期没有修正。该注意事项共5点，主要内容有：一、接受采访前的审查。要求台湾政府机关（构）对于大陆新闻人员申请采访案，应审查、考虑下列事项后，再作出是否接受采访的决定：1.考虑业务性质是否适合接受采访；2.采访者有无"行政院新闻局"核发之记者证；3.申请采访是否与"内政部警政署入出境管理局"许可之行程表内容相符。二、接受采访时的注意事项。政府机关（构）于接受大陆地区新闻人员采访时，应由发言人或获授权人员代表发言。涉及"外交事务"者，由"外交部"发言；涉及大陆事务者，由"行政院大陆委员会"发言；其它事务由各主管机关（构）本于职掌的范围发言。要求被采访机关如发现大陆新闻人员有未依规定申请或其它异常行为者，应即停止采访，并及时向政风单位或"境管局"及"新闻局"反映。三、受访后七日内，受访机构须将采访纪录分送"新闻局"及"陆委会"参考。

二、法规的主要特征

（一）泛政治化色彩有所淡化，"防止统战"成为主要政治任务

1991 年 5 月 1 日，台湾当局终结"动员戡乱"时期。依照第一次"宪法增修条文"第 8 条"动员戡乱时期终止时，原仅适用于动员戡乱时期之法律，其修订未完成程序者，得继续适用至中华民国八十一年七月三十一日止"之规定，1992 年 7 月 31 日后，构建于"动员戡乱"体制之上的"沦陷地区出版品电影片广播电视节目进入台湾地区管理要点"等被废止。"动员戡乱"体制的终结，意味着将大陆政权视为"叛乱团体"，而将台湾界定为"自由地区"，基于两岸敌对的立场来制定两岸大众传播交流法规的状况得以根本改变。这有利于两岸大众传播交流法规摆脱政治束缚，向正常化方向回归。也有助于台湾地区两岸大众传播交流法规的泛政治化淡化。在这种状况下，相比前 1992 年前台湾地区两岸大众传播交流法规中鲜明、甚至是露骨的"反共"色彩和对"中共"的敌对态度，本时期台湾地区两岸大众传播交流法规中的"反共"色彩虽然依然存在，但有所淡化。例如法规中"奸""匪""沦陷区"等概念已不再使用，对两岸大众传播交流的限制也较为宽松。

当然相关法规中泛政治化色彩虽所淡化，但依然存在。相关法规中仍然存留着"反共"条文。例如"大陆地区大众传播人士来台参观访问采访拍片制作节目许可办法""大陆地区专业人士来台从事专业活动许可办法"依然承袭"国家安全法施行细则"，规定可以不允许"现在中共党务、军事、行政或其它公务机构任职者"入境，使得大陆的大众传播人士赴台交流或从事专业活动受到很大限制。又如"广播电视法"第 21 条要求广播电视节目不得"违背反共复国国策"的规定依然没有改变。再如"大陆地区出版品电影片录像节目广播电视节目进入台湾地区或在台湾地区发行销售制作播映展览观摩许可办法"明确规定进入台湾、在台湾传播的大陆出版品、电影片、录影节目、广播电视节目不得"宣扬共产主义""凸显中共标志"。这表明"反共"立场依然在两岸大众传播交流法规中存在。

当然本时期台湾地区两岸大众传播交流法规的泛政治化状况有一个变化，就是"防止统战"取代"反共"成为核心政治任务。这首先体现在多部法规直接设置了"反统战"条文。如"大陆地区出版品电影片录影节目广播电视节目进入台湾地区或在台湾地区发行制作播映许可办法"第 4 条规定："大陆地区出版品之内容有从事统战者"，"不予许可进入台湾地区"。"大陆地区图书电影片

录影节目进入台湾地区展览观摩作业要点""大陆地区出版品申请在台湾地区发行制作审查作业规定"等法规也都有类似规定。其次，这一时期台湾地区两岸大众传播交流法规中设置了很多限制性规则，对大陆对台大众传播活动进行监控、过滤、阻碍，以防止"统战"。如"大陆地区出版品录影节目进入台湾地区许可数额"和"大陆地区影视节目得在台湾地区发行、映演、播送（放）之数量、类别、时数"规定得在台湾传播的大陆大众传播品的类别，与政治有关的类别则没有被纳入其中。"防止大陆统战"的功能设定，使得两岸大众传播法规虽刚摆脱了所承担的"为台湾政权构建合法性依据"的政治重任，又代之以新的政治承担。这决定了它对两岸大众传播交流，尤其是对大陆对台的大众传播交流活动，依然要以管制主义原则进行限制。

（二）法规不稳定、保守

本时期台湾两岸大众传播法规修正频繁。如"大陆地区出版品电影片录像节目广播电视节目进入台湾地区或在台湾地区发行销售制作播映展览观摩许可办法"在这个时期共修正 7 次。有些法规甚至是刚制订就修正，如"大陆地区图书电影片录影节目进入台湾地区展览观摩作业要点"1993 年 3 月发布，当年 9 月法规就修正。而"大陆地区大众传播人士来台参观访问采访拍片制作节目许可办法"分别于 1995 年 6 月 20 日、1996 年 2 月 7 日、1996 年 7 月 31 日这短短一年多内就三次修正。法规的频繁修正，使得法规的稳定性差，导致法规的预测作用和指导作用大大降低。这使人们在从事两岸大众传播交流活动时，无法根据法规准确安排自己的行为并预估其后果，也令法规的权威性和施行效果受到影响。

法规的稳定性差与本时期台湾政治转型继续进行，各项制度尚未定型有关。更直接的原因则是台湾当局保守的两岸政策以及委任立法的立法方式。

这一时期台湾当局在处理两岸交流时以"戒急用忍"为原则，在制订两岸交流相关法规时，往往是宁可先制订出保守的、落后于两岸大众传播交流现况的法规，到将来不能适应形势的发展再进行修正。而不是以有利于两岸人民福祉、有利于保障台湾人民的传播权益为出发点，以前瞻性的观点，充分预想可能发生各种情况，来创造广阔的制度空间。在这样的政策指引下，两岸大众传播交流法规当然是保守而不稳定的。

本时期，台湾地区两岸大众传播交流法规稳定性差的另一重要原因是台湾当局采取了"弹性立法"的原则和"委任立法"的方式。在两岸大众传播交流管理领域,"两岸关系条例"确定了"委任立法"的方式。由"两岸关系条例"确立原则,并授权"行政院新闻局""内政部"等相关行政机关制订具体法规。由于行政立法的程序相对简单得多,立法的行政机关有较大的专断性,台湾当局可较为便利地随时根据自己的意愿来制订、修正法规,保持法规的"弹性空间"。即如萧万长所说两岸事务法规"必须视主、客观情势的演变,随时作机动性的调整"[①]。这就导致法规修正频频,很不稳定。

"戒急用忍"的政策和"委任立法"的方式共同作用于台湾地区两岸大众传播交流法规的结果就是相关法规苛严、保守,落后于两岸大众传播交流实践,很不安定,频频进行修正。相关法规往往不仅不能起到促进两岸大众传播交流健康发展的作用,反而成为两岸大众传播交流的阻碍。

（三）对两岸人民从事大众传播交流活动的限制极不平衡

"戒严"时期和 1987 – 1992 年这两个阶段的台湾地区两岸大众传播交流法规,不论是对台湾向大陆进行的大众传播交流,还是大陆向台湾进行的大众传播交流这两个方面交流的限制都很严格。通俗地说,"戒严"时期是"大陆的不能进来,台湾的也不能过去";1987 – 1992 年,则是"大陆的不能轻易进来,台湾的也不能轻易过去"。到了本时期,这一管理原则慢慢产生分野,对台湾向大陆进行的大众传播活动逐步向权利自治主义转化,而对大陆向台湾进行的大众传播活动则依然采取管制主义,通俗地说,就是"台湾的可以随便去",而"大陆的不能轻易进来"。

本时期,台湾当局对台湾大众传播品进入大陆或在大陆传播,已经不在法规方面设置限制。相反,台湾当局还出台各种政策,鼓励台湾的大众传播品进入大陆或在大陆传播。如 1993 年,"行政院新闻局"出台"台湾地区出版品输往大陆地区运费补助规定",给输入大陆的台湾出版品补助运费。

对台湾大众传播人士来大陆交流或从事专业活动,"解严"前的规则是"不许过去"。1987 – 1992 年,台湾出台了"现阶段大众传播事业赴大陆地区采访、拍片、制作节目报备作业规定"和"现阶段新闻从业人员赴大陆地区采访报备

---

① 萧万长:《关于<台湾地区与大陆地区人民关系暂行条例>之研拟经过及草案说明》,引自台"法务部"编:《台湾地区与大陆地区人民关系条例研拟纪要》,台北:"法务部",1992 年,第203 页。

作业实施要项"等法规，构建了"报备制度"。要求台湾大众传播人士要先向有关机关报备，方能赴大陆进行交流、从事专业活动，而他们在大陆的活动也受到台湾当局的限制。到了本时期，"现阶段大众传播事业赴大陆地区采访、拍片、制作节目报备作业规定"等法规被废止，"报备"制度宣告终结。"台湾地区大众传播事业赴大陆地区采访拍片制作节目管理办法"于 1993 年出台，经数次修正，其规范日益宽松。如上文所述，1993 年该管理办法出台，要求台湾大众传播人士不得与大陆大众传播人士共同采访、共同制作节目、不得接受大陆资金等，但到了后面几次修正，这些限制逐渐去除。到了 2000 年，该法规被废止，这意味着台湾大众传播人士赴大陆交流或从事专业活动，不再受到特殊限制，只要同一般台湾民众遵循一样的规范即可。

2000 年后，台湾当局对台湾向大陆进行的大众传播活动已经没有设置特殊的限制，实行的是完全的权利自治主义的管理原则。

但是对大陆向台湾进行的大众传播活动，台湾当局则设置了苛严的规则。如上文所述，相关的法规多达十几部，这些法规对大陆向台湾进行的大众传播交流的内容、数量、规模、方式等各方面都进行了较为严格的限制。在大陆传播品进入台湾或在台湾传播方面，台湾当局出台了"大陆地区出版品电影片录像节目广播电视节目进入台湾地区或在台湾地区发行销售制作播映展览观摩许可办法"等一系列法规，对大陆大众传播品进入和传播的方式、数量、类别等各个方面进行严格限定。在大陆大众传播人士赴台交流或从事专业活动方面，台湾当局出台了"大陆地区大众传播人士来台参观访问采访拍片制作节目许可办法""大陆地区新闻人员进入台湾地区采访注意事项"等法规，对大陆大众传播人士进入台湾的方式、进行专业活动的范围等方面进行限制，还设立保证人制度、登记制度等制度以加强控制。

这种规则不均衡现象，与台湾地区两岸大众传播交流法规的泛政治化有关。一方面是台湾当局和部分台湾民众对自身的政治制度和意识形态有优越感，认为大陆的制度、意识形态是落后甚至是专制的。以台湾的制度、意识形态影响大陆，使得大陆也"自由、民主、均富"，成为或明或暗的对大陆传播的功能设定。20 世纪 90 年代初，受苏联解体、东欧剧变的影响，部分台湾学者和政治人物甚至提出要利用大众传播对大陆实施"和平演变"。在这样的思想的影响下，台湾两岸大众传播交流承担了政治和意识形态任务。这就导致相关法规一面设置障碍阻止大陆向台湾进行大众传播，以防止"落后"的共产主义意识形态影响台湾；同时又一面放开、甚至鼓励台湾向大陆进行大众传播，以"帮助"大陆政治"进步"。另一方面，这种规制的不平衡体现了台湾当局对大陆缺乏政治信任，时时担心"大陆统战"。当然，台湾方面所指的"大陆统战"，与当局多年的误导有关，即把"统战"功能视为搜集情报进行策反。因此，台湾当局对大陆向台湾进行的大众传播怀有很强的戒备心理，很多与政治没有关系的大众传播活动往往被视为大陆的"统战"，这使得台湾当局要在两岸大众传播交流法规中设置规范来进行政治过滤。

（四）依然奉行管制主义原则，但限制有所放宽

尽管这一时期两岸大众传播法规依然奉行"戒急用忍"的保守主义政策，设置了很多两岸大众传播交流的限制，但该时期的台湾地区两岸大众传播法规还是呈现了逐步宽松的趋势。尤其在台湾大众传播人士赴大陆交流、从事专业活动的相关规范得到体现。如上所述，2000 年 10 月"台湾地区大众传播事业赴大陆地区采访拍片制作节目管理办法"废止后，台湾当局对台湾大众传播人士来大陆和在大陆的活动不再进行特殊限制。这与上一时期法规要求台湾大众传播人士来大陆需要报备、对其在大陆活动进行种种特殊限制相比更加宽松。当然限制的放宽也不仅仅局限于台湾大众传播人士赴大陆交流、从事专业活动一个事项。以表格的形式将两岸大众传播交流限制放宽状况总结如下．

表 3.8　1992—2003 年主要两岸大众传播交流限制放松情况

序号	事项	法规依据	时间
1	取消台湾大众传播人士赴大陆交流、从事专业活动报备制度	"现阶段新闻从业人员赴大陆地区采访报备作业实施要项""现阶段电影事业赴大陆地区拍片报备作业实施要项""现阶段广播电视事业""广播电视节目供应事业赴大陆地区制作节目报备作业实施要项"废止	1992.9.2
2	具有中共党员身份大陆大众传播人士进入台湾限制放松（不再有被以"预备内乱罪"起诉危险）	"两岸关系条例"第 77 条	1992.7.31

序号	事项	法规依据	时间
3	允许部分大陆商品、服务、劳务经有关部门审批后在台从事广告活动	"两岸关系条例"第34条	
3	允许大陆大众传播品在台湾展览、观摩	"大陆地区出版品电影片录像节目广播电视节目进入台湾地区或在台湾地区发行销售制作播映展览许可办法"和"大陆地区图书电影片录影节目进入台湾地区展览观摩作业要点"发布	1993.3.5
4	允许台湾大众传播人士与大陆方面共同采访、发行、制作	"台湾地区大众传播事业赴大陆地区采访拍片制作节目管理办法"修正	1996.2.7
6	取消台湾大众传播人士赴大陆时间限制	"台湾地区大众传播事业赴大陆地区采访拍片制作节目管理办法"修正	1996.2.7
7	允许台湾有线电视系统同步转播大陆卫星电视节目	"大陆地区出版品电影片录像节目广播电视节目进入台湾地区或在台湾地区发行销售制作播映展览观摩许可办法"修正	1996.2.7
8	允许大陆电影片、广播电视节目在经台湾主管部门审批后在台湾的发行、上映、播送	"大陆地区出版品电影片录像节目广播电视节目进入台湾地区或在台湾地区发行销售制作播映展览观摩许可办法"修正	1996.2.7

资料来源：作者自制。

这一时期台湾当局甚至还出台法规鼓励两岸大众传播交流活动。如陆委会出台了"中华发展基金管理委员会辅助办理两岸交流活动作业要点""行政院大陆委员会辅助民间团体办理海峡两岸民间交流活动作业要点"对两岸大众传播活动加以资助、引导。

但限制的放松却呈现了片面性、局部性的特征。如上所述，这一时期两岸大众传播交流法规对台湾向大陆进行的大众传播活动的限制逐步解除，到后期则基本不再设限，但对大陆向台湾进行的大众传播交流活动的限制依然严格，呈现了厚此薄彼的片面性的特征。而对大陆向台湾进行的大众传播交流活动限制的放松，进程十分缓慢，而且限于局部而非全局性的。大陆向台湾进行的大众传播活动基本上还是受到台湾当局严格的监视和控制。这阻碍了两岸大众传播交流的发展。

第二节　法规运行状况

一、法规创制采用"委任立法"的方式构建法规体系

这一时期台湾地区两岸大众传播交流法规的创制方式有较大变化——以"委任立法"为构建法规的主要方式。1992 年"两岸关系条例"出台，确定了两岸大众传播交流法规"委任立法"的"立法"方式：即由"两岸大众传播交流法规"确定基本原则，然后授权给行政机关制订具体法规。"两岸关系条例"共有 18 条条文规定了 14 项"委任立法"事项，关于两岸大众传播交流的管理事项，则全部采取"委任立法"的方式。接受"委任立法"的主要机构是"行政院新闻局"，授权的法条和根据授权所制订的法规已在上文中归纳，不再赘述。

台湾当局采用这种立法方式，首先是解决了两岸大众传播法规立法的"合法性"问题。"戒严"时期和 1987 – 1992 年，两岸大众传播交流法规都是由行政机构来直接制订。这些法规虽名义上以"动员戡乱时期临时条款"等法规为法源，但"动员戡乱时期临时条款"等法规实际上并没有条文明确授权制订这些法规。因此，这些法规是缺乏明确的上位法授权依据的。而且，这两个时期，不管是台湾地区两岸大众传播交流法规本身，还是作为其上位法的"动员戡乱时期临时条款"等法规，都不是由民主程序产生的立法机构制订的，缺乏广泛的民意基础和充分的利益输入，缺乏足够的程序正当性。因此，它们的"实质合法性"和"程序合法性"都存在问题。而这一时期，通过由民选"立法委员"组成的"立法院"，根据法定立法程序，先制订"两岸关系条例"，然后再由"两岸关系条例"明确授权相关行政机关制订两岸大众传播交流法规，解决了立法的合法性和程序正当性问题。

其次，这样的方式，使得台湾当局获得了较大的制度弹性空间。"立法院"制订法规，程序繁琐而严格，所花费的时间和成本较大。行政机关制订法规，程序简单，能在较短时间内就完成整个程序，并且行政机关对法规的制订有较大的"专断"的权力，不需要如同"立法院"制订那样经历多轮次的讨论和各利益团体的激烈博弈，相对容易"拿捏"得多。如时任"法务部部长"的吕有文所言："海峡两岸情势，瞬息万变，政府之大陆政策与作法，必须视主客观情势之演变，而适时作机动性调整，若干事项倘于两岸关系条例中，为具体、详

细的规定，……一旦情势改变而须修正条文，则以修正条文旷日费时，难以因应政策或作法调整之需要，故应采弹性原则，于部分条文采委任立法方式，授权行政机关审度两岸情势，订定有关法规，以为因应。"①

但"委任立法"的方式，"对人民权利的传统保障构成了种种威胁，以致西方有的学者认为它给践踏人权和自由提供了方便，是一种新的专制主义"②，在现代民主社会受到质疑。台湾当局以"委任立法"的方式构建两岸大众传播交流法规体系，使台湾的行政机关在两岸大众传播交流中拥有巨大的立法权和行政裁量权，显现出了诸多消极之处。第一，这些法规在保护人民权利和自由方面，有不足之处。这一时期，台湾的大众传播法规开放程度和给予人民的言论自由空间都是较大的，如某些台湾学者所言，台湾已经步入了"新闻自由、言论自由时代"。但这一时期的台湾地区两岸大众传播交流法规对言论的控制却是极为严格的。如上文分析，相关法规对在台传播的大陆大众传播品的内容、类别、时长等各个方面都有严格限定，对大陆大众传播人士在台的活动也有严格的监视、控制。第二，造成了法规修正频繁，稳定性差的状况。"两岸人民关系条例"立法的基本原则之一就是弹性原则，"授权行政机关审度两岸情势"随时对法规加以修正。而台湾相关行政机关也确实没有闲置这一权力。如上所述，这一时期台湾地区两岸大众传播交流法规的修正是频繁，有的法规在十几年间修正近十次，有的刚制订几个月就修正，人们还不熟悉（甚至不知晓）旧法规，新版法规就又出台了。这使得法规的作用受到影响，其行为指导功能和预测功能大打折扣，不利于台湾人民传播权利的保障和两岸大众传播交流的发展。第三，大规模"委任立法"的方式，让台湾行政机关（主要是"新闻局"）既充当立法者，又充当执法者，这就使得台湾两岸大众传播管理领域缺乏权力的制衡，缺乏多元的利益输入，与台湾当局所自诩的"民主、多元"相龃龉。

二、法规执行

（一）执法机关："行政院新闻局"为核心管理机构，陆委会统筹处理，海基会协调、协助作用得到进一步发挥

与上一时期相同，"行政院新闻局"依然是两岸大众传播交流的核心管理机

---

① 吕有文：《关于法务部所拟〈台湾地区与大陆地区人民关系条例〉》，引自"法务部"：《台湾地区与大陆地区人民关系条例研拟记要》，台北："法务部"，1992年，第213页。

② 戚渊：《委任立法片论》，《山东大学学报（哲学社会科学版）》，2000年第5期，第47页。

构。大陆大众传播品进入台湾和在台湾的传播，由"行政院新闻局"负责管理。大陆大众传播人士进入台湾的直接审批者虽然是"内政部入出境管理局"，但按法规规定，"新闻局"依然是"目的事业主管机关"，"入出境管理局"应将申请书副本及有关文件送"新闻局"进行资格审查，经"新闻局"核准后方能批准其入境。而大陆大众传播人士在台的活动也由"新闻局"负责管理。早期"新闻局"还负责管理台湾大众传播人士赴大陆事项，后来由于"台湾地区大众传播事业赴大陆地区采访拍片制作节目管理办法"于2000年废止，该项权力也随之废止。

"陆委会"这一时期还是发挥了统筹处理两岸大众传播交流事务的作用，其文教处第四科依然是具体负责部门。本时期，受两岸关系波动的影响，海基会在推动两岸大众传播交流方面的作用有所波动。但它们汇整、宣传相关法规，发起、推动两岸大众传播交流活动，统筹、协调、协助相关事务处理，对促进两岸大众传播交流发展，对两岸大众传播交流法规的执行起到了一定作用。如海峡两岸电影展、海峡两岸广播电视交流研讨会、海峡两岸新闻交流座谈会筹办过程都遭遇各种波折，最后问题能得以解决，与海基会的协调、协助作用紧密相关。海基会还和海协会进行两岸协商，利用制度空间，推动两岸大众传播交流。两会前三次会谈都涉及两岸大众传播交流相关议题，而且都达成了两岸大众传播交流方面的共识，具体如下表：

表3.9　两岸两会前三次会谈中与两岸大众传播交流有关的议题

	时间	事项
第一次汪辜会谈	1993.4.27－1993.4.29	同意促进两岸新闻界交流，促成媒体负责人及资深记者互访
第二次焦唐会谈	1994.7.30－1994.8.7	同意促成媒体负责人及资深记者互访、同意召开新闻学术研讨会
第三次焦唐会谈	1995.1.22－1995.1.27	同意办理两岸记者互访和新闻学术研讨会

资料来源：作者自制。

在两会的共同努力下，两岸媒体负责人互访，举办新闻学术研讨会等活动都得以实现。如根据第一次汪辜会谈达成"同意促进两岸新闻界交流，促成媒体负责人及资深记者互访"的共识，经两会促成，1994年1月10日至1月19

日，时任新华社副社长南振中率团赴台湾交流。

（二）两岸大众传播交流更为热络

这一时期两岸大众传播交流法规对两岸大众传播交流限制的放宽，并非仅"停留在纸面上"，也在法律执行层面得到体现。两岸大众传播交流有进一步发展，两岸大众传播呈现更加热络的状况。以两岸大众传播人士往来的情况为例，这一时期台湾大众传播人士赴大陆交流或从事专业活动的人数大量增加，但由于报备制度废止，人数难以精确统计。1992 年后，大陆大众传播人士赴台湾交流的人数大量增加。具体情况如下表：

表 3.10　1990 年后大陆大众传播人士申请赴台人数统计

时间	申请人次	台湾当局核准	台湾当局未核准
1990 年	4	3	1
1991 年	22	9	13
1992 年	180	160	20
1993 年	495	469	26
1994 年	331	317	14
1995 年	513	509	4
1996 年	565	520	45
1997 年	872	857	15
1998 年	855	801	54
1999 年	1,208	1,039	169
2000 年	1,482	1,321	161
2001 年	2,813	2,691	122
2002 年	3,866	3,639	227
2003 年 1－4 月	770	765	5
总计	13,976	13,100	876

资料来源：郭婉玲《两岸新闻交流历程之探索（1987－2003）》，台北：文化大学硕士论文，2003 年，第 56－57 页。

从上表可见，1992 年台湾当局核准进入台湾的大陆大众传播人士为 160 人，比 1991 年增加了 18 倍。1993 年则为 469 人，比 1991 年增加了 50 多倍。而且此后每年赴台的大陆大众传播人士的人数基本上都呈现稳定增长的态势。到 2002 年，台湾当局核准的进入台湾的大陆大众传播人士已经达到 3639 人，相比十年前增加了 20 多倍。这一时期进入台湾的大陆大众传播品数量也有比较大幅度的增加，具体情况如下表：

表 3.11　1988 年到 1995 年 9 月进入台湾的大陆大众传播品数量统计

项目	1988 年至 1991 年底	1992 年	1993 年	1994 年	1995 年 1–9 月	合计
进入台湾的大陆出版品（册）	390779	894238	1464456	1256708	1120250	5125431
进入台湾的大陆电影片（部）	0	0	14	5	0	19
进入台湾的大陆录影节目广播电视节目（种）	264	422	1571	2685	3985	8927

资料来源："陆委会"：《两岸文化交流：理念、历程与展望》，台北："行政院大陆委员会"，1996 年 3 月，第 317 页。

从上表可见，1988 年到 1991 年底 3 年多时间，进入台湾的大陆出版品仅有 390779 册，而 1992 年一年就达到 894238 册，是之前 3 年总和的 2 倍还不止。到 1993 年则进一步增加为 1464456 册。进入台湾的大陆录影节目、广播电视节目增加的数量也很多，1988 年至 1991 年底，进入的为 264 种，到 1992 年增加为 422 种，到 1993 年增加为 1571 种，增加了数倍。

法规的放宽，还使得很多上一时期不可能实现的两岸大众传播交流活动，在这一时期得以实现。如 1992 年 9 月首个大陆记者采访团赴台采访活动的成行。该计划启动于 1991 年底，当时海基会提出邀请大陆新闻从业人员访台的计划是 1992 年 1 月成行。但由于各种原因，计划延宕，大陆和台湾有关部门多次协商未果。其中最主要的障碍就是上一时期，"刑法"第 100 条有关"内乱罪"

的规定，使得赴台的具有共产党员身份的大陆大众传播人士可能会被以"预备内乱罪"起诉。这一法规障碍在执法层面难以通过灵活方式逾越。正如时任海基会副秘书长陈荣杰表示："关于共产党员可能被检举以'预备内乱罪'起诉问题是'法律问题'，不管是民间的'海基会'或官方的'陆委会'，都无法做出具体保证。"[①]一直到 1992 年 5 月"刑法"第 100 条重大修正，1992 年 7 月"两岸关系条例"出台，其第 77 条规定共产党员入境时如实申报身份将免受追诉，这一问题才得以解决，首个大陆记者采访团方能成行。又如"大陆地区出版品电影片录像节目广播电视节目进入台湾地区或在台湾地区发行销售制作播映展览许可办法""大陆地区图书电影片录影节目进入台湾地区展览观摩作业要点"的颁行，使得台湾电影界一直努力推动的两岸电影交流活动得以实现。这两部法规开放大陆电影在台观摩、展映后，1993 年 6 月第一届海峡两岸电影展举办，16 位大陆电影界代表赴台交流，《香魂女》《秋菊打官司》等八部大陆电影分别在台北、台中、高雄放映观摩 16 场。

（三）法律执行制度化程度不够，两岸大众传播交流不对等状况依然严重

这一时期台湾地区两岸大众传播交流法规所赋予的权利和创造的制度空间，在执行的过程中，经常被台湾当局以各种方式和借口阻止、干扰。如 1994 年发生的"千岛湖事件"对两岸大众传播交流的干扰就是一个典型。1994 年 4 月 2 日，游船"海瑞号"在千岛湖上遭遇歹徒洗劫后放火烧船，造成 32 名游客罹难，其中有台湾同胞 24 人。案件发生后，大陆方面高度重视，调集各方力量，处理善后，仅用 17 天就侦破案件。由于两岸处理问题的方式有所不同，大陆的信息披露与台湾人民预期有偏差。然而，台湾当局和部分政治人物非但不对民意加以疏导，却歪曲事实，将刑事案件政治化，借助这一事件操控民意，刻意误导民众。李登辉公然宣称大陆"像土匪一样"，一些"台独"分子更是趁机为"台独"理念聒噪。此后，台湾当局宣布"全面暂停两岸文教交流""冻结两岸经贸交流项目"，要对大陆进行"制裁"，使得两岸大众传播交流受到很大影响。一系列本已商定进行的两岸大众传播交流活动因此而被延误甚至取消，如原定于 1994 年 4 月举办的第二届海峡两岸电影展被推迟。

这一时期两岸大众传播交流不对等、不平衡的状况依然严重。以两岸媒体

---

① 杨毅：《首批大陆记者赴台采访交涉始末》，引自翟象乾主编：《首批大陆记者台湾采访纪行》，吉林：吉林人民出版社，1992 年，第 305 页。

赴对岸"驻点"为例。大陆早在 1994 年就同意台湾媒体以不间断派记者到大陆的方式进行"驻点"采访。而台湾当局一直到 2000 年 11 月，才宣布开放大陆记者进行"驻点"采访。大陆方面对台湾媒体记者的驻点采访基本没有限制。而台湾对大陆记者的驻点采访的数量、时间、程序进行重重限制重重。数量上，只允许 4 家大陆新闻媒体驻点；时间上，要求大陆记者须于预定赴台之日前一个月申请；程序上，要大陆记者填写极为复杂的申请材料，申请手续极为繁琐，还要求大陆记者到台湾后 15 天内必须到警察部门登记，要佩戴有"中华民国"字眼的采访证等。这给大陆记者赴台采访造成了诸多不便，干扰了两岸新闻交流的开展。同样情况存在于两岸大众传播人士的往来、两岸大众传播品的互通等各方面。造成这种情形的直接原因如上文所述，是台湾当局片面设置严格规范，为大陆对台大众传播设置制度障碍。

三、守法状况依然不佳

与上一时期相比，这一时期两岸大众传播交流已较少有挑战"禁令"的状况，两岸大众传播交流活动大范围"脱序"的情况有所改观，但守法状况依然不佳。以大陆在台广告活动为例，1992 年制定的"两岸关系条例"第三十四条规定："台湾地区人民、法人、团体或其它机构，非经主管机关许可，不得委托、受托或自行于台湾地区为大陆地区物品、劳务或其它事项，从事广告之进口、制作、发行、代理、播映、刊登或其它促销推广活动"，构建了大陆广告的许可制度，对大陆在台广告活动进行严格限。然而大陆广告在台湾的"平面媒体中，乃至网际网路上各种大陆旅行团、机票、书籍、录影带等广告，早已充斥其间，甚至成为媒体主要的收入来源之一。"① 青岛啤酒从 2002 年初筹备进入台湾至 2003 年初"行政院新闻局"禁止其广告的一年期间，在台湾各电视台、电台投放了逾亿元新台币的广告。② 据台湾媒体报道，2000 年"大陆房地产、医药、学校招生、旅行及产品促销等各类广告，最近在'国内'媒体上大量出现"，因涉嫌违法，所以"行政院陆委会和经济部连手取缔……数十家业者违法刊登广告，已送法务部调查局"。③ 台湾媒体"违法"刊登大陆广告较为严重，而且

---

① 高玉泉、林承宇：《论大陆商品广告限制之解除——政策面及法律面之检视》，《广告学研究》，2002 年第 1 期，第 30 页。

② 周一：《青啤的台湾遭遇》，《中国企业家》，2003 年第 7 期，第 77 页。

③ 动脑电子报网站，《台湾媒体刊登大陆广告小心要负法律责任》，获取地址：http://braintest.dididada.com.tw/News/NewsContent.aspx?ID=2456，发布时间：2007-06-28。

"屡禁不绝"。这种"违法"状况，在两岸大众传播交流的其他领域也普遍存在。究其根本，乃是因为台湾地区两岸大众传播交流法规落后于两岸大众传播交流实践。这一时期，两岸关系日益发展，两岸交流更加热络，台湾人民对大陆讯息需求不断增加。两岸文化生活日益融合，两岸大众传播交流合作方式、规模、水平有较大进展。在这种情况下，台湾当局逆潮流而动，依然要"戒急用忍"，设置重重制度障碍，限制两岸大众传播交流的发展。这样的法规，台湾民众当然难以遵从。

第三节　法规的深层结构解析

一、两岸关系对台湾地区两岸大众传播交流法规变迁的影响

（一）两岸关系一波三折，影响台湾地区两岸大众传播交流法规的变革

1992 年 10 月 28 日至 30 日，海协会和海基会在香港就两会会谈进行预备性磋商。磋商的核心议题是两岸事务性商谈中如何表述坚持一个中国原则的问题。由于双方文字表述有歧异，最终没有签署协议，但双方立场接近，所提出的表述均包含一个中国原则。此后双方多次信函往来，确定并达成了"海峡两岸均坚持一个中国原则，努力谋求国家统一"的共识，即"九二共识"。① "'九二共识'奠定了两岸关系和平发展的政治基础；开辟了两岸处理政治分歧的路径与方法；确立了两岸寻求统一的政治目标。"② 它对两岸关系的发展有重大意义。1993 年 4 月 27 日－29 日，两会在新加坡举行第一次汪辜会谈。此后两岸两会又举行多次事务性协商，签署多项协议。两岸两会协商彰显了以"以对话取代对抗、以协商促进合作的精神"③，推动了两岸关系和平发展。而两会协商中，更是直接涉及两岸大众传播交流议题，达成了共识，促进了两岸大众传播交流的发展。

1995 年 1 月 30 日，江泽民发表了题为《为促进祖国统一大业的完成而继续奋斗》的重要讲话，提出了发展两岸关系、推进祖国和平统一的八项主张。讲话强调了一个中国原则是对台政策的基石，提出了分阶段进行两岸谈判的主

---

① 参见海峡关系协会编：《"九二共识"历史存证》，北京：九州出版社，2005 年。
② 黄嘉树：《"九二共识"的意义与作用》，《同济大学学报（社会科学版）》，2013 年 6 月，第 82 页。
③ 丁宇：《继承汪辜会谈遗产开启两会协商新局面——写在海协会第三届理事会第一次会议暨纪念汪辜会谈 20 周年活动之后》，《两岸关系》，2013 年第 5 期，第 8 页。

张。阐述了不因政治分歧而影响、干扰两岸经济交流合作的观点。讲话还强调了中华文化在祖国统一中的重要作用："中华各族儿女共同创造的五千年灿烂文化，始终是维系全体中国人的精神纽带，也是实现和平统一的一个重要基础。两岸同胞要共同继承和发扬中华文化的优秀传统。"讲话还表达了理解、尊重台湾同胞的生活方式和当家作主的愿望和寄希望于台湾人民的真诚态度。该讲话是针对新形势，对"和平统一、一国两制"基本方针的新发展，对两岸关系发展产生了重要作用。

1995 年 4 月 8 日，李登辉发表讲话回应江泽民的讲话。提出了所谓两岸关系发展的"李六条"。讲话认为应"在两岸分治的现实上追求中国统一"，其实质是台湾当局"分裂分治"立场的翻版，与一个中国原则背道而驰，是阻碍两岸关系发展的主张。当然"李六条"也谈及应当采取措施促进两岸交流的发展，尤其是重点强调了应"以中华文化为基础，加强两岸交流"，体现了李登辉"两岸交流，文教优先"的主张。台湾当局如果真能落实"两岸交流，文教优先"主张，是有利于两岸大众传播交流发展的。

"解严"后，由于种种原因，"台独"势力日渐发展。90 年代初起，李登辉逐渐背离一个中国原则，明目张胆纵容、扶持"台独"势力。在文化上，李登辉鼓吹"台湾生命共同体"，进行"本土化教育改革"，意图弱化台湾同胞对祖国的认同。1995 年 6 月 8 日，李登辉访美，鼓吹"中华民国在台湾"，在国际上进行制造"两个中国"的活动，对两岸关系造成巨大的影响。面对李登辉的分裂行径，1995 年 6 月至次年 3 月，大陆进行了声势浩大的反分裂反"台独"斗争。其间还在台湾海峡及其附近海域进行了 4 次军事演习，给予"台独"强大威慑。1999 年 7 月李登辉抛出了"两国论"，宣称两岸关系"是国与国，至少是特殊的国与国"的关系。这破坏了两岸关系发展的政治基础，使得两岸关系受到严重影响，两岸两会的制度性协商因此中断。面对这一严重的分裂活动，大陆方面进行了坚决斗争。然而李登辉却坚持顽固立场，不收回"两国论"。在海内外强大压力下，2000 年 3 月 24 日，李登辉被迫辞去国民党主席。李登辉种种分裂行径给两岸关系和平发展造成巨大损害，也使得两岸大众传播交流遭受波折。

2000 年 3 月，主张"台独"的民进党候选人陈水扁当选台湾地区领导人。上任之初，陈水扁地位未稳，还不敢进行激烈的"台独"活动，甚至在口头上多次表示要改善两岸关系。但在行动上，他却采取了多种"台独"措施，在文化方面，更是推行"文化台独"，鼓吹"台独史观"，强化"本土化教育"，弱化台湾人民的中华文化意识。2002 年 8 月 3 日，陈水扁抛出了"台湾跟对岸中国一边一国"的论调、鼓吹"公投立法"。对陈水扁的"台独"言行，两岸各界人士进行严厉批驳。

虽然这一时期有"台独"势力等因素的干扰，但两岸关系发展的历史潮流毕竟是大势所趋，无法改变。这一时期两岸经贸、文化交流合作有了进一步的发展。2002 年，大陆成为台湾最大出口市场。1988 年到 2001 年 12 月，到大陆旅游的台湾同胞超过 2308 万人次。截至 2002 年 6 月，据台湾经济主管部门统计，经核准赴台湾赴大陆投资金额达 214 亿美元。从 1989 年至 2002 年 3 月，两岸邮件往返总数达 206,663,603 件，电话通话 3,743,316,607 分钟。[①] 在此期间，两岸大众传播交流虽然遭遇种种波折，但总体上依然呈现相对稳定和向前发展的态势。

这一阶段两岸关系的曲折发展和台湾的大陆政策的变化，也反映在台湾地区两岸大众传播交流法规上。首先是两岸经贸、文化合作的持续发展，为两岸大众传播交流奠定良好基础，这为两岸大众传播交流和相关法规的稳定起了积极作用。但是这一时期李登辉和陈水扁等"台独"势力破坏两岸关系的行为，使得台湾当局始终无法形成稳定的，有前瞻性的大陆政策。这导致了台湾当局不能以前瞻的眼光，建设性地对两岸大众传播交流法规进行变革。相反，90 年代中期起，台湾当局推行"文化台独"、鼓吹"台湾生命共同体"，刻意弱化、消解台湾同胞对祖国的认同，制造两岸关系动荡局面。台湾当局始终无心以积极、开放的心态对待两岸大众传播交流，反而是逆历史规律而动，对其加以压制，直接影响了相关法规的变革和发展。

台湾当局依然固守自 1980 年代以来形成的"官民分开，政治与文化、经济分开"的立场，拒绝"官方""政治"接触。在这种"官民分开，政治与经济文化分开"的原则下，台湾当局虽然将两岸大众传播交流归为民间交流、文化交流，甚至在某些时候表示要对其进行优先发展。但大众传播与政治之间千丝万缕的联系，使得台湾当局始终对两岸大众传播交流怀有戒心。在这种情况下，台湾地区两岸大众传播交流法规及其运行过程中泛政治化的状况并没有改观，设置"政治障碍"、进行"政治过滤"依然是这一时期台湾地区两岸大众传播交

---

① 本段数据引自蔡博文：《国民党大陆政策之研究：1987 – 2002》，台北：淡江大学硕士论文，2003 年，第 45 页。

流法规的主要功能之一。这种泛政治化首先体现在相关法规中依然存留着"反共"条文，如限制有共产党员或"中共官方背景"的大众传播人士入境、禁止"宣传共产主义"的大陆大众传播品在台湾传播的法律条款广泛地存在于相关法规之中。而更为严重的是在"台独"思想影响下，在"官民分开，政治与经济、文化分开"的政策指导下，台湾当局认为大陆有借两岸大众传播实现"统战"的政治意图，因此通过法规，设置制度障碍，以防止"统战"，成为这一时期台湾两岸大众传播法规重要的政治功能，从而大大制约了两岸大众传播交流的健康发展。

（二）台当局"戒急用忍"政策的出台及其对台湾地区两岸大众传播交流法规的影响

如上所述，90 年代，李登辉逐渐背离一个中国原则，纵容、扶持"台独"势力。在文化上，李登辉鼓吹"台湾生命共同体"，进行"本土化教育改革"，意图弱化台湾同胞对祖国的认同。在这样的立场上，李登辉背离了其执政初期所提出的"两岸交流，文化优先"的方针。1996 年 9 月 14 日，李登辉在台湾"经营者大会"上宣称由于中共通过"以民逼官""以商图政"的手段，加紧对台湾当局施压，因此在两岸关系上应当施行"戒急用忍"的原则。10 月，他在"国统会委员会议"上又提出台湾的大陆政策应当是"戒急用忍，行稳致远"。为了给"戒急用忍"政策找到合法性的背书，1996 年底，在李登辉的主导下，台湾当局邀请各政治势力召开了所谓"国家发展会议"。各方在会议上达成应以"台湾安全"为第一，"台湾利益优先"，循序渐进推动两岸交流合作的"共识"。此后"戒急用忍"政策成为李登辉当政期间台湾大陆政策的基本原则。

2000 年，陈水扁当选台湾地区领导后，延续了李登辉"戒急用忍"的大陆政策。2001 年台湾经济面临巨大困难，各界对"戒急用忍"政策进行反思。当年 8 月，"台湾经济发展会议"通过"共识结论"，建议当局为"戒急用忍"政策松绑。当年，台湾当局宣布终止"戒急用忍"的政策，而代之以"积极开放，有效管理"。但在执行中，台湾当局却并未真正"积极开放"，反而是以"有效管理"为借口，对台商赴大陆投资事项进行了更加严格的限制。陈水扁也在多个场合重弹李登辉将两岸交流的发展污蔑为"以民逼官""以商图政"的论调。2002 年，为了压制两岸民间商谈"三通"良好势头，陈水扁又抛出"一边一国"论，严重阻碍了两岸关系的发展。因此在陈水扁上任的最初几年，他不但奉行

"戒急用忍"的大陆政策,而且走得更远。

台湾当局自1996年起施行的"戒急用忍"政策是逆两岸交流大势而动,难以阻碍两岸交流的发展。在此期间,台商对大陆投资依然稳定增长,大陆一直稳居台湾第一大贸易顺差地区,台湾贸易对两岸贸易依存度从1992年的4.83%提高至2002年的15.5%。但台湾当局对包括两岸大众传播交流在内的两岸交流合作设置了种种限制和阻碍,还是对两岸大众传播交流的发展造成了消极影响。在"戒急用忍"政策下,这一时期台湾地区两岸大众传播交流法规充当起了限制两岸大众传播交流的制度"闸门"的角色,对两岸大众传播交流设置了种种阻碍,严格限制两岸大众传播交流特别是大陆对台大众传播的数量、种类、规模。"戒急用忍"、防止大陆"以民逼官"、"以商围政"背后的政治心态是"台独"思想和对大陆高度戒备的心态。台湾当局采取种种手段将两岸民间交流、文化交流、经济交流政治化,阻止两岸交流合作的发展。在这种状况下,两岸大众传播交流法规被政治化的命运不可避免。本时期,台湾当局以防止"大陆统战"的心态,在相关法规中设置重重障碍,以"管制主义"原则对两岸大众传播交流活动严格控制,并在其运行中,将一些正常的、友善的两岸大众传播交流活动政治化,视其为"大陆统战",使两岸大众传播交流屡受波折。

二、台湾政治转型的继续深入及其对相关法规的影响

本时期,台湾进行了第三次、第四次、第五次、第六"宪法增修"。1994年,第二届"国民大会"第四次临时会完成了第三次"修宪"。主要内容有确定1996年进行第九任"总统""副总统"直选等。在此次"修宪"基础上,1996年台湾进行首次"总统"直选,李登辉当选。有学者认为"此次选举标志着台湾威权体制的民主化转型结束"[①]。当然,"驱动李登辉在不长的八年间完成政治转型的诱因,并非出于李氏的'民主信念',而是民主化可以帮助他在同国民党内非主流派和在野党的争斗中处于有利地位,有助于合法化和扩张其个人的权力和权威。从转型的成本看,与蒋经国相比,李登辉在面对党内外的挑战如果选择镇压,其代价将十分高昂,而选择容忍其成本则很小。"[②]1997年第三届"国

---

① 孙代尧:《台湾威权政治体制及其转型研究》,北京:中国社会科学出版社,2003年,第237页。

② 孙代尧:《台湾威权政治体制及其转型研究》,北京:中国社会科学出版社,2003年,第237页。

民大会"第二次会议将第三次宪法增修条文全盘调整，完成第四次"修宪"。其主要内容有："行政院院长"由"总统"任命，无须经"立法院"同意；"总统"得于"立法院"通过对"行政院院长"之不信任案后十日内，宣告解散"立法院"；冻结省级自治选举。有学者认为"冻省"和"省级虚级化"为李登辉"台独"的开端，也为中国国民党在2000年台湾地区领导人选举的分裂种下远因。1999年第五次"修宪"，但此次"修宪"由于违背"修宪"正当程序，其第1、4、9、10条经"大法官"会议第499号解释文指出，于解释文公布当日（2000年3月24日）起即时失效，回退到第四次"修宪"内容。2000年第六次"修宪"，主要内容为"国民大会"职权、任期、"国民代表"数量等。

这几次"修宪"活动制订了选举、权力分配等方面的根本制度，初步确立了民主政治制度，对台湾民主政治发展、民权民生保障起到积极作用。但"频繁的'修宪'没有根本解决台湾政治体制的弊端，反而因为'冻省'和'总统'扩权，留下了日后的政治隐忧"。[①]"台湾大学名誉教授张麟徵认为，除第一、二次'修宪'外，'其他多次修宪，原因都不单纯。深入分析，有两项原因。一是藉修宪调整宪政结构，进行权力斗争，巩固或强化已经掌控的权力。二是藉由不断修宪，以渐进方式肢解有'大中国'特色的'中华民国宪法'，并在过程中凝聚台湾共识、增强台湾认同，最终缔造'台湾新宪'，成立'台湾共和国'。'权力斗争'和'分离主义'被看作台湾当局"宪政改造"的两项主要动机。"[②]隐藏在"宪法增修"活动中"分离主义"动机和"台湾共识、台湾认同"，对台湾法制的发展有重大影响。当然也为台湾两岸大众传播法规奠定下基调，为台湾地区两岸大众传播交流法规的"泛政治化"，为相关法规"防止统战"的功能设定埋下隐患。

2000年，陈水扁当选台湾地区领导人，台湾实现了首次"政党轮替"。李登辉执政期间，国民党"黑金政治"严重，而仓促间上台的民进党缺乏足够的治理台湾的实力、经验和人才储备。台湾政治制度和政治体制弊端也依然很多。但这一时期，台湾还是基本完成了从"开明型"专制政治到"有限民主政治"再到"基本民主政治"的转变[③]。在这一过程中，人民权利得到恢复和保障，法

---

① 林冈：《台湾政治转型与两岸关系的演变》，北京：九州出版社，2010年，第40页。

② 杜力夫：《台湾"宪政改革"的政治功能和对两岸关系的影响》，《太平洋学报》，2007年第11期，第38页。

③ 金泓汎等：《台湾的政治转型——从蒋经国体制到李登辉体制》，香港：香港社会科学出版社，1998年，第22页。

制建设有较大发展。这一时期，"台湾不仅具备了参与者政治文化的各种硬件设施，如定期的开放性选举、对于政治参与的法律保障，基本的民主制度等，而且构成参与者政治文化的软件——基本的民主政治文化取向和态度"①也形成了。

在这样的背景下，言论自由得以发展并与政治转型构成了良性互动关系。本时期"党政军退出媒体等政策都是立足于言论自由和新闻自由保障而考虑的；台湾公民表达自由的渠道、接近媒体权以及言论保障机制的健全和完善都较前期有了新的推进；台湾公民表达自由的司法保障水平也在司法实践中不断提高。"②1995 年美国的"自由之家"首度把台湾列为全球 63 个享有新闻自由的地区之一，从某个侧面体现了台湾言论自由的发展。人民权利的恢复和保障，言论自由的发展，使得台湾的大众传播法规及其运行出现了变化。1995 年开始的"党政军"退出媒体运动，1999 年"出版法"的废除，"广电三法"的出台和修正，都体现了在"民主宪政"体制下台湾大众传播法规及其运行的变化。这一时期，台湾大众传播法规完成了从权力本位到权利本位，从专制主义到自由主义，从严格管制到权利自治等重大变化，虽然它依然有诸多不完善之处和种种弊端，但还是有进步之处的。

台湾民主政治和言论自由的发展在台湾地区两岸大众传播交流法规中也所有体现。如上文所述，这一时期两岸大众交流法规中权力被进一步压缩，权利有所扩张。尤其是对台湾向大陆进行的大众传播活动部分更充分体现了这种变化。本时期，台湾当局对台湾大众传播品在大陆传播已经不设限制。而对于台湾大众传播人士赴大陆交流、从事专业活动方面也逐渐解除了限制。到 2000 年，"台湾地区大众传播事业赴大陆地区采访拍片制作节目管理办法"被废止，台湾大众传播人士赴大陆交流或从事专业活动，不再受到特殊限制，只要同一般台湾民众遵循一样的规则即可。该时期，台湾对大陆进行大众传播方面的相关法规，已经完成了从权力本位到权利本位，从专制主义到自由主义，从管制到治理等重大变化，其变革与台湾民主政治、言论自由的发展基本是同步的。而大陆对台湾进行大众传播的相关法规虽然没有大规模变革，但在台湾民主政治、言论自由发展的推动下，其限制也有所放宽。

但台湾地区两岸大众传播交流法规的变革是不彻底的。对大陆向台湾进行

---

① 李振广：《当代台湾政治文化转型探源》，北京：中国经济出版社，2010 年，第 52－53 页。
② 杨久华：《台湾政治转型过程中表达自由问题研究》，北京：知识产权出版社，2012 年，第 131 页。

的大众传播活动，台湾当局依然实行管制主义原则，设置了苛严的规范加以压制。如上所述，台湾当局出台了多达十几部的法规，这些法规对大陆大众传播品在台湾传播的方式、数量、类别等各个方面进行严格限制。对大陆大众传播人士进入台湾的方式、进行专业活动的范围等方面也进行限制，还设立保证人制度、登记制度等制度以加强控制。因此将台湾向大陆进行大众传播的相关规范与大陆向台湾进行大众传播的相关规范进行比较，可以发现一个是权利本位，而一个是权力本位，一个是自由主义，另一个是管制主义，显现出一种极端的不平衡性。大陆向台湾进行大众传播活动方面的相关规范并没有真正体现台湾自由、民主、开放等一系列社会进步成果。这从一个侧面体现了台湾如果要真正完成社会整合，彻底完成政治转型，必须抛开"台独"的幻想，抛开相关的包袱，在两岸和平统一前提下，用大胆魄和宏远目光去建构台湾的未来，方能真正抛弃"台独"心态作祟下的种种逆流而行的牺牲人民权利和福祉的做法。

第四章　2003年至今台湾地区
两岸大众传播交流法规研究

　　这一阶段从2003年4月8日"大陆地区出版品电影片录像节目广播电视节目进入台湾地区或在台湾地区发行销售制作播映展览观摩许可办法"修正发布起，一直延续至今。本阶段不像前两个阶段废止并出台大量法规，将整个法规体系重构。而是对法规进行大幅修正，如"两岸关系条例""大陆地区出版品电影片录像节目广播电视节目进入台湾地区或在台湾地区发行销售制作播映展览观摩许可办法"等主要法规都在2003年前后进行重大修正，同时又有"大陆地区物品劳务服务在台湾地区从事广告活动管理办法""申请观摩大陆地区电影片之数量及映演场次"等多部法规出台，并有新的建构两岸大众传播交流法规的方式——两岸协商形成协议建构规范的方式诞生，使得法规的原则、规则以及立法的方式有较大变化，标志着台湾地区两岸大众传播交流法规进入了新的阶段。

第一节　法规本体研究

一、法规的结构体系和主要内容

　　本时期台湾地区两岸大众传播交流法规主要由以下两个层面的法规构成：一、基本法规。主要由"宪法""宪法增修条文""国家安全法""两岸关系条例"、《海峡两岸经济合作框架协议》（以下简称ECFA）等法规构成。二、行政法规。1.基本类：主要由"广播电视法""电影法""卫星广播电视法"等法规组成。2.台湾地区大众传播人士赴大陆交流的相关法规：由"台湾地区公务员及特定身分人员进入大陆地区许可办法"等构成。3.大陆传播品进入台湾、在台湾地区传播相关法规：主要由"大陆地区出版品电影片录像节目广播电视节目进入台湾地区或在台湾地区发行销售制作播映展览观摩许可办法""大陆地区物品劳务服务在台湾地区从事广告活动管理办法""台湾地区杂志事业接受授权在台湾地区发行之大陆地区杂志类别"等构成。4. 大陆大众传播人士赴台交流、从事专业活动的相关法规：主要由"大陆地区人民进入台湾地区许可办法""大陆地区专业人士来台从事专业活动许可办法""大陆地区新闻人员进入台湾地区采访注意事项"等法规构成。其具体构成状况如下表：

表 4.1　2003 年至今台湾地区两岸大众传播法规构成状况

类别	序号	法律、法规名称	公布（发布、颁行）时间
基本法规	1	"宪法"	
	2	"宪法增修条文"	2005.6.10 第七次增修
	3	"国家安全法"	1987.7.1 公布 2013.8.21 修正公布第 8 条
	4	"国家安全法实施细则"	2001.9.12 修正发布，删除第 30、31、40 条
	5	"台湾地区与大陆地区人民关系条例"	2003.10.29 修正公布全文 96 条
	6	"台湾地区与大陆地区人民关系条例施行细则"	2003.12.29 修正发布全文 73 条
	7	《海峡两岸经济合作框架协议》（ECFA）	2010.6.29 由两会签署，2010.8.17 在台湾"立法"机构表决通过，后两会完成换文程序，同意协议于 2010.9.12 生效。
	8	《海峡两岸知识产权保护合作协议》	2010.6.29 由两会签署，2010.8.17 在台湾"立法"机构表决通过，后"两会"完成换文程序，同意协议于 2010.9.12 生效。
	9	《海峡两岸服务贸易协议》	2013.6.21 由两会签署。但因协议还未在台湾"立法"机构表决通过，目前还未生效。

类别		序号	法律、法规名称	公布（发布、颁行）时间
行政法规	传播基本法规	10	"广播电视法"	1976.1.8 公布 2016.1.6 修正公布全文
		11	"电影法"	1983.11.18 公布 2015.6.10 修正公布全文
		12	"卫星广播电视法"	1999.2.3 公布 2016.1.6 修正公布全文
		13	"有线广播电视法"	1993.8.11 初名为"有线电视法"1999.2.3 修正公布全文76条，并改名"有线广播电视法" 2016.1.6 修正公布全文
		14	"公共电视法"	1997.5.31 公布
	台湾大众传播人士赴陆交流相关法规	15	"台湾地区公务员及特定身分人员进入大陆地区许可办法"	1993.2.7 发布的"台湾地区人民进入大陆地区许可办法"于2004.3.1修正发布全文，并将名称改为现名 2015.12.30 修正发布全文12条
	大陆大众传播品进入台湾、在台湾播送相关法规	16	"大陆地区出版品电影片录像节目广播电视节目进入台湾地区或在台湾地区发行销售制作播映展览观摩许可办法"	2003.4.8 修正公布全文
		17	"大陆地区出版品录影节目进入台湾地区许可数额"	1993.3.5 发布
		18	"大陆地区影视节目得在台湾地区发行、映演、播送（放）之数量、类别、时数"	1994.12.28 发布
		19	"进口出版品电影片录影节目及广播电视节目原产地认定基准"	1999.2.10 发布

类别		序号	法律、法规名称	公布（发布、颁行）时间
大陆大众传播人士赴台湾交流相关法规	陆赴湾流关规	20	"国产电影片本国电影片及外国电影片之认定基准"	2004.5.6 颁行
		21	"申请观摩大陆地区电影片之数量及映演场次"	2003.4.8 颁行 2010.8.6，该法规修正，改名为"申请观摩大陆地区电影片之类别数量及放映场次"
		22	"台湾地区杂志事业接受授权在台湾地区发行之大陆地区杂志类别"	2003.4.8 颁行
		23	"大陆地区广播电视节目在台湾地区播送申请送审须知"	2008.4.18 修正发布全文
		24	"大陆地区物品劳务服务在台湾地区从事广告活动管理办法"	2003.12.31 发布
		25	"大陆地区人民进入台湾地区许可办法"	1993.2.8 发布
		26	"大陆地区专业人士来台从事专业活动许可办法"	1998.6.29 发布 2013.12.30 被废止，相关规范并入"大陆地区人民进入台湾地区许可办法"
		27	"大陆地区新闻人员进入台湾地区采访注意事项"	2000.11.9 颁行
		28	"政府机关（构）接受大陆地区新闻人员采访注意事项"	2000.11.7 颁行
		29	"大陆地区主创人员及技术人员来台参与合拍电视戏剧节目审核处理原则"	2009.9.8 发布
		30	"大陆地区电影从业人员来台参与国产电影片或本国电影片制作审核处理原则"	2009.8.21 发布 2015.12.9 修正发布名称及全文 7 点，将名称改为"大陆地区电影主创人员来台参与国产电影片制作审核处理原则"

资料来源：作者自制。

这些法规的主要内容如下：

（一）基本法规

1."宪法增修条文"

2005 年"宪法"的第七次增修完成。该次修正公布第 1、2、4、5、8 条条文，增订第 12 条条文。其主要内容包括规定"总统""副总统"弹劾程序，"领土"变更、"修宪"的程序。该次修正还移除了"国民大会"的权力，减少了"立法委员"数量。

2."国家安全法""国家安全法施行细则"

"国家安全法"于 2011 年 11 月进行重大修正，其第二条"人民集会、结社，不得主张共产主义，或主张分裂国土。前项集会、结社，另以法律定之"之规定被删除。"立法院"公布的该条修正原因为："依司法院释字第四四五号、第六四四号解释，因主张共产主义或分裂国土，即禁止集会游行，与宪法保障集会自由及表现自由之意旨有违。又依公民与政治权利国际公约第十九条第一款、第二十一条及第二十二条第一款规定，人人有保持意见不受干涉与和平集会及自由结社之权利，原第一项规定与前揭司法院解释及公约规定有违，又集会游行法第四条与第一项有相同之规定，行政院业于送请立法院审议中之'集会游行法'修正草案中检讨删除，爰删除第一项。"该条的删除，被认为是关于台湾言论自由的一个重大事件，从侧面确定人民有"主张共产主义"的自由。这对台湾法规中"反共"政治色彩的消解有积极作用，也有助于弱化台湾地区两岸大众传播交流法规的"反共"色彩。"国家安全法施行细则"基本延续了上一时期的相关规定，不再赘述。

3."两岸关系条例""两岸关系条例施行细则"

1992–2003 年"两岸关系条例"基本没有直接涉及两岸大众传播交流的条文。2003 年后，台湾当局对"两岸关系条例"进行多次修正，涉及两岸大众传播交流的相关条文有较大变化。将其修正情况梳理如下：

表 4.2　2003 年至今"两岸关系条例"中涉及两岸大众传播交流条文修正情况 ①

条文号	1992–2003 年的规定	2003.10.29 修正状况	2003 年后修正状况
第 9 条	"台湾地区人民进入大陆地区，应向主管机关申请许可。 台湾地区人民经许可进入大陆地区者，不得从事妨害国家安全或利益之活动。 第一项许可办法，由内政部拟订，报请行政院核定后发布之。"	"台湾地区人民进入大陆地区，应经一般出境查验程序。 主管机关得要求航空公司或旅行相关业者办理前项出境申报程序。 台湾地区公务员，国家安全局、国防部、法务部调查局及其所属各级机关未具公务员身分之人员，应向内政部申请许可，始得进入大陆地区。 台湾地区人民具有下列身分者，进入大陆地区应经申请，并经内政部会同国家安全局、法务部及行政院大陆委员会组成之审查会审查许可： 遇有重大突发事件、影响台湾地区重大利益或于两岸互动有重大危害情形者，得经立法院议决由行政院公告于一定期间内，对台湾地区人民进入大陆地区，实行禁止、限制或其它必要之处置，立法院如于会期内一个月未为决议，视为同意；但情况急迫者，得于事后追认之。 台湾地区人民进入大陆地区者，不得从事妨害国家安全或利益之活动。 第二项申报程序及第三项、第四项许可办法，由内政部拟订，报请行政院核定之。" ***此次修正，废除了台湾民众赴大陆的许可制度。台湾民众可直接往来大陆，不需要当局许可，只需在出境时配合入出境管理部门查验即可。这使得台湾大众传播人士来大陆更为方便。该条修正导致"台湾地区人民进入大陆地区许可办法"重大修正。***	2006 年 7 月 19 日该条修正如下： "台湾地区人民进入大陆地区，应经一般出境查验程序。 主管机关得要求航空公司或旅行相关业者办理前项出境申报程序。 台湾地区公务员，国家安全局、国防部、法务部调查局及其所属各级机关未具公务员身分之人员，应向内政部申请许可，始得进入大陆地区。但简任第十职等及警监四阶以下未涉及国家安全机密之公务员及警察人员赴大陆地区，不在此限；其作业要点，于本法修正后三个月内，由内政部会同相关机关拟订，报请行政院核定之。 台湾地区人民具有下列身分者，进入大陆地区应经申请，并经内政部会同国家安全局、法务部及行政院大陆委员会组成之审查会审查许可。 遇有重大突发事件、影响台湾地区重大利益或于两岸互动有重大危害情形者，得经立法院议决由行政院公告于一定期间内，对台湾地区人民进入大陆地区，实行禁止、限制或其它必要之处置，立法院如于会期内一个月未为决议，视为同意；但情况急迫者，得于事后追认之。 台湾地区人民进入大陆地区者，不得从事妨害国家安全或利益之活动。 第二项申报程序及第三项、第四项许可办法，由内政部拟订，报请行政院核定之。"

---

① 该表*斜体加粗字体*部分为对修正状况的解读，部分与本文关系不大的条文内容略去，略去部分以省略号标示。

条文号	1992-2003 年的规定	2003.10.29 修正状况	2003 年后修正状况
第 10 条	"大陆地区人民非经主管机关许可，不得进入台湾地区。 经许可进入台湾地区之大陆地区人民，不得从事与许可目的不符之活动或工作。 前二项许可办法，由有关主管机关，报请行政院核定后发布之。"	"大陆地区人民非经主管机关许可，不得进入台湾地区。 经许可进入台湾地区之大陆地区人民，不得从事与许可目的不符之活动。 前二项许可办法，由有关主管机关拟订，报请行政院核定之。"	未修正

条文号	1992－2003 年的规定	2003.10.29 修正状况	2003 年后修正状况
第 18 条	"进入台湾地区之大陆地区人民，有左列情形之一者，治安机关得不待司法程序之开始或终结，径行强制其出境： 一、未经许可入境者。 二、经许可入境，已逾停留期限者。 三、从事与许可目的不符之活动或工作者。 四、有事实足认为有犯罪行为者。 五、有事实足认为有危害国家安全或社会安定之虞者。 前项大陆地区人民，于强制出境前，得暂予收容。 前二项规定，于本条例施行前进入台湾地区之大陆地区人民，适用之。"	"进入台湾地区之大陆地区人民，有下列情形之一者，治安机关得径行强制出境。但其所涉案件已进入司法程序者，应先经司法机关之同意： 一、未经许可入境者。 二、经许可入境，已逾停留、居留期限者。 三、从事与许可目的不符之活动或工作者。 四、有事实足认为有犯罪行为者。 五、有事实足认为有危害国家安全或社会安定之虞者。 前项大陆地区人民，于强制出境前，得暂予收容，并得令其从事劳务。"	2009 年 7 月该条修正如下： "进入台湾地区之大陆地区人民，有下列情形之一者，治安机关得径行强制出境。但其所涉案件已进入司法程序者，应先经司法机关之同意： 一、未经许可入境。 二、经许可入境，已逾停留、居留期限。 三、从事与许可目的不符之活动或工作。 四、有事实足认为有犯罪行为。 五、有事实足认为有危害国家安全或社会安定之虞。 进入台湾地区之大陆地区人民已取得居留许可而有前项第三款至第五款情形之一者，内政部入出国及移民署于强制其出境前，得召开审查会，并给予当事人陈述意见之机会。" …… 2015 年 6 月该条文再次修正如下： "进入台湾地区之大陆地区人民，有下列情形之一者，内政部移民署得径行强制出境，或限令其于十日内出境，逾限令出境期限仍未出境，内政部移民署得强制出境： 一、未经许可入境。…… 六、非经许可与台湾地区之公务人员以任何形式进行涉及公权力或政治议题之协商。" 2015 的修订，还增加了第 18 条之一和第 18 条之二。 第 18 条之一的内容主要是对"前条第一项受强制出境处分者，有下列情形之一，且非予收容显难强制出境，内政部移民署得暂予收容"加以规定。 第 18 条之二的主要内容是对"大陆地区人民逾期居留未满三十日，原申请居留原因仍继续存在者"允许申请居留。

条文号	1992-2003 年的规定	2003.10.29 修正状况	2003 年后修正状况
第 33 条	"台湾地区人民、法人、团体或其它机构，非经主管机关许可，不得为大陆地区法人、团体或其它机构之成员或担任其任何职务；亦不得与大陆地区人民、法人、团体或其它机构联合设立法人、团体、其它机构或缔结联盟。前项许可办法，由有关主管机关拟订，报请行政院核定后发布之。本条例施行前，已为大陆地区法人、团体或其它机构之成员或担任职务，或已与大陆地区人民、法人、团体或其它机构联合设立法人、团体、其它机构或缔结联盟者，应自前项许可办法施行之日起六个月内向主管机关申请许可，逾期未申请或申请未核准者，以未经许可论。"	"台湾地区人民、法人、团体或其它机构，除法律另有规定外，得担任大陆地区法人、团体或其它机构之职务或为其成员。台湾地区人民、法人、团体或其它机构，不得担任经行政院大陆委员会会商各该主管机关公告禁止之大陆地区党务、军事、行政或具政治性机关（构）、团体之职务或为其成员。台湾地区人民、法人、团体或其它机构，担任大陆地区之职务或为其成员，有下列情形之一者，应经许可：一、所担任大陆地区党务、军事、行政或具政治性机关（构）、团体之职务或为成员，未经依前项规定公告禁止者。二、有影响国家安全、利益之虞或基于政策需要，经各该主管机关会商行政院大陆委员会公告者。台湾地区人民担任大陆地区法人、团体或其它机构之职务或为其成员，不得从事妨害国家安全或利益之行为。……本条例修正施行前，已担任大陆地区法人、团体或其它机构之职务或为其成员者，应自前项办法施行之日起六个月内向主管机关申请许可；届期未申请或申请未核准者，以未经许可论。"	未修正

条文号	1992－2003年的规定	2003.10.29修正状况	2003年后修正状况
第34条	"台湾地区人民、法人、团体或其它机构，非经主管机关许可，不得委托、受托或自行于台湾地区为大陆地区物品、劳务或其它事项，从事广告之进口、制作、发行、代理、播映、刊登或其它促销推广活动。 前项许可办法，由行政院定之。"	"依本条例许可之大陆地区物品、劳务、服务或其它事项，得在台湾地区从事广告之播映、刊登或其它促销推广活动。 前项广告活动内容，不得有下列情形： 一、为中共从事具有任何政治性目的之宣传。 二、违背现行大陆政策或政府法令。 三、妨害公共秩序或善良风俗。 第一项广告活动及前项广告活动内容，由各有关机关认定处理，如有疑义，得由行政院大陆委员会会同相关机关及学者专家组成审议委员会审议决定。 第一项广告活动之管理，除依其它广告相关法令规定办理外，得由行政院大陆委员会会商有关机关拟订管理办法，报请行政院核定之。" *此次修正，废除了大陆在台广告活动的许可制度。部分大陆商品、服务、劳务可不经过台湾相关主管部门批准，而直接在台湾刊播广告。被认为是大陆广告"解禁"。促进了大陆在台广告的传播。根据该条法规，台"陆委会"还出台了"大陆地区物品劳务服务在台湾地区从事广告活动管理办法"，对大陆广告活动加以规制。*	未修正

条文号	1992－2003 年的规定	2003.10.29 修正状况	2003 年后修正状况
第 37 条	"大陆地区出版品、电影片、录像节目及广播电视节目，非经主管机关许可，不得进入台湾地区，或在台湾地区发行、制作或播映。 前项许可办法，由行政院新闻局拟订，报请行政院核定后发布之。"	"大陆地区出版品、电影片、录像节目及广播电视节目，经主管机关许可，得进入台湾地区，或在台湾地区发行、销售、制作、播映、展览或观摩。 前项许可办法，由行政院新闻局拟订，报请行政院核定之。"	2012 年 5 月 15 日，该条修正公告第 37 条第 2 项所列属"行政院新闻局"之权责事项，自 2012 年 5 月 20 日起改由"文化部"管辖。
第 88 条	"违反第三十七条规定者，处新台币二十万元以上一百万元以下罚锾。 前项出版品、电影片、录像节目或广播电视节目，不问属于何人所有，得没入之。"	未修正	未修正
第 89 条	"违反第三十四条第一项规定者，处新台币十万元以上五十万以下罚锾。 前项广告，不问属于何人所有或持有，得没入之。"	"委托、受托或自行于台湾地区从事第三十四条第一项以外大陆地区物品、劳务、服务或其它事项之广告播映、刊登或其它促销推广活动者，或违反第三十四条第二项、或依第四项所定管理办法之强制或禁止规定者，处新台币十万元以上五十万元以下罚锾。 前项广告，不问属于何人所有或持有，得没入之。"	未修正

续表

条文号	1992 – 2003 年的规定	2003.10.29 修正状况	2003 年后修正状况
第 90 条	"违反第三十三条第一项规定者，处新台币十万元以上五十万元以下罚锾。"	"具有第九条第四项身分之台湾地区人民，违反第三十三条第二项规定者，处三年以下有期徒刑、拘役或科或并科新台币五十万元以下罚金；未经许可担任其它职务者，处一年以下有期徒刑、拘役或科或并科新台币三十万元以下罚金。前项以外之现职及退离职未满三年之公务员，违反第三十三条第二项规定者，处一年以下有期徒刑、拘役或科或并科新台币三十万元以下罚金。不具备前二项情形，违反第三十三条第二项或第三项规定者，处新台币十万元以上五十万元以下罚锾。违反第三十三条第四项规定者，处三年以下有期徒刑、拘役，得并科新台币五十万元以下罚金。"	未修正
第 91 条	"违反第九条第一项规定者，处新台币二万元以上十万元以下罚锾。"	"违反第九条第二项规定者，处新台币一万元以下罚锾。违反第九条第三项或第七项行政院公告之处置规定者，处新台币二万元以上十万元以下罚锾。违反第九条第四项规定者，处新台币二十万元以上一百万元以下罚锾。"	未修正

资料来源：作者自制。

　　4.《海峡两岸经济合作框架协议》《海峡两岸知识产权保护合作协议》《海峡两岸服务贸易协议》

　　《海峡两岸经济合作框架协议》(英文为 Economic Cooperation Framework

Agreement，简称ECFA）于2010年6月29日由海协会会长陈云林和海基会董事长江丙坤签署。2010年8月17日台湾"立法院"二读表决通过。当年9月11日，两会完成换文程序，同意协议于当年9月12日生效。该协议以"加强和增进海峡两岸之间的经济、贸易和投资合作。促进海峡两岸货物贸易和服务贸易进一步自由化，逐步建立公平、透明、便利的投资及其保障机制。扩大经济合作领域，建立合作机制"为目的。协议所确立的两岸经济合作的原则和进行的宏观安排，对进一步扩展两岸大众传播产业的合作交流空间，促进其制度化，具有重要意义。该协议的第4条还达成"不迟于《海峡两岸经济合作框架协议》实施后六个月内就《海峡两岸服务贸易协议》展开磋商，并尽速完成"的协议。这为《海峡两岸服务贸易协议》的签订奠定基础。根据协议第8条，在"服务贸易早期收获"方面，双方达成将根据《海峡两岸经济合作框架协议·附件四》列明的服务贸易早期收获部门及开放措施，对另一方的服务及服务提供者减少或消除实行的限制性措施。这些服务贸易早期收获部门和开放措施也有部分涉及两岸大众传播交流的内容。主要有以下几个方面：1.大陆方面承诺，在视听服务（录像的分销服务，包括娱乐软件及录音制品分销服务）方面：在跨境交付，没有限制；境外消费，没有限制；在商业存在方面，除在加入世界贸易组织时承诺的内容外，不作承诺。还承诺，根据台湾有关规定设立或建立的制片单位所拍摄的、拥有50%以上的电影片著作权的华语电影片经大陆主管部门审查通过后，不受进口配额限制地在大陆发行放映。2.台湾方面承诺，在电影（华语电影片和合拍电影片）放映服务业方面：根据大陆有关规定设立的制片单位所拍摄、符合台湾相关规定所定义之大陆电影，经台湾主管机关审查通过后，每年以10部为限，可在台湾商业发行映演，并应符合大陆电影片进入台湾发行映演相关规定。

《海峡两岸知识产权保护合作协议》于2010年6月29日由海协会会长陈云林和海基会董事长江丙坤签署。2010年8月17日，台湾"立法院"二读表决通过。当年9月11日，两会完成换文程序，同意协议于当年9月12日生效。该协议以加强"两岸知识产权保护方面的交流与合作，协商解决相关问题，提升两岸知识产权的创新、应用、管理及保护"为目标。根据该协议，双方在审查合作、业界合作、认证服务、协处机制、业务交流等方面达成协议。这对于两岸大众传播交流中知识产权的保护，促进两岸大众传播交流的规范和健康有重要意义。

《海峡两岸服务贸易协议》由海协会会长陈德铭与海基会董事长林中森于
2013 年 6 月 21 日签署。这个协议是 ECFA 后续协商所签协议之一，包括总则、
义务与规范、具体承诺、其它条款四章，共 24 条，以及"服务贸易具体承诺
表"和"关于服务提供者的具体规定"两个附件。该协议签订前，两岸进行了
两年多的沟通和协商。根据协议，两岸共承诺开放 100 多项的服务项目。两岸
开放的服务项目中，有多项是与两岸大众传播交流相关的。其中台湾方面承诺
开放的服务项目中，与两岸大众传播相关的有：1. 广告服务业（广播电视广告
业除外），承诺开放的具体内容有：跨境提供服务方面，没有限制；境外消费
方面，没有限制；商业据点呈现方面，允许大陆服务提供者在台湾以独资、合
资、合伙及设立分公司等形式设立商业据点，提供广告服务；自然人呈现方
面，同"电脑及其相关服务业"的承诺。[①]2. 印刷及其辅助服务业，承诺开放
的具体内容：跨境提供服务方面，不予承诺；境外消费方面，没有限制；商业
据点呈现方面，允许大陆服务提供者在台湾设立合资企业，提供印刷及其辅助

---

①　根据协议，所谓"自然人呈现方面，同'电脑及其相关服务业'的承诺"指的是以下内
容：

"除有关下列各类自然人之进入台湾及短期停留措施外，不予承诺：

i. 商业访客进入台湾停留期间不得超过三个月。（商业访客系指为参加商务会议、
商务谈判、筹建商业据点或其它类似活动，而在台湾停留的自然人，且停留期间未接受
来自台湾方面支付的酬劳，亦未对大众从事直接销售的活动。）

ii. 跨国企业内部调动人员进入台湾初次停留期间为三年，惟可申请展延，每次不
得逾三年，且展延次数无限制。（跨国企业内部调动人员系指被其它世界贸易组织会员
的法人雇用满一年，透过在台湾设立的分公司、子公司或分支机构，以负责人、高级经
理人员或专家身份，短期进入台湾以提供服务的自然人。'负责人'系指董事、总经理、
分公司经理或经董事会授权得代表公司的部门负责人。'高级经理人员'系指有权任免
或推荐公司人员，且对日常业务有决策权的部门负责人或管理人员。'专家'系指组织
内拥有先进的专业技术，且对该组织的服务、研发设备、技术或管理拥有专门知识的人
员。专家包括，但不限于，取得专门职业证照者。）

iii. 在台湾无商业据点的大陆企业所雇用的人员得依下列条件进入台湾及停留：

（i）该大陆企业已与在台湾从事商业活动的企业签订验货、售后服务、技术指导等，
及其它与左列服务相关的服务契约。

（ii）此类人员应符合前述'专家'的定义。

（iii）此类人员在台湾期间不得从事其它与服务契约无关的服务活动。

（iv）本项承诺仅限于契约所定的服务行为。并未给予此类人员以取得专业证照的身份，在台
湾广泛执业的资格。

每次停留的期间不得超过三个月或契约期间，以较短者为准。此类进入许可的有效期间自核
发的翌日起算为三个月至三年。符合条件者可在许可有效期间内多次进入台湾。"

服务，大陆服务提供者限投资台湾现有事业，大陆服务提供者总股权比例不超过 50%；自然人呈现方面，同"电脑及其相关服务业"的承诺。3. 进口大陆电影：根据大陆有关规定设立的制片单位所拍摄、符合台湾相关规定所定义之大陆电影片，经台湾主管机关审查通过后，每年以 15 部为限，可在台湾商业发行映演，并应符合大陆电影片进入台湾发行映演之相关规定。4. 演出场所经营：跨境提供服务方面，没有限制；境外消费方面，没有限制；商业据点呈现方面，允许大陆服务提供者在台湾以合资、合伙形式设立剧场、音乐厅演出场所的经营单位，大陆服务提供者总持股比例须低于 50%，不具控制力；自然人呈现方面，同"电脑及其相关服务业"的承诺。5. 线上游戏业（限制作与研发服务）：跨境提供服务方面，不予承诺；境外消费方面，没有限制；商业据点呈现方面，允许大陆服务提供者在台湾以独资、合资、合伙及设立分公司等形式设立商业据点，提供线上游戏制作与研发服务；自然人呈现方面，同"电脑及其相关服务业"的承诺。在该协议中，台湾方面承诺开放大陆在台设立广告公司、印刷公司、网络游戏公司、剧场，还将大陆进口影片配额由 10 部提高到 15 部，这对两岸大众传播交流发展以及台湾相关法规的变革将起促进作用。据当时台湾"朝野"协商结论，《两岸服务贸易协议》还必须开完 16 场公听会后，再在台立法机构中逐条审查、逐条表决，方才通过并生效。但由于各种因素，该协议至今依然搁置，甚至有可能最终落空。

（二）行政法规

1. 传播基本法规

相关法规在此期间有多次修正。

"广播电视法"曾于 2003 年、2006 年、2011 年三次修正，但其第 21 条关于广播、电视节目内容，不得有"违背反共复国国策或政府法令"的规定依然被保留。在所谓"反共复国"早已成为历史陈迹，而"人民团体法""国家安全法"已经删去"反共"条文的情况下，该条未有相应修订是不合情理的。"电影法"曾于 2003 年 12 月、2008 年 12 月两次修正，但修正未涉及两岸大众传播交流。"卫星电视法"曾于 2003 年 12 月修正，修正未涉及两岸大众传播交流。

2015 年、2016 年"电影法""卫星电视法""广播电视法""有线电视法"这几部广播电影电视领域的基本法规再次进行重大修订，对其中的法律术语、原则等进行重大调整，以保障广播电影电视的"公共利益及视听多元化之基本精神",保障"'国家通讯传播委员会'行使职权的独立超然",因应传播技术的发展等,使其适应新形势下广播、电视发展的需要。虽然多数的规范的修订并没有直接和两岸传播交流相关,但是总体上确立更多元、独立、注重公共利益的传播管理原则,是有利于两岸传播的发展的。其中"广播电视法"的第 21 条修正尤其值得关注,此次修正,将条文改为"广播、电视节目内容,不得有下列情形之一:一、违反法律强制或禁止规定。二、妨害儿童或少年身心健康。三、妨害公共秩序或善良风俗。"删去了原规定第二款"二、违背反共复国国策或政府法令。"对于该修正,台当局解释的理由是"公民与政治权利国际公约第十九条明定维护意见自由和表达自由,其限制依同条第三项规定,须以尊重他人的权利或名誉、保障国家安全或公共秩序,或公共卫生或道德者等条件为限……第二款涉及两岸交流之行为与形式,已于台湾地区与大陆地区人民关系条例有所规范,且此三款规定,与本公约第十九条第三项规定得限制之条件不符,爰予删除。"① 这一沿用了几十年的有悖于"意见自由"与"言论自由"的"反共"条文终于被删,不能不说是一个大的进步。

2. 台湾大众传播人士来大陆交流、从事专业活动相关法规

2003 年前,台湾大众传播人士来大陆交流从事专业活动实行许可制,必须依照"台湾地区人民进入大陆地区许可办法"向出入境管理部门申请,获得许可后方可进入大陆。2003 年,"两岸关系条例"修正发布全文,其第 9 条由"台湾地区人民进入大陆地区,应向主管机关申请许可"修正为"台湾地区人民进入大陆地区,应经一般出境查验程序",废除了台湾民众来大陆的许可制度。他们不再需要向台湾出入境管理部门申请许可,只要在出境时经过查验即可直接来大陆。"台湾地区人民进入大陆地区许可办法"于 2004 年 3 月 1 日修正发布全文,并将名称修正为"台湾地区公务员及特定身分人员进入大陆地区许可办法",2015 年,该法再次修正发布全文 12 条。根据该法规,台湾人民只要不是公务员,或具有"国家安全局、国防部、法务部调查局及其所属各级机关未具公务员身份之人员"等特定身份,都可以不经申请,直接出境之规定,台湾大众传播人士只要不属于涉密人员等特殊身份,都可以不经当局许可前来大陆,来去自由,使台湾大众传播人士赴大陆交流或从事专业活动更加自由。

---

① 台"立法院",《"广播电视法"异动条文及理由》,台湾"立法院"网站,获取网址:http://lis.ly.gov.tw/lglawc/lawsingle?00EF35D61C7B00000000000000000001400000000400FFFFFD00^02406104121800^00088003001,发布时间不详。

3. 大陆大众传播品进入台湾、在台湾传播相关法规

（1）"大陆地区出版品电影片录像节目广播电视节目进入台湾地区或在台湾地区发行销售制作播映展览观摩许可办法"

该法规于 2003 年 4 月 8 日全文修正，其后又有 5 次修正，这几次修正的具体情况如下表：

表 4.3　2003 年后"大陆地区出版品电影片录像节目广播电视节目进入台湾地区或在台湾地区发行销售制作播映展览观摩许可办法"沿革情况

序号	时间	修正状况	条文内容及变化状况（条文变化以*斜体字加粗*标示，重要事项解析以*楷体加粗字体*标示）
1	2003.4.8	修正发布全文 27 条	1.*新增*"第 7 条台湾地区杂志事业非经主管机关许可，不得接受授权在台湾地区发行大陆地区杂志。 "前项杂志有下列情形之一者，主管机关得不予许可： 一、在大陆地区发行未满两年。 二、有第四条各款情形之一。 三、非属主管机关公告得发行之类别。 "前项许可之有效期间为一年。但授权发行期间未满一年者，从其约定。 "许可事项有变更者，应于变更后十五日内检同原许可，向主管机关申请变更，终止发行时，应检同原许可，向主管机关申请注销。 "经许可在台湾地区发行之大陆地区杂志逾三个月未发行，或中断发行逾三个月者，主管机关应废止其许可。 "申请人以虚伪不实之资料取得许可者，主管机关应撤销其许可。 "经许可在台湾地区发行之大陆地区杂志，应记载授权人与被授权人名称、发行许可字号，发行年月日，发行所之名称，地址及电话，并按期送主管机关一份。" *此条内容是新增的，主要是增加了对大陆杂志在台湾发行的相关规范。是首次允许大陆杂志在台发行。* 2.第 9 条"图书、有声出版品"之上*增加"杂志"*对应新增的第 7 条 3.将原第 11 条"依第 5 条及第 6 条规定许可进入台湾地区之大陆地区出版品，不得销售。违反者，*主管机关得废止其许可。"* 改为*"主管机关得废止其许可……且于一年内不再受理该出版品申请人之申请。"*

序号	时间	修正状况	条文内容及变化状况（条文变化以*斜体字加粗*标示，重要事项解析以**楷体加粗字体**标示）
			4. *新增*第 12 条规定"主管机关得委托图书出版公会或协会（以下简称公、协会），办理许可大陆地区大专专业学术简体字版图书（以下简称大陆简体字图书）进入台湾地区销售事宜。 "前项委托事项所需费用，主管机关不支付之。 "公、协会得依主管机关核定之费额，向申请者收取手续费。 "公、协会受托办理第一项规定事宜，应订定申请进口大陆地区大专专业学术简体字版图书在台湾地区销售注意事项，经主管机关核定后执行之。 公、协会违反前二项，第十三条第三项、第十五条第一项或第三项规定者，主管机关得终止第一项之委托。" 5. *新增*第 13 条"申请大陆简体字图书进入台湾地区销售者，应检具下列文件、资料，向所属公、协会提出申请： 一、申请书。 二、进口销售大陆简体字图书清册。 三、大陆简体字图书出版社出具该图书无侵害他人著作财产权，且得于台湾地区销售之证明。 四、其它公、协会规定之文件、资料。 "申请进入台湾地区销售之大陆地区简体字图书，应符合下列规定： 一、属大专专业学术用书。 二、非属台湾地区业者授权大陆地区业者出版发行者。 三、非属大陆地区业者授权台湾地区业者出版发行者。 四、非属台湾地区业者取得台湾地区正体字发行权者。 "符合前二项规定之申请案件，公、协会应发给申请者销售许可函，并对申请案复印件及处理结果函知主管机关。 "申请者得凭销售许可函，办理进口通关程序。" 6. *新增*第 14 条"经许可进入台湾地区销售之大陆简体字图书，申请者应于该图书之版权页标示申请人名称、电话、地址及负责人姓名。" 7. *新增*第 15 条"经许可进入台湾地区销售之大陆简体字图书，发现有违反第四条各款情形之一，第十三条第二项或前条规定者，公、协会应撤销或废止原发之销售许可函。 "公、协会未依前项规定撤销或废止者，主管机关的径行为之。 "被撤销或废止销售许可函逾三次者，公、协会不得再受理其申请。 "公、协会违反前项规定受理申请并发给销售许可函者，主管机关应径予撤销。" **此次修正新增 12—15 条，首次允许大陆大专专业图书简体字版在台湾销售。法规将相关许可事项委托给图书出版公会或协会办理，规定了具体许可事项。** 8、将原第 25 条第 2 项，"经许可在台湾地区展览之大陆地区杂志、图书及有声出版品，*不得于展览时销售*" 改为"……不得于展览时销售，*但经主管机关案许可赠送有关机关（构）典藏或经许可销售之大陆简体字图书，不在此限。*"

序号	时间	修正状况	条文内容及变化状况（条文变化以*斜体字加粗*标示，重要事项解析以**楷体加粗字体**标示）
2	2005.11.15	修正发布第2、25、27条条文；删除第26条条文	1.将原第2条第二款中对电影片的界定从"*包括从电影片转录、缩影或改变之制品。*" 改为"*指已摄录像像声音之胶片或影片规格之数字制品可连续放映者。*" 2.将原第25条第一项"政府机关、学术机构或最近一年未违反相关法令受行政处分之大众传播事业、机构、团体得依业务性质，于展览、观摩*两个月前*，申请主管机关许可大陆地区杂志、图书、有声出版品、电影片*及录影节目*进入台湾地区展览、观摩。" 改为"政府机关、学术机构或最近一年未违反相关法令受行政处分之大众传播事业、机构、团体，得依业务性质，于展览*一个月前*，申请主管机关许可大陆地区杂志、图书、有声出版品、电影片、*录像节目及广播电视节目进入台湾地区展览。但经许可销售之大陆简体字图书，得于主管机关许可之展览中，径行参展。*" *增加第二项"经许可在台湾地区展览之大陆地区杂志、图书、有声出版品、电影片、录像节目及广播电视节目，得于展览时为著作财产权授权及让与之交易。* *增加第三项"第一项申请者，亦得依业务性质，于观摩一个月前，申请主管机关许可大陆地区电影片、录像节目及广播电视节目进入台湾地区观摩。* 3.*删除*第26条"第十二条至第十五条及前条规定，自发布后三个月施行。"

序号	时间	修正状况	条文内容及变化状况（条文变化以*斜体字加粗*标示，重要事项解析以**楷体加粗字体**标示）
3	2008.2.27	修正发布第 2、12、13、15、17～20、27 条条文；增订第 25-1 条条文；删除第 22 条条文；并自发布尔口施行，但第 17 条第 3 项至第 8 项，其施行日期，由主管机关定之	1. 将原第二条第四目"四、广播电视节目：指无线广播电台、无线电视电台、有线广播电视系统、有线电视节目播送系统及*卫星广播电视事业播放*有主题与系统之声音或影像，内容不涉及广告者。" 改为"四、广播电视节目：指无线广播电台、无线电视电台、有线广播电视系统经营者、有线电视节目播送系统、*卫星广播电视事业、网络广播电视平台及其它广播电视系统播送*有主题与系统之声音或影像，内容不涉及广告者。" 2. 将原第 13 条"申请大陆简体字图书进入台湾地区销售者，*应检具下列文件、资料，向所属公、协会提出申请：* 一、申请书。 二、进口销售大陆简体字图书清册。 三、大陆简体字图书出版社出具该图书无侵害他人著作财产权，且得于台湾地区销售之证明。 四、*其它公、协会规定之文件*、数据。 "申请进入台湾地区销售之大陆简体字图书，应符合下列规定： 一、属大专专业学术用书。 二、非属台湾地区业者授权大陆地区业者出版发行者。 三、非属大陆地区业者授权台湾地区业者出版发行者。 四、非属台湾地区业者取得台湾地区正体字发行权者。 "符合前二项规定之申请案件，*公、协会应发给申请者销售许可函，并将申请案复印件及处理结果函知主管机关。* "申请者得凭销售许可函，办理进口通关程序。" 改为"申请大陆简体字图书进入台湾地区销售者，*应检具之文件、资料如下：* 一、申请书。 二、进口销售大陆简体字图书清册。 三、大陆简体字图书出版社*或大陆地区出版品进出口公*司出具该图书无侵害他人著作财产权，且得于台湾地区销售之证明。 四、其它*主管机关或受其委托之公、协会指定之文件*、数据。 "申请进入台湾地区销售之大陆简体字图书，应符合下列规定： 一、属大专专业学术用书。 二、非属台湾地区业者授权大陆地区业者出版发行者。 三、非属大陆地区业者授权台湾地区业者出版发行者。 四、非属台湾地区业者取得台湾地区正体字发行权者。 "符合前二项规定之申请案件，*应发给申请者销售许可函。* "申请者得凭销售许可函，办理进口通关程序。"

序号	时间	修正状况	条文内容及变化状况（条文变化以*斜体字加粗*标示，重要事项解析以**楷体加粗字体**标示）
			3. 将原第15条"经许可进入台湾地区销售之大陆简体字图书，发现有违反第四条各款情形之一、第十三条第二项或前条规定者，公、协会应撤销或废止原发之销售许可函。"公、协会未依前项规定撤销或废止者，主管机关得径行为之。"被撤销或废止销售许可函逾三次者，公、协会不得再受理其申请。"公、协会违反前项规定受理申请并发给销售许可函者，主管机关应径予撤销。" 改为"经许可进入台湾地区销售之大陆简体字图书，发现有违反第四条各款情形之一、第十三条第二项或前条规定者，*其原发之销售许可函应予撤销或废止；被撤销或废止销售许可函逾三次者，不得再受理其申请。*"*受托办理许可大陆简体字图书进入台湾地区销售之公、协会未依前项规定为撤销或废止者，主管机关得径行为之；其仍受理申请并发给销售许可函者，主管机关应径予撤销。*" 4. 将第17条第2项"前项电影片每年进入台湾地区之数量，录像节目、广播电视节目发行、播映、播送*之类别及数量*，由主管机关公告之。" 改为"前项电影片每年进入台湾地区之数量，录像节目、广播电视节目发行、播送之*类别、数量、时数及时段*，由主管机关公告之。" 5. 第3项"有线广播电视系统经营者、有线电视节目播送系统经营者、直播卫星广播电视服务经营者经向主管机关申请许可后，得同步转播大陆地区卫星节目，不受前二项规定之限制。" 改为"大陆地区卫星广播电视节目供应者，应委托台湾地区代理商，并经主管机关许可后，再取得通讯传播监理主管机关许可，始得在台湾地区播送大陆地区广播电视频道之广播电视节目（以下简称大陆地区频道节目），且不受前二项规定之限制。许可期限届满，仍欲继续经营者，亦同，且应于向通讯传播监理主管机关申请换发许可六个月前，向主管机关提出申请。"前项主管机关许可之期间，以通讯传播监理主管机关许可之期间为准，且不得逾代理契约书所载代理期间。"申请人应检具申请书及下列文件，向主管机关申请第三项许可： 一、申请人依法设立之证明文件及载明代理期间之代理契约书复印件。 二、使用卫星之名称、国籍、频率、转频器、频道数目及其信号涵盖范围。

序号	时间	修正状况	条文内容及变化状况（条文变化以*斜体字加粗*标示，重要事项解析以*楷体加粗字体*标示）
			三、预定供应之直播卫星广播电视服务经营者、有线广播电视系统经营者（包括有线电视节目播送系统）或无线广播电视电台之名称。 四、频道名称、属性及节目规画。 五、其它主管机关指定之文件。 "前项第四款文件内容，于获得许可后有变更时，申请人应先向主管机关申请变更许可，并于获得变更许可后，再依卫星广播电视法相关规定，向通讯传播监理主管机关为变更之申请。 "主管机关为第三项及前项许可前，应先征询行政院大陆委员会及其它相关机关之意见；主管机关受理第三项及前项申请案件之处理期间，自申请文件齐全后三个月内决定之。必要时得延长三个月。但以一次为限，并应将延长之事由通知申请人。 "前五项规定，于依法律规定设立之网络广播电视平台及其它广播电视系统，在台湾地区播送大陆地区频道节目，准用之。 "通讯传播监理主管机关应依广播电视法、有线广播电视法、卫星广播电视法及其职掌之相关法令，管理第一项、第三项及前项播送之节目。 "本办法中华民国九十七年二月二十七日修正施行前经营大陆地区频道节目播送业务之网络广播电视平台及其它广播电视系统业者，应自修正施行之日起，终止经营大陆地区频道节目播送业务。" **此次修正对大陆卫星电视在台"落地"的规定进行细化，收紧了对台湾媒体转播大陆卫星电视的管理。** 6. 第 18 条"主管机关对于前条第一项申请案件，认为有违反相关法令规定、有第四条各款情形之一，或非属依前条第二项公告之类别者，应不予许可。" 改为"主管机关对于前条第一项申请案件，认为有违反相关法令规定、有第四条各款情形之一，或非属依前条第二项公告之类别者，应不予许可。 *"主管机关对于前条第三项、第六项、第八项申请案件，认为对国家安全有不利影响、违反职掌之相关法令规定或有第四条各款情形之一者，应不予许可。"*

序号	时间	修正状况	条文内容及变化状况（条文变化以*斜体字加粗*标示，重要事项解析以**楷体加粗字体**标示）
			7. 第19条"大陆地区电影片、录像节目、广播电视节目于许可进入台湾地区或经许可在台湾地区发行、映演、播映、播送后，有第四条各款情形之一，或非属依第十七条第二项公告之类别者，主管机关得撤销其许可。"改为"大陆地区电影片、录像节目、广播电视节目于许可进入台湾地区或经许可在台湾地区发行、映演、播送后，有第四条各款情形之一或不符第十七条第二项规定者，主管机关得撤销、废止其许可。*"大陆地区频道节目于许可进入台湾地区播送后，主管机关认为对国家安全有不利影响、违反职掌之相关法令规定或有第四条各款情形之一者，得撤销、废止其许可。*"*"通讯传播监理主管机关于接获主管机关依前项规定撤销、废止许可之通知后，应撤销、废止其原核发之许可。"*8. 第22条"依第七条、第八条及第十七条规定申请在台湾地区发行、制作、映演、播映、播送大陆地区之杂志、图书、有声出版品、电影片、录像节目、广播电视节目者，应依规费法规定，缴纳审查费及证照费；其费额，由主管机关定之。"*被删除*9. *新增*第25条之一"主管机关依第五条第一项、第六条第二项、第七条第二项、第十六条第一项、第十七条第二项、第二十条第二项及前条第七项规定所为之公告，应刊登政府公报。"10. 将原第27条*"本办法自发布尔日施行"*改为*"本办法自发布尔日施行。但中华民国九十七年二月二十七日修正发布之第十七条第三项至第八项，其施行日期，由主管机关定之。"*
4	2010.3.24	修正发布第17、25条条文	1. 将原第17条第2项"前项电影片每年进入台湾地区*之数量，录像节目、广播电视节目发行、播送之类别、数量、时数及时段*，由主管机关公告之。"改为"前项电影片每年进入台湾地区*发行、映演之类别、数量及录像节目、广播电视节目发行、播送之类别、数量、时数、时段*，由主管机关公告之。2. 第25条将申请展览观摩的时间由提早1个月缩短至14日。
5	2012.5.15	修正发布第3条	将第3条所列主管机关掌理事项改由台"文化部"管辖

资料来源：作者自制。

（2）"大陆地区出版品录影节目进入台湾地区许可数额""大陆地区影视节目得在台湾地区发行、映演、播送（放）之数量、类别、时数""申请观摩大陆地区电影片之数量及放映场次"等对大陆大众传播品数量、类别、时数等方面进行限制的法规

"大陆地区出版品录影节目进入台湾地区许可数额""大陆地区影视节目得在台湾地区发行、映演、播送（放）之数量、类别、时数""申请观摩大陆地区电影片之数量及放映场次"等法规皆为"大陆地区出版品电影片录像节目广播电视节目进入台湾地区或在台湾地区发行销售制作播映展览观摩许可办法"的子法。它们分别对大陆大众传播品在台湾传播的审批程序，大陆大众传播品得进入台湾或在台湾传播的数量、类型、时数等方面进行了细致的规定。

"大陆地区出版品录像节目进入台湾地区许可数额"于 1993 年 3 月发布，1999 年 6 月 24 日进行最后一次修正后，便没有再修正。

"大陆地区影视节目得在台湾地区发行、映演、播送（放）之数量、类别、时数"在本时期有多次修正，但其原则和规制没有实质性变化。依其 2015 年 12 月最新修正版，其主要内容如下：一、大陆电影进入台湾的数量、类别、申请主体、方式。1. 数量每年以十部为限。但台湾电影片制作业投资大陆电影片，并以台湾名义入围或获得法国坎城影展、意大利威尼斯影展等影展的奖项者，不受每年十部之限制。2. 类别以爱情文艺、伦理亲情、温馨趣味、宫廷历史、武侠传奇、悬疑惊悚、冒险动作为主题者为限。3. 申请进入台湾发行、映演大陆电影片的主体资格：以电影片发行业为限，并应检附大陆电影片在台湾地区发行、映演之授权证明，电影片之剧情大纲等文件。4. 同一申请者申请进入台湾地区发行、映演大陆电影片，每次以一部为限。电影片发行业应于获许可期间内，依电影法相关规定将该大陆地区电影片申请文化部审议分级及取得分级证明，并在电影片映演业经营之映演场所作首轮商业映演。违反者，文化部应废止该大陆地区电影片进入台湾地区发行、映演之许可，且该电影片发行业自废止许可之日起二年内，不得再申请大陆地区电影片进入台湾地区发行、映演。二、得在台湾发行的大陆录像节目有十类：科技类，企业管理类，自然动物生态类，地理风光类，文化艺术类，体育运动类，语言教学类，医药卫生类，综艺类，爱情文艺、伦理亲情、温馨趣味、宫廷历史、武侠传奇、悬疑惊悚、冒险动作之剧情类电影片转录者以许可在台湾映演之大陆电影片为限。三、大陆电视节目进入台湾的类别、时数、申请方式。1. 台湾无线广播电视频道、卫星

广播电视频道、有线广播电视系统经营者（包含有线电视节目播送系统）的自制频道、网络广播电视平台及其他广播电视系统可播送以下几类大陆电视节目：科技类，企业管理类，自然动物生态类，地理风光类，文化艺术类，体育运动类，语言教学类，医药卫生类，综艺类，爱情文艺、伦理亲情、温馨趣味、宫廷历史、武侠传奇、悬疑惊悚、冒险动作之剧情类（该类如属电影片转录者应是经"文化部"许可在台湾地区映演，并自发行之日起至申请人提出申请进入台湾播送年度一月一日止，已逾二年）。2. 申请方式。申请人应依"大陆地区广播电视节目在台湾地区播送申请送审须知"规定向"新闻局"提出申请，并取得许可。申请播出自发行之日起至申请人提出申请进入台湾播送年度一月一日止，逾二年之大陆电影片，每年以二十部为限，且申请人应于申请播送年度十一月三十日前提出申请，"文化部影视及流行音乐产业局"依受理申请顺序审查、准驳，同一申请人每年以许可五部为限，同一日之申请数量逾剩余配额时，抽签决定申请顺序。3. 大陆广播电视节目得在台湾播送的时数限制。大陆地区广播电视节目并入非"本国"自制节目计算，且其播送时数不得超过各该有线广播电视系统经营者、有线电视节目播送系统可供利用频道播送节目播送总时数 16%。

该法规自制订以来曾经多次修正，但其主要内容基本没有变化。如其允许台湾有线电视系统播出的大陆广电节目一直保持要求不得高于 16% 的规定。允许进入台湾发行、播映的大陆电影数量依旧为 10 部。2013 年《海峡两岸服务贸易协议》签订，根据台湾的承诺，允许在台湾发行、播映的电影数量将放宽为 15 部，由于前面所述的原因，该协议并未生效，所以放宽数量的规定也没有生效。

"申请观摩大陆地区电影片之数量及放映场次"根据"大陆地区出版品电影片录像节目广播电视节目进入台湾地区或在台湾地区发行销售制作播映展览观摩许可办法"第 25 条第 5 项制订，该法规在这一时期有多次修正。根据其 2003 年 4 月 17 日修正版，限定台湾同一申请者在一年内得申请观摩的电影数量不得超过 8 部，每部映演场次不超过 8 场，而影片在映演前要送"行政院新闻局"审查，取得临时准演证明书。2010 年 8 月，该法规修正，改名为"申请观摩大陆地区电影片之类别数量及放映场次"对申请观摩大陆电影片进行了更加细致的规定。此次修正版规定得在台湾地区观摩之大陆地区电影片，其类别以爱情文艺、伦理亲情、温馨趣味、宫廷历史、武侠传奇、悬疑惊悚、冒险动作为主题者为限。同一申请者在同一年度内申请观摩大陆地区电影片，不得逾八部。每部电影片以映演八场为限。而申请者必须是政府机关、学术机构或最近一年未违反相关法令受行政处分的大众传播事业、机构、团体。申请者申请时应缴交在申请观摩期间、映演电影片部数及场次之说明，大陆电影片之剧情大纲等相关资料。还须将欲观摩影片申请"新闻局"检查，取得影展电影片准演执照后方可观摩。此后，台湾行政机构调整，"新闻局"裁撤，该事项归入"文化部"管理，"文化部"于2014年8月18日发布"申请观摩大陆地区电影片之数量及映演场次修正规定"，对相关规定进行调整。调整主要内容为：根据"近年电影形态更多元，传统的分类名称已无法涵盖，因此……除取消大陆地区电影片来台观摩（非商业映演）的类别限制；简化申请手续外，并将同一申请者在一年内可申请观摩的数量，由8部提高为16部，但每部的映演场次则由8场改为4场。文化部也简化申请程序，让影展策展单位节省行政时间。过去申请程序需先向文化部影视及流行音乐产业局申请许可，再经审查分级取得准演执照后，才能在影展中放映，未来，申请许可与审查分级将合并处理，让申请流程更加快速。"[①]

"台湾地区杂志事业接受授权在台湾地区发行之大陆地区杂志类别"。该法规是根据"大陆地区出版品电影片录像节目广播电视节目进入台湾地区或在台湾地区发行销售制作播映展览观摩许可办法"2003年修正版的第7条第2项第3款制订，该法规未有修正。根据该法规规定，台湾杂志事业可接受授权在台湾发行大陆杂志之类别有："自然动物生态""地理风光""文化艺术"及"休闲娱乐"四类。

"进口出版品电影片录影节目及广播电视节目原产地认定基准"由"财政部"和"经济部"于1999年2月10日联合发布，为认定大陆出版品、电影片、录影节目及广播电视节目的标准。该法规于2005年、2009年两次修正。依照2009年修正版，出版品原产地的认定标准如下：1.依照发行者所属国或地区认定，如与台湾合作发行的，以投资额最大者认定。2.电影片及其转录的电视节目、录影节目以"国产电影片本国电影片进口影片认定基准"认定。3.国产电影片、本国电影片，对非国产电影片、本国电影片以所标明的制作者所属国或地区认定。4.如联合投资，以投资最大者认定，但重要演员所属国或地区相同

---

① 台"文化部"：《文化部修正大陆地区电影片在台观摩规定以符影展发展环境》，台"文化部"网站，获取地址：https://www.moc.gov.tw/information_250_16582.html，发布时间：2014-08-18。

并超过半数的，以其所属国或地区认定，编剧、导播（演）所属国或地区相同并超过半数的，以其所属国或地区认定。广播电视节目及录影节目，则直接以下列方法认定：以重要演员（主角及配角）所属国或地区相同并超过三分之一的，以其所属国或地区认定。编剧、导播（演）所属国或地区并超过三分之一的，以其所属国或地区认定。如以上述方法无法认定，则依下列各目规定依序认定其原产地：1. 从其主要演员（主角及配角）之同一国籍或地区人数最高者，2. 从其制作人、导播（演）、编剧及主要演员（主角及配角）之同一国籍或地区总人数最高者，3. 从其制作人及导播（演）之同一国籍或地区总人数最高者，4. 从其标示之节目制作事业、人民、法人、团体或其它机构之所属国或地区。

（3）"大陆地区物品劳务服务在台湾地区从事广告活动管理办法"

2003 年，台"立法院"为"为肆应两岸经贸情势及民间商业需求……俾大陆地区物品等在台广告活动,能在交流有序的情形下进行"[①],于 10 月 29 日三读通过"两岸关系条例"修正案，对第三十四条修正，废除了大陆在台广告活动许可制度。改为只要不带有政治宣传目的，不违背大陆政策政令，不损害公序良俗，"依本条例许可之大陆地区物品、劳务、服务或其它事项，得在台湾地区从事广告之播映、刊登或其它促销推广活动"，而不需要经过台湾主管部门的事先批准。该法规还授权"大陆委员会"拟定具体的大陆在台广告活动管理办法。在"两岸关系条例"的授权下，"大陆委员会"制订了"大陆地区物品劳务服务在台湾地区从事广告活动管理办法"（以下简称"大陆广告管理办法"）。

该管理办法共十三条，于 2003 年 12 月 31 日施行。"大陆广告管理办法"的主要内容为：一、得在台湾从事广告活动的项目：1. 依"台湾地区与大陆地区贸易许可办法"，准许输入之大陆物品；2. 依"大陆地区出版品电影片录像节目广播电视节目进入台湾地区或在台湾地区发行销售制作播映展览观摩许可办法"，取得许可之大陆出版品、电影片、录像节目或广播电视节目；3. 台湾旅行业办理赴大陆旅游活动之业务。同时禁止大陆招揽台湾投资、不动产开发及交易、婚介及依照台湾法令不得做广告的专门职业服务等六种事项的在台刊播广告。二、广告内容的规制。该管理办法除了要求大陆在台广告活动不得违背大陆的政策或政府命令，不得妨害公共秩序或善良风俗外，还特别对广告可能涉

---

① 台湾"立法院"：《"两岸关系条例"第三十四条修正理由》，台湾"立法院"网站，获取地址：http://lis.ly.gov.tw/lgcgi/lglaw?@97:1804289383:f:NO%3DE01825*%20OR%20NO%3DB01825$$11$$$PD%2BNO，发布时间不详。

及的政治性内容进行了规制，要求大陆在台广告不得为中国共产党做任何有政治目的宣传，不得凸显中国共产党标志、标语、旗帜、图像或其他政治性标示。三、该管理办法还规定了大陆广告活动的管理机关、管理协调机制、证据收集方式、违规处理办法等内容。总体上看，"大陆广告管理办法"改变了之前大陆广告需事先审批的原则，也不指定大陆广告必须由几家台湾广告公司来代理。只要不违背台湾法律规定，大陆广告活动得迳行进行，即台湾当局所说的"享有与台湾广告平等待遇"，体现了一定的宽松性。

2011 年 12 月 28 日"大陆在台广告活动管理办法"修正公布。此次修正最主要变化是增加了如下几种可在台从事广告活动的事项：1. 允许在台投资的大陆企业在许可经营范围内在台进行广告活动。2. 允许经营两岸空运航线的大陆航空业者在许可经营范围内在台进行广告活动。3. 允许经营两岸海上客运货运的业者在许可经营范围内在台进行广告活动，但如果这些业者没有在台湾设立分公司，只能进行"委托台湾地区船务代理业代为招揽之客、货运业务"的广告。4. 在旅行广告方面，允许在台设立办事处的大陆地区观光事务非营利法人，就其许可之业务活动事项进行广告活动。此外还有这些变化：1. 之前只禁止依法令有限制广告活动者的专门职业服务从事广告，修正后则禁止所有的专门职业服务广告；对禁止大陆在台进行广告活动的事项，也禁止其以置入式行销的方式进行广告。2. 强调含有中国共产党政治宣传目的或者违法、违背公序良俗的事项，不得以植入式行销方式进行广告。总体上看，2011 年该法修订并没有太大的变化。虽然允许大陆在台广告活动的事项范围有所扩大，但台湾媒体所企盼的不动产、会展、城市行销等多种事项并没有被纳入。

2013 年 8 月该法再次修正，修订了第 10 条，并增订 9-1 条，添加了附表。其增订的 9-1 条，主要内容是对大陆在台广告活动的管辖机构进行规定，根据该条的附表，台湾当局详细规定了对大陆在台各类广告活动的十几个管理机构。根据此次修正，"出版品、电影片、录像节目、广播电视节目、视觉艺术产业、音乐与表演艺术产业、展演设施产业、工艺产业、流行音乐、文化内容产业，及其它与文化业务相关之广告活动或其内容"归"文化部"管辖，"电信服务业及其它与电信事业相关之广告活动或其内容"归"国家通讯传播委员会"管辖。如"数机关对广告活动或其内容均有管辖权者，由各该机关协调单一机关统一管辖，或由主要广告活动内容之权责机关统一管辖；数广告活动内容具关联性、整体性，有统一管辖之必要时，亦同。"修订的第 10 条，主要对"广告活动或其内容有为中共从事具政治性目的之宣传，或违背现行大陆政策之疑义者"如何认定和处理进行规定，具体的处理办法是"由行政院大陆委员会邀集相关机关，并得视个案性质邀请熟谙法律、广告、营销或大陆事务之学者、专家、相关团体等，共同组成审议委员会审议，并将审议建议送请目的事业主管机关依权责处理。"

4. 大陆大众传播人士赴台交流、从事专业活动相关法规

（1）"大陆地区人民进入台湾地区许可办法""大陆地区专业人士来台从事专业活动许可办法"

2013 年 12 月 30 日以前，大陆大众传播人士赴台交流、从事专业活动与 2003 年前一样，主要由"大陆地区人民进入台湾地区许可办法"和"大陆地区专业人士来台从事专业活动许可办法"进行规制。2013 年 12 月 30 日，相关法规进行了重大修正，"大陆地区专业人士来台从事专业活动许可办法"被废止，相关规定并入"大陆地区人民进入台湾地区许可办法"，由"大陆地区人民进入台湾地区许可办法"统一对包含大陆大众传播人士在内的大陆人民进入台湾相关事项进行规制。

"大陆地区专业人士来台从事专业活动许可办法"是大陆大众传播人士赴台交流、从事专业活动方面最为重要的法规。大陆记者赴台采访、驻点，大陆影视制作者赴台拍片等项目的申请、审批和在台期间的活动，都由该法规定。该法在该时期进行了数次修正，最近一次的修正为 2013 年 7 月 30 日。此次修正也只有局部变化：1. 将大陆大众传播人士赴台须提前一个月申请，改为于赴台之日 14 日前提出，如果属紧急情况，只要于预定赴台之日 5 各工作日前提出申请。2. 规定大陆专业人士如"现在大陆地区行政、军事、党务或其它公务机构任职"，主管部门得不许可其进入台湾，但"经中央目的事业主管机关、直辖市、县（市）政府或财团法人海峡交流基金会邀请，得向主管机关申请许可来台从事与业务相关交流活动或会议"。3. 大陆地区专业人士入台的保证人，改为直接以邀请单位之负责人或业务主管为保证人。

2013 年 12 月 30 日，由于"关于大陆地区人民申请来台停留所适用法规及事由众多分散，基于法规精简、事由整并及便利民众需求"[①] 等因素，"大陆地

---

① 台湾"教育部"：《"大陆地区人民来台从事商务活动许可办法"业经内政部 102 年 12 月 30 日以台内移字第 1020958530 号令废止乙案函》，2014 年 1 月 3 日，台教文（二）字第 1020198279 号。

区专业人士来台从事专业活动许可办法""大陆地区人民来台从事商务活动许可办法"等法规被废止,相关规定一起并入"大陆地区人民进入台湾地区许可办法"。但相关规定并未有实质性变化,例如对"现担任大陆地区党务、军事、行政或具政治性机关(构)、团体之职务或为成员""从事违背对等尊严原则之不当行为"等情形"得不予许可;已许可者,得撤销或废止其许可,并注销其入出境许可证";要求入境交流必须觅得保证人,而保证人、邀请人必须对入境者的行为符合申请事项加以保证等规定都依然保留。

(2)"大陆地区新闻人员进入台湾地区采访注意事项"

该法规由"行政院新闻局"于 2000 年 11 月 19 日颁行。2003 年后曾三次修正,一次是 2009 年修正全文 10 点,一次是 2011 年增订第 11 点,一次是 2013 年 12 月修正。其基本原则和规则和 2003 年前一样,但有局部修正。其主要变化有:大陆新闻人员申请进入台湾采访的执行单位由"内政部警政署入出境管理局"改为"内政部入出国及移民署"。大陆新闻人员应于进入台湾前一个月提出申请,改为提前 14 天申请。不再要求大陆新闻人员赴台后向居住地警察分驻(派出)所办理登记手续。将法规所提到的"旅行证"改为"入出境许可证"。其它的,如要求填写繁琐的表格,遵守采访计划及行程表不得擅自变更,要求大陆地区新闻人员从事采访活动时"应遵守新闻人员职业道德,并秉持公正客观原则","应遵守中华民国法令"等限制则没有变化。2011 年该法规增订第 11 点,主要是因为"行政院新闻局"将要裁撤,因此规定本来由其承担的相关权利和义务由"承受本注意事项业务之行政机关概括承受"。2013 年该法规修正,主要是删除了第 11 点,并将目的事业主管机关由"新闻局"改为"文化部",其规范没有实质性的变化。

(3)"政府机关(构)接受大陆地区新闻人员采访注意事项"

该法规于 2000 年 11 月 7 日由"行政院新闻局"颁行,该时期修正 3 次,分别是 2007 年 3 月 8 日修正第 2 点、第 4 点,2009 年 5 月 27 日修正第 2 点、增订第 6 点,2011 年 11 月 21 日增订第 7 点,2013 年 12 月该法再次修正。与上一时期相比,该法 2011 年版的主要变化是增加了要求大陆新闻人员,于采访结束后尽量提供刊播报导剪报或影带以供参考的规定。法规要求受访之政府机关(构)接获报导剪报或影带后,应分送"行政院新闻局"及"行政院大陆委员会"参考。并且要求受访机关将该大陆新闻人员是否配合提供所刊播报导剪报或影带,作为下次是否接受该媒体新闻人员采访考虑的要素。2013 年 12

月该法规修正，主要是删去第 7 点，并将事项主要管理机构由"新闻局"改为"文化部"。

（4）"大陆地区主创人员及技术人员来台参与合拍电视戏剧节目审核处理原则"

由"新闻局"于 2009 年 9 月 8 日发布，主要是为审核大陆主创人员及技术人员赴台参与合拍电视戏剧节目之申请案而制定。其主要内容有：

一、要求申请赴台合拍的合拍剧必须具备以下条件：1. 依进口出版品电影片录像节目及广播电视节目原产地认定基准，认定该合拍剧之原产地为台湾。2. 参与合拍的邀请单位应为依法设立的台湾无线电视事业、卫星广播电视节目供应者（制播广播节目者除外）或广播电视节目供应事业之电视节目制作业。参与合拍的台湾业者应为依法设立的台湾无线电视事业、卫星广播电视节目供应者（制播广播节目者除外）或广播电视节目供应事业之电视节目制作业。3. 要求合拍剧的内容不得"宣扬共产主义或从事统战、妨害公共秩序或善良风俗、违反法律强制或禁止规定、凸显中共标志者（因内容需要，不在此限），其主要场景（包含棚内及外景，以下同）应有台湾地区场景，其后制作（指录音、剪辑、特效、音效及其它后制工作）应于台湾完成"。4. 要求大陆方面工作人员的薪资不能由台湾方面支付，参与合拍的台湾人应逾下列各类职务总人数的三分之一：制作人、编剧、导播（演）；主要演员（主角及配角）；技术人员。

二、申请方式、赴台人数：应于预定赴台之日十四日前提出申请，属紧急情况的，提早五个工作天依"大陆专业人士赴台从事专业活动许可办法"规定的方式申请。申请赴台参与合拍剧之陆方人士，不得逾下列各类职务总人数之三分之一：制作人、编剧、导播（演），主要演员（主角及配角），技术人员。且大陆方人士不得同时担任合拍剧之男主角、女主角。如男主角及女主角逾二人时，不在此限，且大陆方人士担任男主角及女主角之人数不得逾该总人数之二分之一。每位大陆方男主角及女主角得申请助理人员五人陪同来台；助理人员在台仅得协助处理上述人员拍戏相关事宜，不得参与合拍剧之演出或制作。

三、应准备申请书、履历、陆方人士之酬劳支付方式及邀请单位与陆方人士合作方式细目、合拍剧剧本大纲以及节目内容无宣扬共产主义或从事统战、妨害公共秩序或善良风俗、违反法律强制或禁止规定、凸显中共标志者情形之切结书等诸多文件。

四、应依"大陆地区专业人士来台从事专业活动许可办法"第 11 条、第 17 条、第 20 条及第 21 条规定办理行程安排、保险、保证人及保证责任。

五、邀请单位应根据主管机关或相关目的事业主管机关的要求，提交大陆人员的活动报告，主管机关或相关目的事业主管机关可随时进行访视或其它查核行为。合拍剧制作完成后 60 日内，邀请单位应将完成之合拍剧光盘片、制作完成日期、主要场景拍摄地点、后制作地点、参与合拍剧之主创人员、技术人员及其它参与制拍作业人员明细表陈报"行政院新闻局"。并应于合拍剧在大陆首播 10 日内，将播送渠道、日期及时段，陈报"行政院新闻局"。如该合拍剧制作完成后一年内未于大陆首播者，邀请单位应于"新闻局"指定期限内，检附该局指定之文件，以书面叙明理由，陈报该局。

2012 年 3 月，由于"新闻局"即将裁撤，该法增订第十条，规定该法中规定的"新闻局"的职权，将由承接该法规"业务之行政机关概括承受"。

（5）"大陆地区电影从业人员来台参与国产电影片或本国电影片制作审核处理原则"

该法规于 2009 年 8 月 21 日由"行政院新闻局"为"审核大陆地区电影从业人员来台参与国产电影片或本国电影片制作之申请案"颁行。主要内容有：一、申请人和邀请人资格以及申请方式：申请人应有电影实务经验，并符合"大陆地区专业人士来台从事专业活动邀请单位及应备具之申请文件表"中大众传播人士的相关规定。邀请单位应为依"电影法"设立之电影片制作业。应依"大陆地区专业人士来台从事专业活动许可办法"相关规定办理申请。二、赴台人数和停留时间："国产电影片中，大陆演员担任国产电影片之主要演员，不得逾该电影片主要演员总人数之三分之一，且大陆主要演员人数不得逾台湾主要演员人数。""本国电影片中，大陆演员担任该本国电影片之主要演员，不得逾该电影片主要演员总人数之三分之一，且大陆制片、导演、艺术、技术人员不得逾该电影片前开人员总人数之三分之一。每位申请赴台参与国产电影片或本国电影片制作之大陆主要演员得申请 5 人以内助理人员陪同，助理人员在台仅得协助处理大陆主要演员制作相关事宜。大陆电影从业人员及其助理人员经许可进入台湾，其停留期间不得逾六个月。"三、应备文件。邀请单位除缴交"大陆地区专业人士来台从事专业活动邀请单位及应备具之申请文件表"规定的文件外，还要"检附来台参与国产电影片或本国电影片制作之大陆电影从业人员简历，参与演出之电影片剧本（含剧情大纲、人物介绍），参与国产电影片或本国电影片制作之电影从业人员明细表，制作预定日程表等。"四、应依"大陆地区专业人士来台从事专业活动许可办法"第 11 条、第 17 条、第 20 条及第 21

条规定办理行程安排、保险及保证人。五、大陆电影从业人员参加媒体活动的规定。"大陆电影从业人员赴台制作国产电影片或本国电影片期间，可参加'合理且必要之宣传活动'，并可依其许可目的性质召开记者会、接受大众传播媒体（含报纸、杂志、电视、广播）访问。参加无线广播电台、无线电视电台、有线广播电视系统经营者、有线电视节目播送系统及卫星广播电视节目供应事业非戏剧节目表演者，应由邀请单位向'内政部'申请大陆电影从业人员来台许可时，在活动计划书与行程表中叙明。或由邀请单位于大陆电影从业人员参加各该媒体活动十日前，备函并检附活动计划书与行程表，向'新闻局'申请许可。"六、办理登记证明。"邀请单位应于大陆电影从业人员在台制作国产电影片或本国电影片期间，向'新闻局'申请发给电影从业人员登记证明。"

2011年10月，由于"新闻局"即将裁撤，该法增订第8点，规定该法中规定的"新闻局"的权利及义务，将由承接该法规"业务之行政机关概括承受"。

2012年"新闻局"裁撤，"文化部"接掌该事务，当年9月其对该法进行修正，修正内容是删去第8点，将主管机构由"新闻局"改为"文化部"。

2015年，由于"大陆地区专业人士来台从事专业活动许可办法"废止并入"大陆地区人民进入台湾地区许可办法"，当年12月相关主管部门对该法规进行修正以适应上位法的变化。此次修正将该法规改名为"大陆地区电影主创人员来台参与国产电影片制作审核处理原则"。法规主要变化是将其中依"大陆地区专业人士来台从事专业活动许可办法"办理的条文改为依"大陆地区人民进入台湾地区许可办法"办理。此外，原法规的第6点要求"参加无线广播电台、无线电视电台、有线广播电视系统经营者、有线电视节目播送系统及卫星电视节目供应事业非戏剧节目表演者，应由邀请单位向"内政部"申请大陆电影从业人员来台许可时，在活动计划书与行程表中叙明。或由邀请单位于大陆电影从业人员参加各该媒体活动十日前，备函并检附活动计划书与行程表，向本部申请许可"之规定由于实际操作中一般都以在计划书或行程表叙明方式进行，因此在新规定中，将"或由邀请单位于大陆电影从业人员参加各该媒体活动十日前，备函并检附活动计划书与行程表，向本部申请许可"之规定删除。

二、法规的主要特征

（一）法规结构体系、主要内容相对稳定

1987年和1992年前后，台湾当局废止了很多旧的两岸大众传播交流法规，出台大量新法规，在推翻了旧的法规体系的基础上，构建起新的法规体系，因此前两个阶段台湾地区两岸大众传播交流法规的变革是一种"断裂式"的制度变革。本时期法规变革的方式与之不同，是一种"改良式"的制度变革。1992年–2003年出台的"两岸关系条例""大陆地区人士进入台湾地区许可办法""大陆地区出版品电影片录像节目广播电视节目进入台湾地区或在台湾地区发行销售制作播映展览观摩许可办法"等主要法规得以沿用，本时期台湾地区两岸大众传播交流法规的体系结构和1992年–2003年的基本一致。主要的变化是这些法规进行了较大规模的修正，如2003年"两岸关系条例""两岸关系条例施行细则""大陆地区出版品电影片录像节目广播电视节目进入台湾地区或在台湾地区发行销售制作播映展览观摩许可办法"全文修正发布，2004年"台湾地区人民进入大陆地区许可办法"修正公布全文更名为"台湾地区公务员及特定身分人员进入大陆地区许可办法"，并出台了"大陆在台广告活动管理办法"等几部法规。而从2003年至今的十几年间，大部分台湾地区两岸大众传播交流法规都经历修正，有的修正次数还很多，如"大陆地区出版品电影片录像节目广播电视节目进入台湾地区或在台湾地区发行销售制作播映展览观摩许可办法"修正5次，"大陆地区影视节目得在台湾地区发行、映演、播送（放）之数量、类别、时数"几乎每年修正。尽管修正次数很多，但其基本精神和原则却相对稳定。其规则虽有变化，但也保持延续性，是一种渐进式的变化。台湾地区两岸大众传播交流法规的相对稳定，与这一时期台湾不再如前面两个时期那样历经激烈的社会转型，政治、社会、法制相关稳定有关系。

法规的相对稳定，一方面使得台湾当局所设置的两岸大众传播交流的种种制度限制依然存在，两岸大众传播交流难以有突破性的发展。但另一方面，它也起到了保障、稳定两岸大众传播交流的作用。这一时期两岸关系历经较大变化，在陈水扁任内，他鼓吹"台独"，制造两岸间动荡局面，采取各种方式破坏两岸大众传播交流；2016年，蔡文英上台，台湾当局不承认"九二共识"，使得2008年以来发展较好的两岸交流遭遇波折。法规的相对稳定，在一定程度上限制了陈水扁、蔡英文当局的破坏活动，对保障两岸大众传播交流相对稳定起到了一定作用。这一时期法规的相对稳定，还使得法规的可预测性和指导作用有所提升，有利于法规的运行。

（二）泛政治化色彩依然较强

随着台湾民主转型的完成，台湾的意识形态领域进一步开放，言论自由的空间扩大，台湾法规中的"反共"条文被逐步修正、删除。2008年的"大法官释字第644号解释"对"人民团体法主张共产主义、分裂国土之团体不许可设立规定是否违宪"进行解释时，认为其"显已逾越必要之程度，与宪法保障人民结社自由与言论自由之意旨不符，于此范围内，应自本解释公布之日起失去效力"。并认为"言论自由有实现自我、沟通意见、追求真理、满足人民知的权利，形成公意，促进各种合理的政治及社会活动之功能，乃维持民主多元社会正常发展不可或缺之机制"应当受到充分保护。2011年5月，"人民团体法"进行重大修正，第2条"人民团体之组织与活动，不得主张共产主义，或主张分裂国土"被删除。"国家安全法"于2011年11月8日进行重大修正，其第2条"人民集会、结社，不得主张共产主义，或主张分裂国土。前项集会、结社，另以法律定之"之规定被删除。这为两岸大众传播交流法规摆脱政治束缚，进一步淡化泛政治化色彩创造了良好的环境。

然而在台湾地区两岸大众传播交流法规中，泛意识形态的色彩，乃至"反共色彩"依然存在。例如"广播电视法"虽然在2003年、2006年、2011年进行了三次修正，但是其第21条关于广播电视节目内容不得"违背反共复国国策"的规定依然没有变化；相关规定一直到2016年"广播电视法"重大修订时方被删除。又如"大陆地区出版品电影片录像节目广播电视节目进入台湾地区或在台湾地区发行销售制作播映展览观摩许可办法""大陆地区主创人员及技术人员来台参与合拍电视戏剧节目审核处理原则"等法规，要求进入台湾或者在台湾的大陆大众传播品不得有"宣扬共产主义或从事统战者"和"凸显中共标志者"。又如"大陆在台广告活动管理办法"对广告可能涉及的政治性内容进行了严格限制，要求大陆在台广告不得为中国共产党做任何有政治目的宣传，不得凸显中国共产党标志、标语、旗帜、图像或其它政治性标示。甚至2009年新出台的"大陆地区主创人员及技术人员来台参与合拍电视戏剧节目审核处理原则""大陆地区电影从业人员来台参与国产电影片或本国电影片制作审核处理原则"还要求要提交合拍影视剧内容无宣扬共产主义或从事统战、凸显中共标志者情形的切结书。在台湾的法规体系中，"大法官解释"具有"宪法"效力，法规不能违背其确立的原则。因此台湾地区两岸大众传播交流法规中对大陆大众传播品"宣传共产主义者"加以禁止的规定，实质上不仅仅是因其"内外有别"

而显得不公正，更是"违宪"而不具备"合法性"。而这种"反共"规定也不符合"台湾是一个'言论自由'的世界"的自诩。

除了"反共"色彩没有消除外，台湾两岸大众传播法规的泛政治化还表现在其"防止大陆统战"的功能设定和基本原则基本没有变化。"大陆地区出版品电影片录像节目广播电视节目进入台湾地区或在台湾地区发行销售制作播映展览观摩许可办法""大陆地区主创人员及技术人员来台参与合拍电视戏剧节目审核处理原则"等法规依然要求进入台湾或者在台湾传播的大陆大众传播品不得"从事统战"。台湾当局对大陆向台湾进行的大众传播设置的重重限制依然存在，依然对大陆对台大众传播活动进行严格的监控、过滤、阻碍。这种沉重的政治承担，使两岸大众传播交流的管理无法按照其作为文化交流和民间交流的正常性质进行。也决定了台湾地区两岸大众传播交流法规对两岸大众传播交流，尤其是对大陆对台的大众传播交流活动的管理，依然要实行管制主义原则。

本时期台湾地区两岸大众传播交流法规的这种泛政治化色彩，体现了台湾当局的意识形态偏见和对大陆的戒备防范之心。由于缺乏对大陆的政治信任，大陆的大众传播活动往往被视为宣传共产主义或者进行"统战"，而需要隔离和过滤。这让相关法规无法更好地担负起保障人民言论自由权利的责任，难以保证两岸大众传播交流的健康、有序。泛政治化还使台湾地区两岸大众传播交流法规出现了价值扭曲，它所追求的最高价值，并不是现代民主法制的所遵从的自由、民主、正义等价值，而是体现了过高的对秩序的追求，是对"大陆统战"的假想和过度敏感。相关法规甚至是隐藏着"台独"的倾向的，近年"人民团体法""国家安全法"修正，删去"不得主张分裂国家"之规定，似乎"主张分裂国家"是"合法"的，宣传祖国统一却要被界定为"统战"而遭到法律禁止，两相对照，不难发现其中的"台独"政治倾向。

泛政治化使得台湾地区两岸大众传播交流法规呈现出"内外有别"的歧视性，加剧了两岸大众传播交流规则的不平衡状况。这一时期相关法规对台湾向大陆进行的大众传播活动几乎没有特殊限制。因此，台湾对大陆所进行的大众传播交流活动只要如一般的大众传播活动那样，遵循一般性规范就可以，有很大的自由空间。而关于大陆向台湾进行的大众传播活动，法规数量不仅没有减少，反而进一步增加。台湾当局构建了多达二十多部的专门法规，设置了诸多规范，对大陆大众传播人士进入台湾的申请方式、程序及其在台湾的活动，对大陆大众传播品进入台湾或在台湾传播的数量、类别、时段、内容等都进行全面限制。对台湾向大陆进行的大众传播活动实行的是自由主义的管理原则，而对大陆向台湾进行的大众传播活动还依然实行管制主义的管理原则，致使两岸大众传播交流不平衡。

（三）法规依然落后于两岸大众传播交流实践

该时期台湾地区两岸大众传播交流法规对两岸大众传播交流的限制进一步放宽。如"大陆地区出版品电影片录像节目广播电视节目进入台湾地区或在台湾地区发行销售制作播映展览观摩许可办法"于2003年修正，开放了大陆杂志在台湾发行。如"大陆地区影视节目得在台湾地区发行、映演、播送（放）之数量、类别、时数""申请观摩大陆地区电影片之数量及放映场次"经历数次修正，允许数量更多的大陆影视节目在台湾传播。又如2003年"大陆在台广告活动管理办法"出台，解除了大陆商品和服务在台投放广告需经政府主管部门事先审批的限制，使部分大陆商品、服务、劳务可直接在台进行广告活动，大陆在台广告活动部分"解禁"。

但这种放宽只是一种局部的，有限的放开，是一种"挤牙膏式"的开放。与1992－2003年的台湾地区两岸大众传播交流法规相比，这一时期相关法规基本原则、规范没有质的变化。以前两岸大众传播交流所要面对的繁琐程序和严格限制也基本存留，如大陆传播人士入台时要填写繁复的表格，经历繁琐的审批程序，要设立保证人，在台活动要根据提交的计划表开展，大陆大众传播品在台湾传播的数量、类别、内容等都要受到严格审查和限制，都没有改变。而在这几年间，两岸大众传播交流发生了巨大的变化。两岸大众传播人士往来、交流极为频繁，一些台湾的大众传播人士甚至将生活和工作的重心都放在大陆。台湾和大陆的大众传播品大量、广泛地在对岸进行传播，产生很大影响，例如近年大陆电视节目《甄嬛传》《我是歌手》《中国好声音》《琅琊榜》等在台湾热播，创下收视或网络收看的纪录。两岸大众传播的理念相互渗透、融合，两岸大众传播合作的方式、模式、机制有新的进展。有些学者还认为两岸媒介共同市场或者两岸大众传播共同体正在形成。面对日益发展的两岸大众传播交流和逐渐融合的两岸大众传播产业，台湾的两岸大众传播交流法规明显滞后。由于法规的限制和某些政治力量的阻挠，很多两岸大众传播交流事务的不到解决，两岸大众传播交流发展受到阻碍。如两岸新闻媒体在对岸常驻，一直是两岸媒体人迫切希望的，大陆方面也大力推动，但十几年间台湾当局一直以各种原因加以延宕。如近年大陆的电视节目在台湾屡屡掀起收视高峰，深受台湾受众的欢迎，一些台湾有线电视事业也希望大陆电视频道落地或增加大陆电视节目播映的时间比例，但受到台湾相关法规的限制无法如愿。如台湾的传媒业近年面临生存发展的困境，迫切的期盼大陆在台投播广告，然而相关法规却对大陆在台投放广告进行种种限制，使其难以实现。

第二节　法规运行状况

一、法规创制：以"委任立法"方式为主，部分法规创制以两岸协商方式进行

本时期两岸大众传播交流法规构建的方式依然和1992年－2003年一样，主要采用"委任立法"的方式，由"两岸关系条例"确定基本原则，并授权"内政部""文化部""新闻局"等行政机构制订具体规范。因此，本时期相关法规也同之前一样，富有"弹性"，保留了很多"便宜"空间。台湾的行政机关集管理者和立法者于一身，对法规的虽然不能随意"拿捏"，但却可以较为便利地根据自己的意图对其加以修正，从而影响了相关法规的安定性。因此这一时期两岸大众传播法规依然较不稳定，修正次数很多，如"大陆地区出版品电影片录像节目广播电视节目进入台湾地区或在台湾地区发行销售制作播映展览观摩许可小法"在这一时期修正了5次，而"大陆地区影视节目得在台湾地区发行、映演、播送（放）之数量、类别、时数"从2009年10月到2010年8月不到一年时间内修正了4次。这不利于构建稳定的两岸大众传播法规体系，使得法规的行为预测和指导功能受到影响。但从台湾的两岸政策和两岸事务管理法规建设的基本精神看，这种"委任立法"的方式在短期内难以改变。

两岸两会于2008年恢复制度性协商，达成了诸多协议。两岸文教交流及相关制度的构建也是两岸两会协商的主要内容之一。在两会达成的协议中有部分内容涉及两岸大众传播交流，对两岸大众传播交流法规有一定影响。如在ECFA中，两岸确定了"加强和增进海峡两岸之间的经济、贸易和投资合作。促进海峡两岸货物贸易和服务贸易进一步自由化，逐步建立公平、透明、便利的投资及其保障机制。扩大经济合作领域，建立合作机制"的目标。在协议的早期收获部门和开放措施中，也有关于两岸大众传播交流的内容，并直接对相关制度产生影响。如大陆在协议的早期收获部门和开放措施中承诺，

台湾的华语电影片不受进口配额限制在大陆发行放映。2013 年 1 月 17 日，国家广电总局发布《国家广电总局电影管理局关于加强海峡两岸电影合作管理的现行办法》，法规规定"凡取得《电影片公映许可证》的台湾影片，作为进口影片在大陆发行，不受进口影片配额限制"，"大陆与台湾合作摄制的影片在大陆发行方面，享受国产影片相关待遇"，以法规形式落实了在 ECFA 中所做的承诺。2013 年两会签署《海峡两岸服务贸易协议》。根据协议，台湾承诺开放多项大众传播服务项目：在广告服务业方面，承诺开放大陆服务提供者在台湾以独资、合资、合伙及设立分公司等形式设立商业据点，提供广告服务等项目。在印刷及其辅助服务业方面，承诺开放大陆服务提供者在台湾设立合资企业，提供印刷及其辅助服务。在进口大陆电影方面，承诺将进口的大陆电影数量扩大到 15 部等。该协议生效后会引起台湾地区两岸大众传播交流法规一波较大规模的修正是可由预期的。但由于 2014 年"太阳花学运"的发生和 2016 年蔡英文当局上台等因素，该协议被搁置并有可能最终落空。

从现状看，两岸协商达成协议，根据协商成果共同构建两岸大众传播交流法规的方式，还远不是两岸大众传播法规创制的主要方式，两岸协议在台湾地区两岸大众传播交流法规所占比例也很小。而 2016 年蔡英文上台后，台湾当局不承认"九二共识"，导致两岸制度化协商的渠道、机制中断，两岸共同建构两岸交流制度的机制受到严重破坏，两岸制度性公共产品的供给出现"梗阻"。但两岸的和平统一是必然趋势，从两岸关系和两岸大众传播交流发展的长远趋势看，通过两岸协商推动制度建设，会越来越成为台湾地区两岸大众交流法规创制的重要方式。其原因首先是随着两岸大众传播业的发展和两岸大众传播交流的发展，形成的关系和衍生的事务越来越多，也越来越复杂，很多问题必须依靠两岸协商来解决。其次是两岸政治关系等基础性问题，未来终归要彻底解决，这必须依赖于两岸的更高层级的制度化、常态化协商，随着双方进行协商的级别的升高和数量增多（如未来两岸互设常驻办事机构等），两岸大众传播交流的议题会更多地摆到两岸协商的平台上来。因此为了更好地处理两岸大众传播交流事务，满足两岸人民的共同需求，台湾当局应当尽早回到承认"一个中国"的正确轨道上来，双方通过协商共同生产制度性公共产品，作出具体制度安排，为两岸大众传播交流开拓更大制度空间，为两岸大众传播交流制度的构建开创一种新的模式、机制。

二、执法：主管机关的重大调整

2012 年"行政院新闻局"裁撤前，两岸大众传播交流的管理机构设置没有大的变化，依然是以"行政院新闻局"作为主管机构，而"陆委会"发挥统筹处理作用，海基会则进行协调、协助。

2003 年"大陆在台广告活动管理办法"颁行，部分大陆商品、服务可在台进行广告活动。台湾的广告管理实行的是多部门联合管理的方式。因此，有众多部门参与对大陆在台广告活动的管理工作。根据"大陆地区物品劳务服务在台湾地区从事广告活动管理办法"的规定，大陆在台广告活动的主管机关如下：

表 4.4　大陆在台广告活动主管机关表

序号	事项	主管机关
1	不动产开发与交易、婚姻媒合、宗教及其他与内政业务相关之广告活动或其内容	"内政部"
2	酒品、税务代理人、记帐士执业服务及其他与财政业务相关之广告活动或其内容	"财政部"
3	教育机构之招生事宜、居间介绍、运动会及其他与教育、体育业务相关之广告活动或其内容	"教育部"
4	律师执业服务及其他与法律业务相关之广告活动或其内容	"法务部"
5	招商投资、工商业、商标与专利等智能财产权之代理及其他与经济业务相关之广告活动或其内容	"经济部"
6	交通运输、邮政、观光旅游及其他与交通业务相关之广告活动或其内容	"交通部"
7	劳工人力资源之劳务提供、就业服务及其它与劳工业务相关之广告活动或其内容	"行政院劳工委员会"
8	农业（农、林、渔、牧）及其他与农业业务相关之广告活动或其内容	"行政院农业委员会"
9	药物、食品、化妆品、烟品、医疗服务及其它与卫生福利业务相关之广告活动或其内容	"卫生福利部"
10	出版品、电影片、录像节目、广播电视节目、视觉艺术产业、音乐与表演艺术产业、展演设施产业、工艺产业、流行音乐、文化内容产业，及其他与文化业务相关之广告活动或其内容	"文化部"

序号	事项	主管机关
11	金融服务业（银行、证券、期货、保险）及其他与金融机构业务相关之广告活动或其内容	"金融监督管理委员会"
12	电信服务业及其他与电信事业相关之广告活动或其内容	"国家通讯传播委员会"
13	其他广告活动或其内容	依各"部会"业务职掌区分

资料来源：台"行政院大陆委员会"：《大陆事务法规汇编》（修订第13版），台北：台"行政院大陆委员会"，2016年，第595页。

　　2006年，"国家通讯传播委员会"（英文简称NCC）成立，该会承担了部分两岸大众传播交流管理工作。根据"国家通讯传播委员会组织法"，该委员会成立后，"广播电视法""有线广播电视法""卫星电视法"等通讯传播法规中涉及其管理范围的事项，其职权原属"交通部""行政院新闻局"等机关的，都变更为由该会主管。NCC作为台湾通讯传播管理领域的最高主管机关，取代了很大一部分原来"新闻局"的职权，拥有对两岸大众传播交流中"资通安全之技术规范与管制""境外事务及国际交流合作之处理""违反通讯传播相关法令事件之取缔及处分"等相关事务进行管理的权力。但在"新闻局"裁撤以前，大多数两岸大众传播交流具体事务依然由"新闻局"主管。

　　2012年5月20日，"行政院新闻局"正式裁撤。"新闻局"的裁撤，是台湾大众传播管理的一件大事。"新闻局"自1970年代以来，一直是台湾大众传播的主管机构。该局裁撤后，原来由其主管的两岸大众传播交流事务基本由"文化部"承担。而"文化部"执掌相关事务的公务人员也基本是由原来"行政院新闻局"的相关公务人员转任的。这保证了相关事务转接的平稳和连续性，因此"行政院新闻局"裁撤并没有带来两岸大众传播交流管理上的根本变化。

三、知法、守法状况不佳

　　本时期台湾地区两岸大众传播交流法规依然是法规数量众多，规范繁复，修正频繁，尤其是关于大陆向台湾进行大众传播方面的规定尤为繁复，这使得对相关法规的认知有较大困难。台湾普通民众甚至相关的台湾大众传播专业人士对相关法规往往也并不熟悉。以"大陆广告管理办法"为例，该法规颁行于2003年，2011年进行修正，对部分规范进行调整。然而不少台湾媒体并不了解该法规，将此次法规修正误报为通过新法规，认为此举是要为大陆在台广告松绑。这次误报在岛内引起了较大反响，使得"大陆委员会"不得不专门发布新闻通稿，强调该次修正"并未松绑任何新项目……部分媒体报导内容多所错误，特予澄清"，并逐一对修订事项作澄清说明①。这个个案，反映出台湾各界甚至是传媒业者对台湾地区两岸大众传播交流法规的认知状况不佳。法规宣教不力和民众对法规认知状况不佳，很大程度上影响了台湾地区两岸大众传播交流法规的运行。

由于法规认知状况不佳，直接影响了台湾地区两岸大众传播交流法规的守法状况。以"大陆广告管理办法"的执行状况为例。根据台湾"内政部"统计，2003 年到 2004 年，台湾相关政府部门共查处 13 件涉及大陆的违规广告，裁罚总金额为 410 万元新台币。这些违规广告出现在报纸、杂志、电视、网络上，内容涉及投资、不动产、婚介等方面。②2010 年 7 月至 9 月间，"陆委会"就发现涉嫌违法的大陆招商广告 70 余件，并将案件移请"经济部"及相关主管机关处理。③又如 2013 年，湖南卫视综艺节目《我是歌手》热播，节目受到台湾受众追捧，很多台湾受众通过网络收看了该节目。4 月 12 日，该节目播出总决赛，引起包括东森、TVBS、中天等多家台湾电视台关注。为取得高收视率，它们不惜冒违犯"大陆地区出版品电影片录像节目广播电视节目进入台湾地区或在台湾地区发行销售制作播映展览许可办法"等法规的危险，未经"文化部"等部门事先审批，以"转播新闻"为借口"偷吃步"直播节目。事后根据 NCC调查，几家电视台盗播节目的比例"东森新闻台为最多，在这段期间播出比例为 72.75%，TVBS 播出比例为 39.37%，TVBS 新闻台则为 21.61%，中天新闻台仅有 18.56%……如果以同时段直播'我是歌手'的秒数来计算的话，东森达五九三三秒，直播比例占了四成以上。"④对节目的核心部分，即歌手演唱歌曲，

---

　　① "大陆委员会"：《陆委会关于媒体报道"中国广告登台拟松绑"之澄清说明》，台"陆委会"网站，获取网址：http://www.mac.gov.tw/public/Data/222143702.pdf，发布时间：2011 年 10 月25 日。

　　② 中国评论通讯社：《大陆物品"广告"在台被罚金 410 万元》，获取网址：http://gb.chinareviewnews.com/doc/1000/0/3/9/100003920.html?coluid=0&kindid=0&docid=100003920，发布时间：2005–06–30。

　　③ 王捷鹏：《陆委会移送大陆违法广告》，中央日报网路报，获取地址：http://www.cdnews.biz/cdnews_site/docDetail.jsp?coluid=111&docid=101349590，发布时间：2010–11–12。

　　④ 钟惠玲：《NCC 调查：我是歌手东森播最多》，中时电子报，获取网址：http://news.chinatimes.com/society/11050301/112013061200017.html，发布时间：2013–06–12。

宣布冠军获得者部分，几家电视台都盗播。而转播也得到了很高的收视率，"东森新闻播了整整五个小时，平均收视 2.15，晚间十点那节高达 3.73，其它新闻台收视率平日维持成绩约 0.5 到 0.6，差距惊人"。[①] 台湾媒体不惜突破相关法规的限制，传播大陆的大众传播品，从"戒严"时期以来就一直是一个较为普遍的问题。其原因较为复杂，但台湾地区两岸大众传播交流法规保守落后，不合时宜，跟不上形势发展的需求，甚至人为设置制度障碍，阻碍两岸大众传播交流的正常发展，使得台湾民众被迫"违法"进行本应当正常进行的某些两岸大众传播交流活动，是重要原因。

四、法规的运行易受各种因素，尤其是政治因素的干扰

进入二十一世纪，台湾的法制改革有不少进展，台湾当局颇以此自许，将法治作为台湾的一个标签。然而两岸大众传播交流法规的运行，却时常受到各种因素，尤其是政治因素的干扰，使得法规难以落实，难以体现法治的精神。

例如 2005 年 4 月 10 日，台"陆委会"突然宣布要"持续检讨两岸媒体交流秩序及开放管理政策……在政策检讨未有具体结论前，将暂缓人民日报与新华社两媒体来台驻点"[②]，以这种"莫须有"的罪名中止了已经在台湾正常"驻点"近 4 年的新华社、人民日报的在台"驻点"采访。据分析，台湾民进党当局此次中止这两家大陆媒体"驻点"采访的原因有：一是要反制全国人大通过的《反分裂国家法》；二是因为 2005 年国民党主席连战率团访问大陆，受到两岸人民高度评价，民进党当局想以此进行反制，转移台湾民众的政治关注；三是这两家大陆最大的媒体客观报道了台湾社会与民进党当局不同的舆论观点。民进党当局的这种举动引起了海内外各界的抨击和谴责，《中国时报》《新新闻》等岛内媒体纷纷发表评论对这种违背新闻自由，影响台湾开放形象，影响两岸关系的行为加以批驳。2005 年 4 月 14 日，总部设在巴黎的"无疆界记者"也表示"我们深信新闻与信息的权利，不应因为政治立场的差异而被牺牲"，因此呼吁台湾当局撤销中止人民日报和新华社驻点的决定。[③] 然而民进党当局却充

① 易慧慈等：《中天、东森未审直播我是歌手》，自由电子报，获取网址：http://www.libertytimes.com.tw/2013/new/apr/14/today–fo4.htm，发布时间：2013–04–14。

② 郑固固等：《台当局称将"暂缓"人民日报、新华社记者驻点》，人民网，获取网址：http://tw.people.com.cn/GB/14812/14875/3308507.html，发布时间：2005–04–10。

③ 转引自赵怡等：《对于陆委会中止大陆记者驻点之分析》，财团法人"国策"研究基金会网站，获取网址：http://www.npf.org.tw/post/3/3238，发布时间：2007–10–31。

耳不闻，坚持错误做法，在民进党当政期间，这两家媒体的驻点始终未能恢复。这一问题一直到 2008 年民进党下台，马英九当选台湾地区领导人后，方迎来转机，才于当年 7 月恢复了这两家媒体的驻点采访。这一事件如台湾学者赵怡所评论的那样："新闻自由犹为检视一个国家民主开放的重要指标，政治人物应给予尊重，不应擅自横加钳制。在两岸文化交往频繁，商业交易热络，和平氛围广被期待的此刻，两岸互派记者驻点可协助打开心结，有助于化解敌意，增进彼此的了解，应该给予鼓励，甚至酌商成为常驻的型态，以方便专业新闻工作的进行。然而，民进党政府不进反退，有悖常理，事后欲盖弥彰，强加说项，只有引发新闻业界与社会大众更多的不解。"①

　　典型的例子还有台湾当局停止大陆电视频道在台湾落地事件。20 世纪 90 年代前期，台湾的有线电视业者转播多套大陆电视节目，台湾受众通常可以收看央视的 1 套、2 套、3 套、4 套以及贵州电视台、云南电视台、北京电视台的卫视节目。1993 年"有线电视法"颁行，台湾当局收紧了对有线电视业者转播大陆卫星电视的管理。1996 年"大陆地区出版品电影片录像节目广播电视节目进入台湾地区或在台湾地区发行销售制作播映展览观摩许可办法"修正，正式"开放"台湾有限电视转播大陆电视节目。但根据该法规第 13 条"有线电视系统经营者、有线电视节目播送系统经营者经向主管机关申请核定后"方可进行转播。根据该规定，台湾当局只批准了年代公司代理转播央视 4 套。2002 年 4 月，由于部分民进党"立委"声称央视 4 套在台湾播出不合法，台湾当局突然宣称要停止央视 4 套在台湾播出。其理由是代理央视 4 套的年代公司没能如期把授权书交给有线电视系统业者，所以播出该频道节目的行为均属违法，要等补齐文书方能恢复转播。在当局的干扰下，年代公司于 2003 年 1 月 1 日起不再代理央视 4 套节目。2003 年 2 月 27 日，"新闻局"正式宣布不同意央视 4 套节目讯号在台湾落地，原因是"两岸媒体交流不平等"。2008 年后两岸关系出现转机，两岸曾商讨大陆卫星电视在台落地事宜，台湾方面答应予以考虑。2008 年央视向"新闻局"提出落地申请，但并未获核准。2011 年，台"文化部"声称"鉴于两岸关系近期在持续不断的沟通、协商及对话下，正朝积极、务实、合作、互利之方向前进。是以，文化部正积极研议两岸卫星电视频道相互落地

　　① 赵怡等：《对于陆委会中止大陆记者驻点之分析》，财团法人国策研究基金会网站，获取网址：http://www.npf.org.tw/post/3/3238，发布时间：2007–10–31。

之可行性及合理对策方案。"① 但至今，台湾当局却还一直借口双方要对等落地，拖延该问题解决。2013 年 4 月，台"文化部长"龙应台在接受媒体采访，虽然说"央视与凤凰台的国际新闻做得不错……开放社会不害怕封闭社会的思想进入"，但却宣称大陆卫星电视"能否来台落地，文化部要视影视发展布局而定，若大陆允许台湾电视频道落地，双方就能谈，若不允许，连谈的基础也没有。"② 而据台湾学者分析，大陆卫视在台落地问题多年来难以解决，除了台湾当局纠结的所谓的"对等"外，另一个重要原因是谁都不愿意冒着被部分台湾政治人物抨击的危险来做这个事情。因此，这一事情"成了一个'烫手山芋'……谁也不愿意插手管。"③

类似的例子还很多。如 2009 年国庆，中天新闻、东森新闻、TVBS 新闻同步转播国庆阅兵实况，前两家还各邀 4 位专家做点评，中视等多家电视台也插播了有关新闻，台湾民众看得很"过瘾"。但这种正常的新闻播出行为却被某些政治人物染上政治色彩。10 月 2 日，民进党人赵天麟、郑文灿称，该行为违反"两岸关系条例""大陆地区出版品电影片录影节目广播电视节目进入台湾地区或在台湾地区发行销售制作播映展览观摩许可办法"等法规中大陆节目需先送审方能播出的规定，要"新闻局"处罚三家电视台。最终，"新闻局"经过了一番摇摆后，认定几家电视台行为是合法的。因此，"归根结底，这无疑是一场政治操弄。"④ 台湾《中国时报》社论也说："真该恭喜民进党，经过了 60 年，终于学会认同当年蒋介石统治台湾的方法，使用政治意识形态控制新闻传播自由……"⑤ 这些案例显示了两岸大众传播交流极易受到各种因素尤其是政治因素的干扰，某些政治人物、政党可以为了一己之私，一党之利益，完全置言论自由的基本精神和相关法规的规定于不顾。

---

① 台"文化部"：《大陆及港澳地区广播电视节目在台播出及卫星频道落地审查》，台"文化部"网站，获取地址：http://www.moc.gov.tw/images/egov/2011gpr/cca36.html，发布时间：2011–12–15。

② 《龙应台：台媒先登陆再谈央视》，苹果日报网站，获取地址：http://www.appledaily.com.tw/appledaily/article/headline/20130430/34986213/，发布时间：2013–04–30。

③ 邓媛、晓德：《烫手山芋变成香饽饽央视"重返"台湾大约在冬季？》，中国网，获取地址：http://www.china.com.cn/overseas/txt/2008–07/16/content_16015509.htm，发布时间：2008–07–16。

④ 艾哲：《台媒体转播大阅兵引发岛内政治纷争》，新浪网，获取网址：http://news.sina.com.cn/c/2009–10–09/150318795936.shtml，发布时间：2009–10–09。

⑤ 艾哲：《台媒体转播大阅兵引发岛内政治纷争》，新浪网，获取网址：http://news.sina.com.cn/c/2009–10–09/150318795936.shtml，发布时间：2009–10–09。

第三节　法规的深层结构解析

一、两岸关系对台湾地区两岸大众传播交流法规的影响

（一）陈水扁在任期间，两岸关系的动荡及其对相关法规的影响

2002 年 8 月 3 日，陈水扁在"世界台湾同乡会联合会"第 29 届年会上发布致辞，抛出了"一边一国"论。他宣称"台湾是一个主权独立国家"，"台湾跟对岸中国'一边一国'"。这标志着陈水扁背弃了其上任之初提出的"四不一没有"政策，背弃其多次表示要改善两岸关系的承诺。随着台湾地区领导人选举的日益临近，陈水扁进一步利用"统独议题"为自己争取选票。他的"台独"的时间表是要在 2004 年进行第一次"公投"，2005 年制订新"宪法"，2006 年通过公投产生新"宪法"，2008 年将该法付诸实施。2003 年，陈水扁利用"公投"进行"台独"活动。当年 11 月 27 日，台"立法院"通过了"公投法"。在泛蓝阵营的反对下，绿营提出的有利于"台独"的多数条款未获得通过，但有关"防御性公投"的条款获得通过。之后，陈水扁利用"防御性公投"相关条款，将"公投"与选举捆绑，在选举期间利用"公投"进行"台独"活动，鼓吹通过"公投""制宪"，使台湾成为一个"正常、完整、伟大国家"。台湾领导人选举投票前一天，发生了"319 枪击案"，陈水扁以微弱多票胜选。尽管蓝营以"319 枪击案"真相不明，而不承认选举结果，但陈水扁径行公布当选。5 月 20 日，在他的就职演说中，虽然"个人建议"不把涉及"国家主权、领土及统独问题"纳入"宪改"范围内，但仍然坚持"台独"立场，还首次使用了"台湾中华民国"的提法。此后，陈水扁在"国安高层会议"等多个场合依然鼓吹"一边一国"论。

在第二个任期内，陈水扁糟糕的执政业绩，不断爆发出来的贪腐弊案，和民进党在三合一选举中的溃败，使得陈水扁不论在民进党内还是在岛内民众中的声望、影响力大幅降低。在这样的情况下，陈水扁仍然顽固地进行"台独"活动，以"台独"精英形象，争取"基本教义派"等激进"台独"势力的支持，维护自己的摇摇欲坠的权力。2006 年元旦，陈水扁对两岸交流合作提出了所谓"积极管理，有效开放"的原则，否定了他先前提出的"积极开放，有效管理"原则。随后他又在春节谈话中宣布"终统"，提出要废除"国家统一纲领"和"国家统一委员会"。这标志着陈水扁从"一边一国"走向更加激进的"台独"。

2007 年 3 月，陈水扁在出席"台湾人公共事务会"时，提出了所谓"台湾要独立、正名、新宪、发展，台湾没有左右问题，只有统独问题"。陈水扁的"台独"路线，使两岸关系发展受到损害。国民党、亲民党等政治力量和民众，对他的"台独"言行也进行了批驳和斗争。陈水扁抛出"一边一国"论后，国民党主席连战认为台湾需要的是安定和平的环境，而陈水扁的言行给台湾带来灾难。2005 年，国民党、亲民党、新党主席先后访问大陆，两岸政党交流对话平台和反"台独"共识得以建构。

面对陈水扁对一个中国原则的公然挑衅和"台独"言行，大陆方面进行严正批驳和斗争。2002 年，陈水扁抛出"一边一国"论后，钱其琛给予了严正批驳，指出"任何形式的'台独'都是绝对不允许的"。当年 9 月 30 日，朱镕基在国庆招待会上指出，台湾当局领导人的言行是对一个中国原则的公然挑衅，是注定要失败的。2004 年，陈水扁发表第二次当选台湾地区领导人的讲话后，胡锦涛指出我们将以最大诚意，尽最大努力实现两岸和平统一，但绝不容忍"台湾独立"。2004 年 12 月，《反分裂国家法》立法程序启动，2005 年 3 月，该法通过。《反分裂国家法》以法律的形式确定了台湾是中国的一部分，国家绝不允许"台独"分裂势力以任何名义、任何方式把台湾从中国分裂出去的原则。《反分裂国家法》的制定和实施，是两岸关系史上具有重大意义的事件。它对促进两岸关系发展，对遏制"台独"势力分裂国家具有重大的现实意义和深远影响。2005 年 3 月 4 日，胡锦涛在政协座谈会上发表讲话，提出了"胡四点"，强调坚持一个中国原则决不动摇，争取和平统一的努力决不放弃，贯彻寄希望于台湾人民的方针决不改变，反对"台独"分裂活动决不妥协。

另一方面，党和政府依然牢牢把握两岸关系和平发展的主题，始终真诚地为两岸同胞谋福祉，为台海地区谋和平，维护两岸和平稳定的局面。这对两岸交流合作能在诸多不确定因素下持续发展发挥了重要作用。2004 年，国台办受权发表"五·一七"声明，既对"台独"发出不要"玩火自焚"的严正警告，明确表示坚决捍卫国家主权和领土完整的意志决不动摇的立场，还指出了在坚持一个中国原则前提下，两岸可以实现"和平稳定发展的光明前景"，两岸同胞可以进一步密切各种交流，消弭隔阂，增进互信，积累共识。2007 年，胡锦涛在十七大报告中指出"十三亿大陆同胞和两千三百万台湾同胞是血脉相连的命运共同体"，提出要"牢牢把握两岸关系和平发展的主题"，要"在一个中国原则的基础上，协商正式结束两岸敌对状态，达成和平协议，构建两岸关系和平发展框架"。这体现了中国政府对维护台海和平，促进两岸关系和平发展的诚意和信心。党和政府维护两岸和平发展的政策和举措，是两岸大众传播交流能保持基本稳定并向前发展的重要因素。

陈水扁的"台独"立场和活动，使两岸关系历经波折，也极大地影响了两岸大众传播交流的发展。在"台独"立场和"戒急用忍"政策下，"有限制的，敌对性的交流，成为民进党两岸传播政策的主轴"[1]。尤其是陈水扁在"一是政绩恶劣，已无'政绩合法性'；二是人格破产，更无'道德合法性'"[2] 的情况下，将筹码全押在"台独"活动上，将两岸事务泛政治化，通过煽动民粹，挑动非理性的政治恶斗，将两岸议题作为牟取个人私利的工具，更使两岸大众传播交流及相关法规建设受到很大影响。首先，在陈水扁的政治操弄下，两岸大众传播交流及其制度的构建无法被作为一项公共事务和公共政策来对待。台湾当局置公共利益和人民权益于不顾，不愿深入思考如何创造两岸大众传播交流的制度空间以维护两岸大众传播交流的健康发展等问题。陈水扁在任期间，两岸大众传播交流法规只是修修补补，未能进行前瞻性的建设。其次，陈水扁当局的两岸政策加剧了两岸大众传播交流法规的"泛政治化"。将正常的、善意的两岸大众传播活动泛政治化，以此来牟取个人私利，是陈水扁惯用的办法。典型的案例就是陈水扁政府在2005年停止了新华社、人民日报的正常"驻点"，以反制《反分裂国家法》和连战访问大陆的政治影响。这种为政治私利，采用政治斗争的方式把原本正常的两岸大众传播交流活动拖进政治泥潭的做法，使得台湾地区两岸大众传播交流法规的泛政治化状况不仅难以消解，而且可能进一步恶化。

当然，两岸和平统一的必然趋势毕竟不是人为因素所能左右的。这一时期两岸交流依然呈现了发展的趋势。"在民进党执政的8年期间，两岸贸易总额成长2.8倍；台商赴大陆投资累计金额成长3.8倍；两岸旅行人数成长1.5倍"2008年大陆是台湾最大的出口市场，台湾对大陆出口为996亿美元，占其总出口额的38.5%，第一大投资地区，累计达756亿美元，占台湾对外投资总

---

① 王英：《民进党执政后两岸传播的交流与互动》，福州：福建师范大学博士论文，2008年，第43页。

② 《难阻两岸交流大势陈水扁愈"斗"愈困》，新华网，获取网址：http://news.xinhuanet. com/tai_gang_ao/2006–04/24/content_4467628_4.htm，发布时间：2006–04–24。

额的 57.1%。① 陈水扁在任期间，两岸大众传播交流虽然历经波折，发生了诸如上文所述的新华社、人民日报被台当局停止驻点等重大事件，但也依然有所进展，如大陆在台广告活动"解禁"、大陆杂志被允许在台湾发行等，而两岸大众传播交流法规虽未能有大的发展，但也能基本保持稳定。

（二）马英九上台后两岸关系的发展及其对相关法规的影响

2008 年进行的台湾地区领导人选举中，马英九当选，国民党重新执政，台湾当局对大陆政策进行了重大调整。马英九主张在"宪法一中"和"九二共识"基础上，双方"和解休兵"，维持"不统、不独、不武"的现状，推动两岸经贸交流和文化交流，使其全面正常化。虽然马英九对两岸走向统一的主张时明时暗，但其维护两岸和平发展现况，推动两岸交流的政策，有利于两岸关系的近期发展，为两岸关系的和平发展提供了难得的历史机遇。而与李登辉、陈水扁善变的政治性格和言行不一不同，马英九的大陆政策相对稳定，言行较为一致。这有利于两岸关系的恢复和发展。

2008 年底，胡锦涛在《告台湾同胞书》发表 30 周年座谈会上发表谈话，提出了恪守一个中国原则，增加政治互信；推进经济合作；弘扬中华文化，加强精神纽带；加强人员往来，扩大各界交流；结束敌对状态，达成和平协议等推动两岸关系和平发展的六点意见（简称"胡六点"）。2008 年 6 月 11 日，海基会董事长江丙坤到北京就大陆居民赴台旅游和两岸周末包机问题与海协会协商。这标志着中断十年的两岸两会制度化协商机制的重启。两会还形成了一年两次，交替在大陆和台湾举行商谈的制度化安排。通过两岸两会协商机制，到 2013 年底，两岸共举行会谈 10 次，签订协议 20 多项，促进了两岸关系发展。其中《海峡两岸经济合作框架协议》《海峡两岸服务贸易协议》中更是有多项内容直接涉及两岸大众传播交流领域。2008 年以来，大陆方面秉持"建立互信、搁置争议、求同存异、共创双赢"的方针，按照"先易后难、先经后政、把握节奏、循序渐进"的思路，与台湾方面共同推动两岸经济交流与合作，并取得一系列历史性突破。②

2008 年以来，两岸关系持续健康发展，有助于两岸大众传播交流和相关制

---

① 齐康玲:《马英九政府大陆政策之研究（2008.5－2010.5）》，台北：淡江大学硕士论文，2010 年，第 54－55 页。

② 蒋耀平:《海峡两岸经贸关系回顾与展望》，《中国流通经济》，2013 年第 1 期，第 4 页。

度建设的发展。一些累积已久的问题在这一时期得以解决，如马英九上台后很快恢复了新华社和人民日报在台湾的驻点采访。而在处理两岸大众传播交流相关事务上，马英九也更为务实和理性。两岸两会制度性协商的恢复，更是为台湾地区两岸大众传播交流法规的发展提供了条件，促进了两岸大众传播交流的发展。

然而台湾当局"暂不考虑政治议题"，主要"推动两岸经济文化发展"的政策，其实是延续了台湾自 80 年代以来形成的"官民分开""政治与经济文化分开"的政策。在这种状况下，台湾当局担忧两岸大众传播交流发展会带来政治冲击，戒备大陆通过大众传播交流搞"统战"的心理并未消弭。这影响了台湾地区两岸大众传播交流法规泛政治化问题的解决。台湾当局对一些两岸大众传播交流问题的处理，依然能够看到其泛政治化的立场。例如两岸媒体"常驻"问题，央视 4 套恢复在台湾落地问题，台湾当局虽然一直表示正在考虑，但问题至今悬而未决。问题难以解决根本的原因就是台湾当局过分纠缠"对等尊严"和"防止统战"等政治考虑。

台湾当局以维持现状为主轴的大陆政策，也让它难以更长远、宏阔的眼光来构想两岸大众传播交流的未来。在台湾地区两岸大众传播交流法规的建设方面，马英九也是贯彻维持现况的原则，法规保守和落后的状况并没有大的改变。在近年两岸大众传播交流已经出现了很多新气象、开拓了新格局的情况下，台湾相关的法规建设却没有及时跟进，这对两岸大众传播发展造成了消极影响。如台湾学者所言，台湾地区两岸大众传播交流法规"已逐渐呈现缓不济急的情形，难以因应两岸大量资讯往来，造成讯息透明度降低，间接影响台湾民众对于中国大陆事务之了解"[①]。

（三）"太阳花学运"和蔡英文上台对相关法规的影响

2014 年爆发的"太阳花学运"对台湾社会和两岸关系发生了重大影响。当年 3 月 17 日，台湾相关机构联席初审《海峡两岸服务贸易协议》，有国民党"立委"在混乱中宣布其审查超过 3 个月，依法视为已审查，引起部分人士不满。包括民进党人在内的人士策动下，3 月 18 日部分民间团体和学生冲入"立法院"，占领"立法院"议场，抗议《海峡两岸服贸协议》。23 日，又有超过一

---

① 陈恺璜：《两岸新闻采访交流之研究（1987 – 2009）——从驻点记者角度看两岸新闻交流》，台北：淡江大学硕士论文，2011 年，第 96 页。

千名学生冲入台湾行政机构。2014年4月10日，学生退出台"立法"机构议场，标志着"反服贸"事件结束。"太阳花学运"发生的原因复杂，既有新的全球化进程对台湾冲击的外部因素，也有台湾自身制度体系、社会结构、媒体文化等内部因素。而其中反映出的部分台湾民众"反中""恐中"的心理值得关注。此次"学运"以反对《海峡两岸服务贸易协议》为名，但事实上，很多人参与运动的人并不真正了解该协议。其中有不少人，甚至连《海峡两岸服务贸易协议》都没有看过，多数参与"反服贸"运动的人对"服贸协议"的了解，仅限于根据台湾大学经济系主任郑秀玲编写的"黑箱服贸自救宝典"而改编的各种版本懒人包。发起、参与一场运动，去反对一个自身都并不了解的协议，其背后的社会心理是很值得思考的。如很多论者所云，"反服贸"运动，事实上是一场"反中""恐中"社会心理的大汇演，这些反对者需要的仅是一个宣泄这种情绪和表达相关诉求的出口，是否真正了解这个协议已经不重要了。"在中国大陆崛起、台湾经济发展面临困境及对大陆依赖度升高形势下，台湾一般民众不仅既有的经济自信心崩溃，而且产生严重焦虑感，结合尚存的'台湾民主与自由'等政治优越感，'恐中''反中'情绪自然滋生。一部分人是对大陆经济崛起的恐惧与担忧，《联合报》社论称：'这场服贸协议风暴是出自台湾社会对两岸关系快速发展的恐惧与猜疑'……台湾民众在两岸关系发展中所感受到的这种'威胁'，也不只是两岸间商业竞争上的压力，还包括台湾经济依赖大陆背后的'政治危机'，'学生的诉求其实不是经济，他们担心的是两岸关系的走向'，'反服贸背后很大的因素是担心若经济过度依赖大陆市场，未来政治发展将陷台湾于不利'。……特别是'本土化'思潮下，部分台湾民众对大陆并不信任，对两岸间力量对比的'陆升台降'充满焦虑感，'学运'便是其中的反映。'学运'参与者'对于未来生存困难的共同焦虑，是事件背后最大的推动力量。'"[①]

这场"学运"对两岸大众传播交流制度发展的影响很大。其直接后果是《海峡两岸服务贸易协议》被以一种以非常规、非"法律"的方式阻断了落地进程。事件发生期间，王金平、马英九等"朝野"人士与抗议人士对话，台湾当局同意抗议人士提出的将《海峡两岸服务贸易协议》退回逐条审议的诉求，然而"学运"过去三年，该法规并未有推进的迹象。"太阳花学运"以后，当局接受了制定两岸协议监督相关法规，再以之为基础核查两岸协议的诉求，而所谓

①　严安林：《台湾"太阳花学运"：性质、根源及其影响探析》，《台海研究》，2014年6月，第6页。

的两岸协议监督条例迟迟无法出台，导致协议无法落地。更本质性的影响是两岸初步建构起来的沟通、协商机制，以及稳步推进两岸协议制订的良性互动被破坏。而这场学运"反中""恐中"情绪的大汇演，既让两岸彼此建构的好感受到一定影响，也让台湾政治人物们出于政治私利不敢轻易触碰两岸协议相关议题，一些更短视和看中自己政治私利的政客则忙于收割短期政治利益，根本不去顾及如何建构好两岸关系发展的制度空间。事实上，从"学运"发生迄今三年，两岸是"零协议"，这甚至让以"学运"的一个主要诉求——制定"两岸协议监督条例""成为聊备一格的存在"。①

　　2016年，民进党在台湾地区领导人选举中大胜，蔡文英上台。如余克礼所论："蔡英文是一个理念型的'台独主义者'，大权在握的蔡英文当局，是决不会放弃全面、广泛、深层次地推进'台独'的任何机会。从蔡英文执政一年多来各项政策意向的观察……蔡英文当局的'实质台独'基本路线已臻于完善，主要表现在，一是以'中华民国'、'现行宪政体制'及'维持现状'包装'台独'，为避免重蹈陈水扁急进'台独'的覆辙，采行李登辉的'实质台独'路线，推动'台独'进程。"②蔡当局在经济上，想要以"新南向"等各种方式减少对大陆的依赖；文化上，力图通过废止"课纲微调"等方式建构台湾文化的"主体性"；政治上，企图依靠美日"力抗大陆"，以不惹恼大陆的方式，潜行其"台独"活动。由于在经济上，台湾无法脱离对大陆的依赖；在政治上，"一个中国"已经成为国际社会的共识，美日虽然将台湾作为一个制衡大陆的棋子，但并不会为了少数"台独"分子而挑战中国的核心利益。因此"文化台独"成为蔡当局"渐进式台独"的重要手段，她逐步加快文化"去中国化"的步伐，在蔡当局治下，"'文化台独'、'教育台独'、'社会台独'活动全面升级，其实质就是要在历史、文化、民族和国家认同上，全面'去中国化'，彻底否定两岸同属一中、切断台湾与中国的历史连接，从根本上颠覆台湾民众对祖国、民族的认同感，重新构建'台独'分裂意识观……大开历史的倒车，采取种种政策

　　① 魏允平、周礼：《台"两岸监督条例"审查陷僵局，台媒：两岸已经零协议》，环球网，获取网址：http://taiwan.huanqiu.com/article/2017-03/10358819.html，发布时间：2017-03-23。
　　② 李娜：《余克礼：民进党死抱"台独党纲"决不会放》，中评网，获取网址：http://www.crntt.com/doc/1049/1/7/6/104917622.html?coluid=7&kindid=0&docid=104917622&mdate=1224002355，发布时间：2017-12-24。

措施加以严格限制，阻碍两岸人民正常的交流与交往。"[①] 因此，蔡文英上台后，两岸大众传播交流发展迟滞，两岸大众传播交流法规的建构也陷于停滞。可以预见，在未来数年内，台湾地区两岸大众传播交流法规也将"维持现状"，蔡当局既不会明目张胆修正或出台法规来大规模压缩两岸大众传播交流的制度空间，当然也不会推进两岸大众传播交流的制度建构。而由于蔡英文当局不承认"九二共识"，两岸制度化沟通、商谈渠道中断，自 2008 年以来形成的两岸交流发展的良好被打断，之前数年开拓的两岸共同协商签订协议来共同建构两岸大众传播交流制度的态势被阻断。

（四）两岸经贸文化交流合作发展，推动两岸大众传播交流法规的发展

2001 年 12 月，中国成为 WTO 成员。2002 年 1 月 1 日，台湾以"中国台北"名义加入 WTO。两岸都把大众传播领域划定为受保护领域，因此加入 WTO 对两岸大众传播交流并没有大的冲击。但台湾加入 WTO 时承诺开放的经济领域中，某些领域与两岸大众传播交流有关系，因此台湾当局必须根据这些原则和承诺，对与其相龃龉的两岸大众传播交流法规加以修正。如 2002 年加入 WTO 后，台湾当局即着手修正"两岸关系条例"，其中多项修正即是在 WTO 的构架下进行的。2003 年 10 月"两岸关系条例"修正公布全文，其中第 34 条关于大陆在台广告活动的条款进行了重大修正，改变了大陆在台刊播广告必须经过有关部门事前审批的制度。根据该修正条文的授权，"陆委会"制订了"大陆地区物品劳务服务在台湾地区从事广告活动管理办法"，于 2003 年 12 月 31 日施行。

2000 年后，两岸经贸关系持续发展。两岸贸易额不断增长，其具体情况如下表：

表 4.5　两岸贸易额统计（2000—2008）

年份	贸易总额		大陆对台出口额		大陆自台进口额		贸易差额
	金额	金额	金额	同比（%）	金额	同比（%）	
2000 年	305.3	30.1	50.4	27.6	254.9	30.6	−204.5
2001 年	323.4	5.9	50.0	−0.8	273.4	7.2	−223.4

---

① 李娜：《余克礼：民进党死抱"台独党纲"决不会放》，中评网，获取网址：http://www.crntt.com/doc/1049/1/7/6/104917622.html?coluid=7&kindid=0&docid=104917622&mdate=1224002355，发布时间：2017–12–24。

续表

年份	贸易总额		大陆对台出口额		大陆自台进口额		贸易差额
	金额	金额	金额	同比（%）	金额	同比（%）	
2002年	446.7	38.1	65.9	31.7	380.8	39.3	−314.9
2003年	583.6	30.7	90.0	36.7	493.6	29.7	−403.6
2004年	783.2	34.2	135.5	50.4	647.8	31.2	−512.3
2005年	912.3	16.5	165.5	22.2	746.8	15.3	−581.3
2006年	1078.4	18.2	207.4	25.3	871.1	16.6	−663.7
2007年	1244.8	15.4	234.6	13.1	1010.2	16.0	−775.6
2008年	1292.2	3.8	258.8	10.3	1033.4	2.3	−774.6

资料来源：商务部官方网站，获取网址：http://www.gwytb.gov.cn/lajm/lajm/201101/ t20110121_1718251.htm，发布时间：2010–05–20。

而台湾对两岸贸易依存度的依存度也不断增加，其具体状况如下表：

表4.6　1979—2005年两岸贸易依存度统计分析

年份	台湾外贸对两岸贸易依存度	大陆外贸对两岸贸易依存度	台湾对大陆出口贸易依存度	大陆自台湾进口贸易依存度	台湾自大陆进口贸易依存度	大陆对台湾出口贸易依存度
1979年	0.25	0.27	0.13	0.14	0.38	0.41
1980年	0.79	0.82	1.19	1.17	0.39	0.42
1981年	1.05	1.04	1.70	1.74	0.35	0.34
1982年	0.68	0.67	0.88	1.01	0.44	0.38
1983年	0.55	0.57	0.63	0.74	0.44	0.40
1984年	1.06	1.03	1.40	1.55	0.58	0.49
1985年	2.17	1.58	3.21	2.34	0.58	0.42
1986年	1.49	1.29	2.04	1.89	0.60	0.46
1987年	1.38	1.83	2.29	2.84	0.83	0.73
1988年	2.47	2.65	3.7	4.06	0.96	1.01
1989年	2.94	3.12	4.38	4.90	1.22	1.12
1990年	3.32	3.50	4.38	6.14	1.40	1.23

年份	台湾外贸对两岸贸易依存度	大陆外贸对两岸贸易依存度	台湾对大陆出口贸易依存度	大陆自台湾进口贸易依存度	台湾自大陆进口贸易依存度	大陆对台湾出口贸易依存度
1991年	4.16	4.27	6.12	7.32	1.79	1.57
1992年	4.83	4.48	7.72	7.80	1.56	1.32
1993年	8.88	7.36	15.20	12.44	1.90	1.59
1994年	9.15	8.34	15.13	12.18	2.62	1.85
1995年	8.31	6.37	13.24	11.19	2.99	2.08
1996年	8.69	6.55	13.96	11.65	2.74	1.85
1997年	8.39	6.10	13.47	11.55	2.97	1.86
1998年	9.49	6.31	15.03	11.85	3.69	2.11
1999年	10.96	6.51	17.15	11.79	4.07	2.03
2000年	13.82	6.44	17.21	11.32	4.42	2.02
2001年	10.24	6.35	19.05	11.23	5.47	1.88
2002年	15.05	7.2	21.78	12.90	7.02	2.00
2003年	16.62	6.86	23.48	11.96	8.56	2.05
2004年	18.72	6.78	26.83	11.54	9.95	2.28
2005年	20.04	6.42	28.36	11.31	11.00	2.17

资料来源：商务部台港澳司，商务部官方网站，获取网址：http://www.gwytb.gov.cn/lajm/lajm/201101/t20110121_1718211.htm，发布时间：2006-07-24。

从上表可见，台湾对两岸贸易的依赖是很大的，其外贸对两岸贸易的依存度从 1987 年的 1.38% 提升到 1997 年的 8.39%，而到 2005 年，已经提升到 20.04%。近两年，尽管受"太阳花学运"和蔡英文上台等因素冲击，两岸经贸往来出现了一些波折，但是依然保持了总体健康发展的态势。"2017 年 1-9 月，大陆与台湾贸易额为 1413.5 亿美元，同比上升 11.1%，占我对外贸易总额的 4.8%。其中，大陆对台湾出口为 315.6 亿美元，同比上升 8.8%；自台湾进口为 1097.8 亿美元，同比上升 11.8%。大陆对台湾贸易逆差 782.2 亿美元。台湾是大陆第七大贸易伙伴和第六大进口来源地。2017 年 9 月，大陆与台湾贸易额为 200.5 亿美元，同比上升 17.7%，环比上升 13.9%。其中，大陆对台湾出口为

40.8 亿美元，同比上升 19.7%，环比上升 9.1%；自台湾进口为 159.5 亿美元，同比上升 18.0%，环比上升 14.9%。"①

可以说"离开了两岸贸易，台湾就将出现连年的贸易赤字……台湾对大陆的贸易依赖要远远高于大陆对台湾的贸易依赖……台湾当局想控制两岸的经贸交流进程，但在民间力量的推动下，台湾经济仍难免与大陆发生进一步的整合。"②

两岸人民往来更加频繁，其具体情况如下表：

表 4.7 两岸人员往来与交流统计一览表（1987—2013）

年份	台胞来大陆（人次）	增长率（%）	大陆居民赴台（人次）	增长率（%）	赴台交流项目（个数）	增长率（%）	赴台交流人数（人次）	增长率（%）
1987 年	46679	—	—	—	—	—	—	—
1988 年	446000	863.8	8545	—				—
1989 年	551800	20.4	—	—	13	—	13	—
1990 年	890500	66.8	—	—				—
1991 年	946632	4.8	9005	—	18	38.5	27	107.7
1992 年	1317770	39.2	10904	21.1	155	761.1	920	3307.4
1993 年	1526969	15.9	14615	34	507	227.1	3309	259.7
1994 年	1390215	−9	17583	20.3	563	11	3396	2.6
1995 年	1532309	10.2	42180	139.9	787	39.8	5210	53.4
1996 年	1733897	13.2	65205	54.6	971	23.4	5592	7.3
1997 年	2117576	22.1	56570	−13.2	1257	29.5	8707	55.7
1998 年	2174602	3.7	78423	38.6	1746	38.9	11462	31.6
1999 年	2584648	18.9	103977	32.6	1816	4	13554	18.3

---

① 国务院台湾办公室：《2017 年 1 – 9 月大陆与台湾经贸交流情况》，国台办官方网站，获取地址：http://www.gwytb.gov.cn/lajm/lajmdt/201711/t20171107_11863975.htm，发布时间：2017–11–07。

② 林冈：《台湾政治转型与两岸关系的演变》，北京：九州出版社，2010 年，第 250 – 251 页。

年份	台胞来大陆（人次）	增长率（%）	大陆居民赴台（人次）	增长率（%）	赴台交流项目（个数）	增长率（%）	赴台交流人数（人次）	增长率（%）
2000年	3108643	20.3	102933	−1	1787	−1.6	13623	0.5
2001年	3440306	10.7	122198	18.7	2915	63.1	24719	81.5
2002年	3660565	6.4	138981	13.7	4384	50.4	38259	54.8
2003年	2730891	−25.4	124616	−10.34	2847	−35.1	24480	−36.02
2004年	3685250	34.9	144526	14.2	4475	57.18	30728	25.52
2005年	4109188	11.45	159938	10.58	5902	31.89	33421	8.76
2006年	4413238	7.4	207650	29.8	7243	22.7	40981	26.4
2007年	4627881	4.86	229877	10.7	7471	3.15	41766	1.92
2008年	4367594	−5.6	278712	21.2	8393	12.34	46832	12.13
2009年	4483865	2.66	935505	235.65	13243	57.79	103300	120.58
2010年	5140554	14.65	1661877	77.64	19089	44.14	146729	42.04
2011年	5263014	2.38	1844980	11.02	21715	13.76	143833	−1.97
2012年	5340194	1.47	2630212	42.56	25842	19.01	159872	11.15
累计	71630780		8989012		133139		900733	

资料来源：国务院台湾事务办公室官方网站，获取网址：http://www.gwytb.gov.cn/lajlwl/rywltj/201101/t20110120_1715616.htm，发布时间：2013–05–30。

　　2014年"太阳花学运"发生，给两岸关系增添了波折，然而两岸人员交流依然继续向前发展，2015年两岸人员往来总量为985.61万人次，同比增加4.73%，再创历史新高。[1]

　　2008年12月15日，两岸海、空直航及直接通邮正式启动，两岸"三通"基本实现。2009年，台湾当局正式放开大陆企业赴台投资。历经30年波折，两岸直接、双向的"三通"终于实现，这标志着两岸经济合作新时代的开启，

---

　　[1]　国台办：《2015年两岸人员往来总量为985.61万人次》，国台办官方网站，获取网址：http://www.gwytb.gov.cn/lajlwl/rywltj/201601/t20160129_11378508.htm，发布时间：2016–01–27。

两岸经济合作由"间接、单向"阶段进入"直接、双向"的新阶段。

　　两岸经贸文化关系发展，为两岸大众传播交流的发展创造了良好条件：首先，在两岸经贸关系不断发展，两岸人民往来频繁的情况下，两岸大众传播交流已经成为两岸交流不可或缺的要素。两岸人民对两岸资讯的需求，对两岸大众传播品的消费，是任何力量无法阻挡的，这是稳定并推动两岸大众传播交流发展重要力量。其次，随着"两岸经济、政治、文化领域的交流更加便利、顺畅，各种交流交往的加快……两岸区域经济的迅速成型"，使得两岸媒介共同市场的构建已经势在必行。① 而"'两岸媒介共同市场'的建设，有赖于两岸媒体管理的互谅与兼容，确立一些两岸媒体认同的原则，……必须建立和完善对两岸媒体有共同约束力的区域化媒介管理体制。"② 这就对台湾地区两岸大众传播交流法规发展提出了要求和远景框架。因此在两岸经贸关系不断发展，两岸人民往来日益密切的状况下，包括两岸大众传播产业在内的两岸整合将不可避免。这一方面是构建了确保两岸大众传播交流法规稳定发展的基石，使之不至于受政治等各种外力的过大冲击，另外一方面又对相关法规的变革提出了要求，提供了变革的推动力。

二、台湾社会发展及其对两岸大众传播交流法规的影响

　　2000 年民进党在台湾地区领导人选举中获胜，陈水扁当选台湾地区领导人，并在 2004 年获得连任。这是台湾的首次政党轮替，被认为是台湾民主化的表现。然而陈水扁在任期间，不仅执政无能，而且贪腐弊案频发，导致台湾经济持续低迷，两岸关系遭受重大波折。2008 年的台湾地区领导人选举中，马英九当选为台湾地区领导人，国民党再次上台执政。台湾实现了第二次政党轮替，完成了亨廷顿所谓的"两次轮替考验"。马英九上台后，积极调整对内对外政策，使得陈水扁对两岸关系造成的恶劣影响有了改变。2014 年爆发的"太阳花学运"和 2016 年民进党的上台，对两岸关系造成很大冲击。总体看，台湾社会中法制理念不深入，政治体制存在诸多弊端，政党恶斗等各种深层次问题依然没有解决。这对台湾地区两岸大众传播交流法规及其运行造成了影响。

---

　　① 张铭清、赵振祥：《论"两岸媒介共同市场"》，引自梁智生等编：《第十一届海峡两岸暨港澳新闻研讨会》，澳门：第十一届海峡两岸暨港澳新闻研讨会筹委会，2009 年，第 95－96 页。
　　② 张铭清、赵振祥：《论"两岸媒介共同市场"》，引自梁智生等编：《第十一届海峡两岸暨港澳新闻研讨会》，澳门：第十一届海峡两岸暨港澳新闻研讨会筹委会，2009 年，第 95－96 页。

（一）台湾的法制现况及其对台湾地区两岸大众传播交流法规的影响

台湾政治转型后，法制建设发展较快。2003年后，发生了马英九特别费案，陈水扁家族弊案等标志性案件。尤其是陈水扁最终判决有罪入狱服刑，更被人们认为是台湾司法独立的一个里程碑。然而"无可否认，台湾目前的法制理念仍未能普遍地深入人心，立法品质不佳、行政效率不彰、民众欠缺守法态度、审检制度不健全等因素，都令人对台湾的法治发展感到忧心，更显示法治的建立是台湾民主巩固的必要前提"①。以近几年发生的几件引人瞩目的事件为例谈谈这一问题。2012年，台湾立法机构相继因"美牛"进口、"证所税"改革、军公教年金福利改革议题混战不休。各派政治人物将"立法院"当作政治斗争的场所，空耗了大量的社会资源。这些事关重大公共利益的问题迟迟不能得以解决，显现了台湾"立法"机制的弊端。2013年5月31日，台"立法"机构深夜突袭通过"会计法"中关于民意代表与学者报支经费有条件除罪的修正案。事件引起舆论哗然，有人认为该次修法与之前某位被诉贪污的教授有关，是专门修法为其开脱，被指是专门修正法律为某些特别人士"开法律后门"。而数天后，人们发现修法中条文原来表述应为"各大专院校教职员"，但通过时却是"各大专院校职员"，漏了一个"教"字，揣测是深夜通过修法，导致的失误。这一事件使得岛内民众对"立法"机构运行的混乱倍感忧虑。

引人注目的是2013年9月份发生的王金平"关说"案。该案的起因是民进党"党鞭"柯建铭因"全民电通背信案"被诉，柯请王金平向台"高检署"检查长"关说"不要将该案上诉。王向案件负责人曾勇夫说情。其"关说"的通话被"最高检特侦组"监听到。9月8日，马英九发表讲话，指王金平："如果这不是关说，那什么才是关说。"9月11日，国民党考纪会撤销王党籍。而王金平则向台北地方法院起诉申请假处分，法院准许假处分，王金平得以继续行使党员权利，从而保住其"立法院院长"的职位。该案件中，法院对执政党的党内纠纷进行裁处，而"总统"和执政党遵从，显示了台湾司法的独立。然而事件也凸显了台湾法制的弊端。王金平的"关说"，违背了司法、立法、行政权力相互独立、制衡的一般原则，干扰了司法独立，恰如马英九所说："如果有权

① 杨宝树：《台湾政治史》，台北：五南图书出版股份有限公司，2006年，第404页。

势的人都可以用关说影响司法,那么一般平民要如何期待司法保障公平正义"①。然而这种有权势的人"关说",影响司法的现象在台湾却是相当的普遍,"关说风气在台湾很是猖獗,甚至成为一种特异文化。在台湾,从乡民意代表、县市议员到'立法委员',关说无所不在。"②然而王金平"关说"影响司法,马英九壮士断腕,台湾民众却普遍同情王金平。更是显示了台湾"人治与民主与法治的不和谐……在制度边界模糊的情况下,人们在情、理、法的价值取舍中,首先选择的可能不是法和理,而是情"③。

2016 年,马英九下台后,这个被台湾人称为"不粘锅",以"清廉"著称的台湾地区领导人被指有多个"弊案",遭到"司法追杀"。马英九下台不久,台媒体发布消息称"'马案启动侦办,6 月约谈马英九'。……马英九任内 8 年共被告发 300 件官司,检方 8 年来已签结 276 案,还剩 24 案未结,但这 24 件其实是 24 个案号,归结下来共涉及八大弊案。随着马英九下台,失去刑事豁免权保护伞,台北地检署已然重启调查,最快 6 月就要马英九到案说明。马英九一卸任官司便排山倒海而来……八大案包括被控用"特别费"认养流浪犬马小九案、猫缆塔柱经费浮报案、教唆前检察总长黄世铭泄密案、大巨蛋图利远雄案、艺人郭美珠标到马英九领带却未收到的欺诈案、财产来源不明案、'纳莉'等风灾废弛职务罪及党产侵占案。八大案中,前两项是侦字案,其余六案仍是他字案。……一向清廉的马英九卸任后遭弊案重查,'恐让马法院跑不完'。"④2017 年 10 月,与前述"关说"案相关的马英九教唆泄密、加重诽谤案宣判,台湾高等法院判马英九无罪确定。然而马英九的官司纠缠并没有结束,2017 年 11 月 29 日,台北地检署侦办"三中案"及贱卖党产案,首度以被告身份传唤马英九,并对其进行了长约 15 个小时的讯问。马英九的"弊案"尚未有结论,他是否真的违法、犯罪姑且予以判断。但案件背后所透露出来的台湾的政治生态和法治状况,是值得关注的。一方面,前任的台湾地区领导人能和一般人一样,被侦办起诉乃至被定罪,体现了法治的相对独立性。然而它依然没

① 以上马英九言论转引自齐湘辉等:《台立法机构负责人王金平涉关说丑闻马英九措辞强硬痛批》,新华网,获取网址:http://news.xinhuanet.com/tw/2013-09/08/c_117278354.htm,发布时间:2013-09-08 日。

② 兰崇仁:《"什么才是关说?"——解析台湾官场的关说文化》,《廉政瞭望》,2013 年 11 期,第 57 页。

③ 林冈:《"关说"案阴影下的台湾政治》,《社会观察》,2013 年 11 期,第 58 页。

④ 胡佑中等:《台媒:马英九弊案缠身,卸任难逃司法诉究!》,环球网,获取网址:http://taiwan.huanqiu.com/article/2016-05/8974794.html,发布时间:2016-05-16。

有脱开成为政客利用的命运，它往往被某些政治人物当成政治斗争甚至政治追杀的工具，"马英九卸任前，绿营民意代表就扬言'等咱做领导人，再把马英九抓起来关'，显示民进党骨子里就是把司法当成当权者的政治工具。"①

立法机制混乱、法治意识不彰，也影响了台湾地区两岸大众传播交流法规的发展。由于缺乏良好的法制土壤和法制意识，在两岸大众传播交流法规的相关议题中，台湾当局往往不是从法的技术、法的价值、法的程序等专业的角度来考虑问题。不是想着如何以更加精确的法律概念，更合理的权利和义务设置，更规范的立法程序来构建体系完善、规范设置合理、符合现实需要的法律制度，以充分保障公共利益和人民权利。反而时常是以不专业、不理性的方式影响两岸大众传播交流法制建设。很多台湾民众对这些情况又时常是以看"政治八卦"的瞧热闹心态对待，而不是把它当做严肃的公共议题加以讨论。这样的例子很多。如 2009 年，民进党反对"松绑"大陆在台广告活动议案就是一个典型例子。当时 33 位国民党籍"立委"联署提出关于修订"两岸关系条例"第34 条，进一步"松绑"大陆在台广告活动的草案。这一草案在台立法机构一读通过，引起人们的关注和热议。但民进党强烈反对，在草案二读时，组织人员占据"立法院"主席台反对议程。在台上打出"反对中资拿钱，控制媒体""金主来了，民主没了""开放媒体，为匪宣传"等标语②，最终草案未能通过。可以地看到，民进党表达自己反对意见时，采用的占据主席台这种的非理性方式；使用的语言是"为匪宣传"，这种"戒严"时代式的带有极端意识形态偏见的话语，完全没有现代民主法治素养，让人有恍如隔世之感。他们之所以反对议案，不是从法制建设的角度，不是关注它是否有利于保障台湾人民的传播权利，是否有利于台湾大众传播事业的发展，而是纠缠于"统独"议题。而台湾立法机构还时常"立法机关不立法"，立法行动变成武斗的状况，对这样的状况，岛内不少媒体和民众关注的却是争斗中的咬人、袭胸、熊抱等"八卦热点"，对问题因何产生，这些做法对法制建设会造成什么不良影响，反而不甚关心，更体现了台湾法制建设的不足。

而围绕着《海峡两岸服务贸易协议》的一系列事件更是台湾法制状况的写

① 崔明轩：《马拉松式讯问！马英九受讯 15 小时被指有"五大悲哀"》，新浪网，获取地址：http://news.163.com/17/1201/11/D4IM1M6G00014AEE.html，发布时间：2017-12-07。
② 黄惠玟：《开放大陆广告 民进党团称坚决反对》，中国评论新闻网，获取地址：http://www.chinareviewnews.com/doc/1009/8/7/3/100987303.html?coluid=0&kindid=0&docid=100987303，发布时间：2009-6-4。

照。2013 年 6 月 21 日，两岸两会签署《海峡两岸服务贸易协议》，绿营"立委"不满，计划在 25 日上午举行"立法院"的临时会占领主席台，以瘫痪议事的方式表达不满。国民党得知后，则派出代表死守主席台。结果双方上演武斗，"立法院"变成了角斗场，空转了一天，导致计划当天进行的证所税、12 年义务教育及核四"公投案"二、三读程序未能完成。2014 年 3 月 17 日，台立法机构联席初审《海峡两岸服务贸易协议》，有中国国民党籍"立委"在混乱中宣布服贸审查超过 3 个月，应当依法视为已审查。3 月 18 日，台湾社会积累的情绪和几个月以来台湾政客对服贸协议的黑化误导终于爆发，在部分台湾政治人士和青年运动"领袖"的挑动下，部分台湾民间团体和学生在当晚突破"立法院"警力戒备，占领"立法院"议场。19 日晚间，更多人聚集"立法院"抗议《海峡两岸服贸协议》。"太阳花学运"不乏有某些年轻学生的理想主义和美好初衷，然而其间充斥的诸多非理性和破坏性因素不容忽略。这种非理性首先体现在诸多参与运动的台湾民众的不问真相。很多民众并不真正了解协议谈判的背景和过程，不知道该协议给台湾的机遇和影响，甚至对该协议的内容也不了解，仅看一个懒人包就起来发起抗议。"事实上，懒人包可能充满了假的信息、扭曲的信息、片面的信息，如果只是阅读，倒也罢了，但社会行动是严肃的决定，岂能因为懒人包就下判断！这些抗议服贸的学生，到现在为止，只有口号，而且言谈内容几乎都来自懒人包。简单地说，这些学生大部分既不了解经贸谈判实务，甚全也个知道服贸协议的内容。……面对公共政策，根据懒人包，则会让社会陷于重大的风险。"[1]"学运"中，学生们高举"民主""合法性""程序正义，反黑箱"旗帜，但他们冲击台行政机构、"立法"机构，使其无法正常运转，捣毁了不少公共财物，与警察发生肢体冲突，造成多名警察和学生送医。如学者所云，"学生虽然高举'捍卫民主，退回服贸'标语，'其实他们捍卫的是反民主、反法治、反宪政的'台独'学运'。美国卡内基国际和平基金会副总裁包道格也公开表示：'台湾的民主，美国与有荣焉'，他'不认为美国政府会欢迎对立法程序的破坏'。台湾有学者认为'学运'存在'三大迷思'：一是'以程序正义为名却行反程序正义之实'；二是'以捍卫民主为名却行反民主程序之实'；三是'以集会自由之名却妨碍自由经济之实。'因此，这场学运虽然组织方式是采用各种最新式的网络传播，是年轻人所特有，但也不能由此认定是'公民运

---

　　① 李杰：《服贸"懒人包"滥传台学生多被误导》，中国台湾网，获取网址：http://www.taiwan.cn/plzhx/hxshp/201403/t20140325_5898064.htm，发布时间：2014-03-25。

动',因为'公民运动'讲究理性表达诉求,合法进行抗争,而非破坏体制,影响社会正常运作。"①

（二）台湾的"国家认同"和政治恶斗状况及其对台湾地区两岸大众传播交流法规的影响

"解严"后,台湾的"国家认同"问题被凸显出来,然而经过长期的讨论和激烈的意识形态斗争,历经了多次的"'总统'直接选举"和三次的政党轮替,这一问题也没能够根本解决。如学者所云:"台湾的国家认同问题被认为是最主要的社会分歧之一,亦是台湾当前最根本、最具分裂性的一个政治议题……使朝野在触及两岸政策议题或选举竞争时,往往陷于意识形态斗争的泥沼当中"。②这种状况"导致政治上以公共政策取向为标准的所谓左右的政治立场划分方法在台湾基本失效。取而代之的则是统独标准……良性的民主政治不仅应当能够确保政党服务于社会利益,而且也应当能够从整体上将政党自身利益及其所代表的社会利益统一和协调起来,但在台湾,上述两个方面之间尚无法有机地协调一致,以至于一些政党往往会基于胜选的考虑而无视自身对于公众长远利益所应负的责任,不仅没有意愿去化解分歧、祛除症结,反而会抱薪救火、从中渔利"③。

激烈的斗争对抗是台湾政治的一个突出特点。这种政治对抗首先体现在蓝绿之间的斗争。即使在同一政党内,斗争乃至恶性对抗也是屡见不鲜。民进党从早期的分裂,导致施明德等人出走,到近年的四大天王间的争权夺利;国民党从早期宋楚瑜的出走组建亲民党,到马英九、王金平的政争,都体现了台湾政党内部的斗争。政党斗争本是西方政治体制的正常现象,然而台湾的政党斗争又和"国家认同"等问题纠缠在一起,形成了非理性的恶斗。造成了"缺乏作为民主政治主体应有的理性、宽容与沟通,因而都陷入集体性的狂躁,对任何问题的反应都倾向于非理性化和泛政治化……权力成为政党及其支持者的目的而非手段,他们由此陷入了为对抗而对抗的困境,而令其精疲力竭的大部分所谓政治问题又往往与政治生活所应关照的经济社会发展、稳定的整体目标毫

---

① 严安林:《台湾"太阳花学运":性质、根源及其影响探析》,《台海研究》,2014年6月,第3页。

② 杨宝树:《台湾政治史》,台北:五南图书出版股份有限公司,2006年,第405页。

③ 徐锋:《当代台湾政党政治研究》,北京:时事出版社,2009年,第186页。

无关系"①的状况。这种恶性政治对抗造成了种种不良后果，导致了公共权力机构的空转，公共服务效率低下。以上述的王金平"关说案"导致的"马王政争"为例。由于台立法机构领导人王金平深陷"关说"案，导致"立院院"空转，"核四公投"案、年金改革法案、劳保条例修正案和财政收支划分法修正草案，《海峡两岸服务贸易协议》审议等多项重要法案停滞在该机构无法推动，产生了消极影响。台湾各界不得不呼吁双方尽快结束政争，2013年10月台湾六大工商团体举行联合记者会，针对马王政争，发表声明，要求平息政治纷扰，摒弃成见，导正"政府"失能与"国会"失序的乱象，使"政府"与"国会"运作早日步上正轨。②

"国家认同"问题长期不得以解决，高度敏感的"统独问题"和台湾政治恶斗交叉在一起，也使得两岸大众传播交流法规难以发展。由于两岸大众传播法规的相关议题事涉大陆，而比起纯粹的经贸往来，两岸大众传播交流又与"国家认同"和意识形态有较为密切联系。因此两岸大众传播交流法规的相关议题很容易被利用来挑动"国家认同""统独问题"的敏感神经。在恶性争斗的政治文化下，台湾某些政治人物不仅不出于长远的公共利益来考虑问题，"不仅没有意愿去化解分歧、祛除症结，反而会抱薪救火、从中渔利"。他们利用台湾社会对两岸问题的敏感，以非理性、泛政治化的手段挑起政治斗争，来牟取个人或者政党的政治私利。因此两岸大众传播交流法规相关议题的"公共政策"性质往往被弱化，被作为挑起政治斗争，牟取政治利益的素材而被贴上意识形态的标签，而陷于意识形态斗争的泥沼当中。相关议题往往陷入这样的怪圈：议题提出——被政治化、意识形态化——挑起"统独""卖台"等政治斗争——无法就问题实质和所涉及长远公共利益进行讨论、思考——议案被否决、问题被搁置。这就使得两岸大众传播交流法规相关议题不能回归其本身的性质，不能以保障言论自由、保障两岸人民福祉、推动台湾大众传播事业发展等正常思维来寻找问题解决方案，不谋求良好制度的构建，而是陷入狂躁的、非理性的斗争中，导致问题被搁置，制度构建难以推进，法律执行受到干扰的恶果。能体现这一点的案例不少。如上所论述的绿营人士以"泛意识形态"方式反对"两岸关系条例"第34条修正案和《海峡两岸服务贸易协议》，导致相关制度建设

① 徐锋：《当代台湾政党政治研究》，北京：时事出版社，2009年，第195页。
② 《"立院"空转　台六大工商团体急得跳脚》，台海网，获取网址：http://www.taihainet.com/news/twnews/twdnsz/2013-10-08/1144646.html，发布时间：2013-10-08。

受阻就是典型的案例。围绕着两岸事务制度的建设，绿营人士做的不仅仅是"立法院"恶斗。2010 年两岸签署 ECFA 时，民进党曾组织 15 万人上街反对 ECFA。《海峡两岸服务贸易协议》签署之后，民进党继续"为反对而反对"，党主席苏贞昌声言："台湾面临生死存亡，再不悬崖勒马就罢马"；民进党"立法院"党团干事长潘孟安危言耸听地说："两岸服务贸易协议一签，对台湾服务业充满毁灭性"①。其方式不外乎就是以非理性的民粹方式挑动民众，将问题泛政治化，以阻止相关制度的建设。近两年大陆电视节目风靡台湾，台湾某些政治人物不是正视这种两岸大众传播交流的新局面，不是去深入思考台湾传媒业的体制、机制上的问题，不是思考如何在两岸大众传播交流中吸收营养，提升台湾的大众传播事业，而是将问题泛政治化，拖入意识形态斗争的泥潭。2012 年，大陆与香港电影几乎囊括所有金马奖大奖，一部分民进党"立法委员"就因此而要求停办金马奖。2016 年大陆电影又在金马奖中获得了分量最重的最佳影片、导演、男主角、女主角四大奖项。虽然这恰恰体现了金马奖不分地域，而以艺术为衡量标准的可贵之处，如台湾新电影的旗手小野说："台湾电影今年几乎全军覆没。看着来自中国大陆和香港的影人轮流上台，流泪、激动，（他们）对于金马奖，甚至台湾，有着一份尊敬……以金马奖的独立、包容、开放感到光荣。"②然而依然有某些台湾人就大呼金马奖被大陆"赤化"。看到《甄嬛传》在台湾热播，部分绿营人士又发声批判抵制。《我是歌手》在台湾取得高收视率，民进党主席苏贞昌就又说，这是大陆对台湾的"统战"，让台湾民众警惕大陆大众传播对台"入岛、入户、入脑"，更斥责台媒褒扬大陆、唱衰台湾。③2011 年旺旺中时启动收购中嘉有线电视进程，该收购案遭到岛内部分学者、民众的反对，担忧媒体的并购会引起垄断，而影响声音的多元化和人民的言论自由。也有某些民进党人对此表示反对，但其反对的并不是因为担忧媒体的并购会引起垄断，而是因为旺旺的老总蔡衍明是著名台商，所以他们就子虚乌有地说是大陆曲线收购台湾媒体，会导致"中资控制媒体"，通过这些媒体来进行统战。此

---

① 转引自张迎来：《民进党杯葛两岸服务贸易协议误导民众》，中国新闻网，获取网址：http://www.chinanews.com/tw/2013/07-03/4997083.shtml，发布时间：2013-07-03。

② 范凌志：《台网友称金马奖被"赤化" 金马奖：评审中台湾人占多数》，台湾网，获取网址：http://www.taiwan.cn/taiwan/tw_SocialNews/201611/t20161127_11635992.htm，发布时间：2016-11-27。

③ 《大陆节目频频走红台湾绿营称其系对台统战》，新华网，获取网址：http://news.xinhuanet.com/tw/2013-04/22/c_115477807_2.htm，发布时间：2013-04-22。

后旺旺想要收购"壹传媒",也遭到民进党的反对。他们同样将问题泛政治化,上纲上线。当时,民进党紧急召开党团大会,由党主席苏贞昌主持,专门讨论"壹传媒"收购案。苏对这一收购案进行"政治定调",强调"壹传媒并购案不只是一件单纯的交易案,重点不在于谁出多少钱、占多少股份,而是整体交易牵涉到'台湾安全',威胁台湾民主社会"。①而如上文所述,发生于 2014 年的"太阳花学运"在一定程度上,也是这种认同迷失和政治恶斗交织的产物。由于缺乏稳固统一的国家认同,尤其是"一个中国"的认同,部分台湾民众对两岸关系发展产生疑虑乃至忧惧,而这样一种情绪被部分台湾政客做捕捉,以之为工具挑动政治斗争,在整个运动中,蓝绿斗争,深绿浅绿斗争,民进党内蔡苏谢斗争,国民党内马王斗争,不亦热乎。运动退潮后,民进党在之后的选举中获得大胜,蔡英文一举奠定了在民进党内的霸主地位,时代力量党崛起,然而《海峡两岸服贸协议》却成为政治斗争的牺牲品。"太阳花学运"从一个侧面体现了台湾的政治人物们深谙台湾民众认同迷失的心理,他们善于以两岸议题为切入点,去挑动、利用民众的情绪,某些台湾政治人物不顾两岸人民的福祉,不管两岸人民的共同、长远的利益,去攫取自己的利益。在这种缺乏理性的社会土壤,没有长远规划的前瞻眼光的状况下,台湾的两岸大众传播交流制度建构也难以形成一种健康、稳固的机制。

---

① 《对壹传媒上纲上线凸显绿营"台独"阴谋》,中国台湾网,获取网址:http://www.taiwan.cn/plzhx/hxshp/201211/t20121126_3388357.htm,发布时间:2012–11–26。

第五章　台湾地区两岸大众传播交流法规的
主要特征、变迁原因和价值探析

第一节　台湾地区两岸大众传播交流法规的主要特征

纵览台湾地区两岸大众传播交流法规变迁的历程，可以发现，虽然在不同时期，其的原则、规则并不相同，呈现了不同的样态，但也有某些共同点。有些共同点是具体微观的，如各时期法规话语存在着某些共同性。也有较为宏观的，比如各个时期法规的结构体系表现出了一定的继承性。更重要的是，尽管台湾经历了重大的政治和社会转型，各个时期的法规赖以存在的宏观背景很不相同，但相关法规在价值、精神等内在层面上呈现出了某些相同的特征。也就是说各个时期的两岸大众传播法规存在着某些内在的、本质性的共同点。例如，尽管强弱程度不尽相同，但台湾地区两岸大众传播交流法规始终存在着泛政治化的倾向。再如，尽管两岸大众传播法规的日益宽松，但其管制主义、保守主义的特征却并没有根本变化。这说明尽管经历了 60 多年的历史变迁，尽管相关法规赖以存在的政治、社会等方面的基础都经历巨变，各个时期的台湾地区两岸大众传播交流法规还是有共同的本质特征。

一、严重的泛政治化倾向

不管在台湾"戒严"时期，在"解严"后的社会转型时期，还是在今天的台湾"法治"社会，台湾地区两岸大众传播交流法规都有较严重的泛政治化倾向。这一点在台湾地区两岸大众传播交流法规的话语运用、法律概念使用、规范设置、功能设定、价值倾向等各个层面都有较为清晰地体现。

在法规的话语运用和法律概念使用方面，台湾地区两岸大众传播交流法规的泛政治化是明显的。"戒严"时期，台湾地区两岸大众传播交流法规大量使用

"奸""匪"等极具敌意的政治话语。这样的话语运用，使得法规中的法律概念内涵、外延模糊不清，造成了一种云遮雾罩、捉摸不透的语境，具有很大的解释空间。当局则可以按照自己的意愿对法规进行拿捏，以实现其政治意志。"解严"后，"奸""匪"等话语不再被使用，使得台湾地区两岸大众传播交流法规"反共"的政治敌意有所弱化。但由于"动员戡乱"时期并没有终结，"沦陷区出版品、电影片、广播电视节目进入本国自由地区管理要点"等法规将台湾称为"自由地区"，将大陆称为"沦陷区"，表明相关法规中的政治敌意和意识形态歧视依然存在。1991年"动员戡乱"时期终结后，大陆的共产党政权不再被视为"叛乱团体"，相关法规中也不再使用"沦陷区"这样的话语。直到2016年法规修订前，"广播电视法"等法规依然还在使用"反共复国"这样的"戒严"时代的高度政治化的话语和法律概念，体现相关法规中泛政治化的遗存。

在规范设置方面，"戒严"时期，当局设置了事前审查、临检、扣押、查禁等各种严厉的行政管制措施，设置了"以文字、演讲、图画有利于叛徒宣传罪"等罪名对相关活动进行刑事管制，授予包括军事机关在内的为数众多的公权力机构以两岸大众传播交流管制权力，对两岸大众传播交流严加阻隔。台湾"解严"后，构建于"戒严"体制之上的相关法规被废止，两岸大众传播交流法规重构，关于两岸大众传播交流的"禁令"被有条件开放。但各种政治性的限制依然存在，最典型的就是设置规范对有共产党员身份的大陆大众传播人士入台严加限制。而即使在1991年"动员戡乱"时期终结后，相关法规中阻碍中共党员入境、禁止含有"宣传共产主义"内容的大众传播品进入台湾等"反共"条文，依然大量存在。时至今日，台湾当局依然设置了很多规范，对大陆大众传播品的内容、数量等各个方面进行限制，对大陆大众传播人士进入台湾、在台湾从事专业活动加以控制，对大陆对台大众传播活动进行严格的政治过滤。

在法律功能上，"戒严"时期，台湾地区两岸大众传播交流法规通过泛政治化的法律概念和严格的规范设置，对两岸大众传播交流进行政治禁锢。"戒严"时期的台湾地区两岸大众传播交流法规还有更沉重的政治承担和更深的政治目的，就是为台湾的"强人党国威权体制"建构合法性依据。在阻隔两岸大众传播交流的基础上，台湾当局得以制造台湾面临"安全威胁"的假象，虚构"光复大陆"的政治神话，建构起"强人党国威权体制"，大规模剥夺人民权利，进行专制统治。"解严"后，由于"戒严"体制和"动员戡乱"体制先后终结，"强人党国威权体制"瓦解，两岸大众传播交流法规不再承担建构台湾政权合法性的政治重任，使它有可能弱化政治色彩，不必再进行严格的政治禁锢，得以有条件开放部分两岸大众传播交流"禁令"。但由于历史遗存和对大陆的政治歧视以及"台独"等原因，"反共"依然是这一时期的台湾地区两岸大众传播交流法规的主要功能之一。1992年台湾当局发布"两岸关系条例"，对两岸人民关系重新界定，台湾地区两岸大众传播交流法规重构。这一时期台湾地区两岸大众传播交流法规中的"反共"色彩进一步弱化，但泛政治化的情况依然较为严重。虽然"反共"、"防共"不再是两岸大众传播交流法规主要的功能，但"防止大陆（中共）统战"取而代之，成为其主要功能之一。

2008年6月20日，台"司法院"发布"大法官释字第644号解释"，该解释认为主张共产主义是人民的言论自由，而"人民团体法"中，要求人民结党时不得主张"共产主义"的规定"违宪"。根据这一法规，"国家安全法""人民团体法"中限制人民主张共产主义的条文相继删除。这一系列法制改革表现了台湾构建新闻自由体制，不再对政治异见歧视的开明态度，为世人瞩目。但这一改革并没有延及台湾地区两岸大众传播交流法规领域。"广播电视法"一直到2016年修正发布时才删去了"反共"条文，但规制大陆大众传播品在台湾传播的主干法规——"大陆地区出版品电影片录像节目广播电视节目进入台湾地区或在台湾地区发行销售制作播映展览许可办法"的第4条"大陆地区出版品之内容有下列情形之一者，不予许可进入台湾地区：一、宣扬共产主义或从事统战者。……四、凸显中共标志者……"的规定时至今日依然还保留着。这种带有"戒严"时期泛政治色彩的规定让人有恍如隔世之感。设置大量规范限制两岸大众传播交流，对其进行政治过滤，以防止"中共统战"时至今日依然是台湾地区两岸大众传播交流法规的主要功能。

在几十年的台湾地区两岸大众传播交流法规发展史中，台湾地区两岸大众传播交流法规的政治功能虽然历经了建构"强人党国威权体制"合法性，到"反共"，再到"防止大陆统战"的转变，但其政治性的功能设定和价值倾向并没有改变。在这样的功能设定、价值倾向下，它对两岸大众传播交流的限制虽然逐步放松，但使用泛政治化的话语，通过严格的规范进行政治过滤，人为制造制度障碍限制两岸大众传播交流发展的状况没有根本改变。这一切都体现了台湾地区两岸大众传播交流法规泛政治化的顽固性。

法律与政治有着密切的互动关系。法律总是产生于一定的政治环境中，受到政治深刻的影响，它也总或明或暗地有一定的政治承担，完成一定的政治功能。但是法律依然是一个相对独立的系统，有其相对独立的技术要求、运行规律、价值追求等。如果以政治话语代替法律概念，以政治命令代替司法活动，以政治要求指挥法规创制，以政治价值取代法的价值，最终导致的就是法律沦为政治斗争的工具，沦为政治人物、政治集团牟取私利的工具，而公共利益和人民权利被侵害，法治无从落实。

泛政治化导致的不良后果首先是让台湾地区两岸大众传播交流法规的技术粗糙。由于泛政治化的干扰，相关法规难以依据法律的技术要求和自身规律来建构。"匪""反共""中共""统战"等政治话语的侵袭，让台湾地区两岸大众传播交流法规的法律概念内涵模糊、外延不清，无法准确、科学描述现实生活。过于急切的政治诉求，使得法规繁多，叠床架屋，结构体系不简明、不科学。因此，从法律技术的角度看，台湾地区两岸大众传播交流法规是不够细致、科学、先进的。

台湾地区两岸大众传播交流法规的泛政治化导致的严重后果不仅是技术粗糙，而且是法规的功能紊乱和价值迷失。

如台湾学者赵怡所说："对民营媒体的生存机会，除了政府的庇护外，更重要的是来自于自由市场，也就是民意（阅听率）的支持，此亦为确保台湾民主发展及新闻自由的唯一机会。由此，积极促成两岸的媒体交流，协助台湾传媒业者开拓海外市场，以争取生存的机会且不受国内政治力的钳制，就成为有识者在思考台湾前途与两岸关系前景之时，极为重要的课题。"[1] 台湾地区两岸大众传播交流法规作为一种公共制度，本应摆脱"政治力钳制""积极促成两岸媒体交流"，以发挥确保台湾民主发展、新闻自由，推进两岸关系的积极作用。其基本功能应当是创造制度空间，使得两岸大众传播交流能健康、顺畅、有序、高效。而确保人民享有相关传播权利，"保障意见之自由流通，使人民有取得充分信息及自我实现之机会"[2] 应当是其基本价值。

然而在泛政治化的影响下，台湾地区两岸大众传播交流法规为了"反共"和防止"统战"，设置重重规范进行政治过滤，严重阻碍了两岸大众传播交流的健康发展，这导致其功能产生重大偏移。而又由于泛政治化的影响，台湾地区两岸大众传播交流法规有诸多不合人情、法理和文化发展规律的规定，与现实

---

① 赵怡：《对于陆委会中止大陆记者驻点之分析》，台"国家政策研究基金会"网站，http://www.npf.org.tw/post/3/3238，发布时间：2007–10–31。

② "台大法官解释释字第 414 号"。

存在龃龉，因此其施行效果、守法状况一直不佳，难以发挥正常功能。如前几章所论述，政治干扰使得很多两岸大众传播交流领域的问题久拖不决、陷入困境；使得法规难产、事务迁延、恶斗频频成了这一领域的常态，导致了台湾地区两岸大众传播交流法规的功能紊乱和梗阻。而更为严重的是，泛政治化的功能设定和价值取向，导致了法规无法充分尊重并切实保护人民的权利。且不说"戒严"时期，台湾当局滥施法规，给人民造成巨大痛苦。就是在台湾自称已经步入"民主、法制"时代的今天，相关法规也还是沦为台湾政治"统独"恶斗的工具，而忽略人民表达意见、获取充分信息、自我实现的权利。这些法规几十年来实际运行的状况也显现：由于这些泛政治化法规的存在，台湾人民获取大陆资讯，分享中华文化成果的权利受到限制，参与两岸大众传播交流活动，获得与之相关的传播福利和经济收益等各方面利益的愿望被压制。而某些政治人物却能时常利用这些法规操弄政治议题，牟取政治资源和政治私利。这鲜明地体现了在"泛政治化"的影响下，台湾地区两岸大众传播交流法规的价值迷失。

二、保守主义的法律理念

纵观台湾地区两岸大众传播交流法规的变迁历程，可以发现它存在着较为严重的保守主义倾向。它总是不能以前瞻性的眼光，设置较为广阔的制度空间，以使两岸大众传播交流健康发展。相反，它往往落后于两岸大众传播交流实践和普遍民意，束缚了两岸大众传播交流的发展。例如"解严"前夕，台湾人民获知大陆讯息的愿望空前高涨，两岸大众传播交流已经以各种公开、半公开的方式进行，台湾大众传播人士已经陆续"偷跑"到大陆参访，而台湾当局却抱残守缺，迟迟没有开放两岸大众传播交流禁令。"解严"后，台湾掀起"大陆热"，两岸同胞都希望有更自由、宽松的制度环境以进行大众传播交流，然而台湾当局却一直"戒急用忍"，设置法律限制，压制两岸大众传播交流的正常发展。当今，新媒介技术、新大众传播业态、新文化生活方式，已经将两岸大众传播紧密地联系在一起，"两岸媒介共同市场"的雏形已显现。然而台湾当局却依然沿用十几年前的原则、规则，对两岸大众传播交流的类型、数量、内容等方面严加限制。

在保守主义心态下，台湾当局总是倾向于制订"稳妥"的法规。因此台湾两岸大众传播法规的发展通常呈现这样的模式：相关法规刚出台时往往很保守，会设置很多的限制，然后在两岸大众传播交流实践活动的不断冲击下，到了无法维持的程度，方才对相关规范加以调整，放宽某些限制，然后法规向前发展一小步，如此循环往复。因此，形势的逼迫——开放一小点——再逼迫——再开放一小点，这样的"挤牙膏"式的开放，成了两岸大众传播交流法规"进化"的主要模式。

台湾大众传播人士来大陆交流、从事专业活动的相关规范的变革，可以清晰地展现台湾地区两岸大众传播交流法规的这种"挤牙膏"的演进模式。"戒严"时期，台湾当局严厉禁止台湾大众传播人士赴大陆。但这种违反法理、人情、文化发展内在规律的禁令，在80年代初开始就渐呈难以维系之势。台湾的大众传播人士在80年代初就纷纷"偷跑"到大陆。如1983年《自立晚报》的黄德北，以观光名义来到大陆。1983年，台湾著名主持人黄阿原（原名黄益腾），毅然回到大陆。1987年《自立晚报》更是公开派记者到大陆采访，直接挑战"禁令"。当年，《中国时报》的记者江素惠、《人间》杂志的摄影记者钟俊升、台湾《环球新闻社》副总编辑皮介行、《台湾时报》副总编辑张自强等一大批台湾大众传播人士都"违法"来到大陆参观、采访。这使得相关法规受到巨大冲击，法规和现实之间处于严重的失衡、失序状态。这种严重的法规与现实脱节，有法不依的情况，使得法律的权威性和当局的公信力遭受严峻挑战，使得相关法规到了不得不改的境地。在情势的压迫下，1989年，台湾当局方才出台"现阶段大众传播事业赴大陆地区采访、拍片、制作节目报备作业规定"等法规，开放台湾大众传播事业赴大陆从事专业活动。但依然设置了报备制度，并对台湾大众传播人士在大陆的时长、活动等进行严格限制。关于台湾在大陆拍片不得雇佣大陆演员担任主配角、台湾记者不得与大陆记者共同采访等不合理规定充斥其间。这些规定很快又被两岸大众传播交流的情势所冲破。如1990年《中华工商时报》邀请台湾《工商时报》《中时晚报》记者共同沿欧亚大陆桥江苏连云港至新疆段，进行为期20多天的联合采访。1989年，琼瑶率"六个梦"剧组与湖南电视台合作，在岳麓书院开机拍摄电视剧《婉君》，大陆儿童演员金铭出演婉君。1990年2月，该剧在台湾播出，创下很高的收视率。1990年，台湾电视公司和台湾全美国际有限公司联合摄制的《草莽英雄》，邀请福建长龙影视联合公司协助拍摄，并聘请陈道明、杨春荣饰演重要角色。台湾当局所制订的规范很快就又暴露了不适用形势的窘境。于是只得被迫修正，删除掉这些不合理规定。

保守主义导致了台湾两岸大众传播交流管理中，"拖延"往往成了处理事务的办法，出现了很多规范该修正而没有修正，事情该解决而久拖不决的情况。例如关于大陆卫星电视在台湾落地的问题。自 2002 年台湾当局宣布停止央视 4 套在台湾落地后，一直未有大陆电视频道能在台湾落地。2008 年后，两岸就此问题进行沟通，台湾主管机关曾经应允对该问题予以考虑。但这一考虑就是多年，事情至今依然没有进展。更为典型的是两岸媒体"常驻"问题，该问题在 20 世纪 90 年代初，大陆方面就提出来，90 年代中期，还曾作为两岸两会的协商议题。台湾当局也一直表示要进行考虑和安排，但至今已经被拖延了 20 多年，依然没有解决。

事情要解决，往往是得等到已经被形势逼迫得不能再拖延了，方才解决。如"大陆广告管理办法"修正的问题是典型例证。"解严"后，两岸经贸合作不断发展，大陆商品和服务在台投放广告成为必要，很多台湾媒体也对此热烈期盼，希望能借此增加广告收入。然而，在相当长的时期中，台湾当局却依据 1992 年制定的"两岸关系条例"第 34 条"台湾地区人民、法人、团体或其它机构，非经主管机关许可，不得委托、受托或自行于台湾地区为大陆地区物品、劳务或其它事项，从事广告之进口、制作、发行、代理、播映、刊登或其它促销推广活动"之规定，以"'戒急用忍'、防止两岸实质通商扩大之政策为骨干……严格管制（禁止）大陆广告。"[1] 对台湾人民的需求一拖再拖。直到 2003 年，在形势逼迫下，问题无法再拖延，台"立法院"为"为肆应两岸经贸情势及民间商业需求……俾大陆地区物品等在台广告活动，能在交流有序的情形下进行"[2]，方于 10 月 29 日三读通过"两岸关系条例"修正案，授权陆委会制订"大陆广告管理办法"，对大陆在台广告"解禁"。然而依然是对大陆在台广告的内容、种类设置重重限制，对台湾媒体迫切希望解决的诸如不动产广告等很多事项并不予解决，继续拖延。直至 2011 年，相关法规与台湾法律体系不相协调，无法在维持下去，"终于在各方三催四请下，迈入修法阶段"[3]。2011 年底修正后

---

① 高玉泉、林承宇：《论大陆商品广告限制之解除——政策面及法律面之检视》，《广告学研究》，2002 年第 1 期，第 30 页。

② "台湾地区与大陆地区人民关系条例（修正沿革版）"，台"立法院"网站，获取地址：http://lis.ly.gov.tw/lgcgi/lglaw?@97:1804289383:f:NO%3DE01825*%20OR%20NO%3DB01825$$11$$$PD%2BNO，发布时间不详。

③ 洪效凡：《大陆商品来台登广告陆委会邀请广告界座谈》，动脑电子报网站，获取地址：http://www.brain.com.tw/News/NewsPublicContent.aspx?ID=16557#ixzz1nfasaDog，发布时间：2012-01-19。

的"大陆广告管理办法"正式施行。但也只是"将现行已可从事广告的项目，纳入草案予以例示，俾利外界周知，但并没有涉及开放新的广告活动项目"①。对台湾媒体所企盼的开放大陆不动产、会展、城市行销等多种广告的要求继续进行拖延。这种战术就如同台湾《联合报》地方中心主任林松青所云，是一种"缠小脚式的放宽"。②

保守主义的消极影响是显而易见的。由于保守主义，法规往往落后于现实，台湾当局也总是倾向于设置更多的限制性规范，阻碍了两岸大众传播交流的发展。保守主义使法规对人民的权利进行过度限制，侵夺、压制了人民的权利。保守的台湾地区两岸大众传播交流法规还违背了两岸大众传播发展的规律，使得台湾地区两岸大众传播交流法规的"实然法"与"应然法"存在较大差距，这也注定了相关法规的守法状况必然是不理想的，影响了两岸大众传播交流管理的"法治化"。保守主义还导致相关法规立法缺少前瞻性，无法对现实进行指引，影响了法的指引功能的实现。而法规保守，落后于现实，只能频频修正，又使得相关法规稳定性差，影响了其权威性和运行效果。

三、扭曲的权利义务价值关系

"从价值意义或综合价值的视角，在法律体系即权利义务体系中，权利和义务的地位不是半斤八两，而是有主要与次要、主导与非主导之分。现代法律是，或应当是以权利为本位……在权利和义务的关系范围内，权利是第一性的，权利是目的，义务是手段，法律设定义务的目的在于保障权利的实现；权利是第一性的因素，义务是第二性的因素，权利是义务存在的依据和意义。"③"权利本位"是现代法律也是现代民主法制社会的最重要特征之一，能否充分尊重并保障人民权利，是衡量法律优劣和社会是否民主的重要标准之一。根据这一点对台湾地区两岸大众传播交流法规进行分析，可以发现它在处理权利和义务的价值关系上，存在重大缺陷，并未充分地体现"权利本位""权利第一性"的价值

---

① 台湾"大陆委员会"：《有关行政院审查通过大陆广告管理办法修正草案之说明》，台湾"大陆委员会"网站，获取地址：http://www.mac.gov.tw/public/Data/22214362171.pdf，发布时间：2011-11-18。

② 林松青：《谁别怕大陆广告？》，台湾中国广播公司网站，获取地址：http://www.bcc.com.tw/board/list.asp?fumcde=FUM200507121054328N5&subcde=SUB20100913141210YSC&lsttyp=lst，发布时间：2011-11-06。

③ 张文显：《法理学（第三版）》，北京：高等教育出版社，2007年，第147-148页。

理念。

　　从纵向来看，不论是在台湾"戒严"时期，还是"宪改"初期，或者是台湾当局自称已建立自由民主社会的今天，台湾地区两岸大众传播交流法规都未能充分地体现"权利本位""权利第一性"的价值理念。在"戒严"时期，台湾当局为维护其专制统治，借助各种法规，对人民权利大肆克减，几乎剥夺了台湾人民进行两岸大众传播交流的一切权利。即使如此，台湾当局犹嫌不足，还采用暗杀等非法手段对两岸大众传播交流残酷压制，给人民造成了巨大的痛苦。"解严"后，台湾当局有条件解除了两岸大众传播交流的禁令，部分恢复相关权利，但依然是过度，甚至是在没有必要的情况下限制了人民的权利，要人民承担很多没有必要的义务。如90年代相关法规对台湾大众传播人士赴大陆交流的时长、活动、与大陆的合作进行了过度限制。相关法规还要求赴台交流的大陆大众传播专业人士填写极为繁琐的表格，对其身份、在台活动严格限制，甚至设置保证人制度、警察登记制度来限制他们的活动。直到今天，台湾当局虽然不再对台湾向大陆进行的大众传播活动进行特殊限制，给予了较大的自由空间，体现了"权利本位"的思想。但是对大陆向台湾进行的大众传播活动，却保留了绝大多数的限制，束缚了人们进行两岸大众传播交流的自由。

　　而值得关注的是，台湾当局设置义务的目的和逻辑起点也一直保留着"戒严"时代的思维。所谓的"权利本位""权利第一性"还应当体现在"法律设定义务的目的在于保障权利的实现"。因此，立法者设定一项义务的逻辑起点应当是"我到底要保障什么权利"，而不应当把义务本身作为目的。"戒严"时期，由于国民党施行专制统治，控制了法律的创制，蛮横地要求人民承担繁重义务，而根本不顾及这些义务是否具备正当性，是否超出了必要的限度。自20世纪80年代末，台湾步入"民主法治社会"，然而现行台湾地区两岸大众传播交流法规的很多义务设置，依然难以体现"要保障某种权利"的逻辑起点。这些义务的设置往往并不是要保障权利的实现，而更多的是在保守主义的立法原则下，因袭旧规定的结果。台湾当局在进行这些限制的时候，说明的理由总是"为了保障两岸交流的有序，为了保障台湾社会不受冲击"。但诸如填写繁琐表格、计划书、设立保证人等义务如果去除或减轻，真会给两岸交流秩序和台湾社会带来巨大冲击么？这样规范就是典型的为限制而限制，是让人民承担没有必要的义务。

　　从横向比较看，如果将台湾地区两岸大众传播交流法规与大陆同一时期相似法规进行比较，或者将台湾地区两岸大众传播交流法规与同时期台湾地区的其他法规相比较，可以发现它在处理权利义务价值关系上，有明显的不足。将2000年两岸对记者在对岸采访所设置的规范进行比较，可见两岸是如何处理相关活动中的权利和义务的价值关系的。当年大陆对台湾记者在大陆采访的管理，执行的是1996年出台的《关于台湾记者来祖国大陆采访的规定》，而台湾当局对大陆记者在台湾采访进行管理的法规依据则是1998年出台的"大陆地区专业人士来台从事专业活动许可办法"和2000年出台的"大陆地区新闻人员进入台湾地区采访注意事项"，两岸相关法规主要内容比较如下表：

表5.1　2000年两岸记者采访规制情况比较

序号	项目	大陆对台湾记者在大陆采访的规定	台湾对大陆记者在台湾采访的规定
1	所依据法规	《关于台湾记者来祖国大陆采访的规定》（1996年施行）	1. "大陆地区专业人士来台从事专业活动许可办法"（1998年施行） 2. "大陆地区新闻人员进入台湾地区采访注意事项"（2000年施行）
2	申请人资格	正常出版和发布新闻的台湾地区报社、杂志社、通讯社、广播电台、电视台等新闻机构的记者、编辑（包括摄影、录像人员等）。（1993年开放台湾记者"驻点"采访，到2000年，已经批准7家台湾媒体"驻点"采访。）	指依大陆地区法律成立之报社、通讯社、杂志社及广播、电视事业所指派，以报道时事及大众所关心事务为主之专业人员。(2000年开放大陆记者"驻点"采访，但同时说明只准备受理新华社、人民日报、中央电视台、中央人民广播电台四家"少量媒体""驻点"采访，而且每家新闻机构以2人为限。)
3	采访申请时限	提前十天	提前一个月

序号	项目	大陆对台湾记者在大陆采访的规定	台湾对大陆记者在台湾采访的规定
4	申请程序	直接申请	应由台湾地区新闻事业或相关团体担任邀请单位,代向"内政部入出境管理局"提出申请。"内政部"于收受申请案后,应将申请书副本及有关文件送相关目的事业主管机关"新闻局"进行专业资格审查。"新闻局"核准后,由"境管局"发给相关证件。
5	提交申请文件	要求申请者提供记者所在新闻机构的证明、记者简历和采访计划。	要求申请者提供记者所在新闻机构的证明、记者简历和采访计划,还要求邀请单位提供立案证明、申请者提供所在媒体证明,同时又在某项目里规定了若干细目,如媒体概述、任职简历以及所属媒体指派进入台湾地区采访之意思表示等。
6	可不允许入境情形	没有规定	有下列情形之一者,台湾当局可不许可大陆大众传播人士入境:参加暴力、恐怖组织或其活动者,涉有内乱罪、外患罪重大嫌疑者,在台湾地区外涉嫌重大犯罪或有犯罪习惯者,现在大陆地区行政、军事、党务或其它公务机构任职者,违反其它法令规定者等。
7	入境后所办理手续	到北京市采访的,到"记协"申领采访证。到其它地方采访的,到当地台办申领采访证。	记者赴台后须在三日内向台湾"新闻局"领取官方记者证,十五日内向居住地警察分驻(派出)所办理登记手续,并与邀请单位保持密切的联系。如采访计划及行程有变更,邀请单位或大陆新闻人员应先向"新闻局"报核,并送"境管局"备查。

续表

序号	项目	大陆对台湾记者在大陆采访的规定	台湾对大陆记者在台湾采访的规定
8	保证人设置	没有要求	大陆地区专业人士申请进入台湾地区，应觅下列台湾地区人民一人为保证人： 一、邀请单位之负责人。 二、有正当职业之公民，其保证对象每年不得超过五人。 前项保险人之保证书，应送保证人户籍地警察机关（构）办理对保手续；保证人系服务于政府机关、公立学校、公营事业机构或私立大专校院者，其保证书应盖服务机关（构）、学校之印信，免办理对保手续。
9	采访要求	台湾记者采访应当遵守新闻从业人员的职业道德，进行客观公正的报道，不得歪曲事实，制造谣言，或以不正当的手段采访报道。 经批准进行正常采访活动的台湾记者，受国家法律保护；同时，必须遵守国家的法律、法令和有关规定，不得进行与记者身份不符的活动。	大陆地区新闻人员应遵守新闻人员职业道德，并秉持公正客观原则从事采访活动。 大陆地区新闻人员进入台湾地区采访，应遵守"中华民国法令"。不得违反"国家安全法"及其他"法令"，且不得从事营利行为、须具专业执照之行为、与许可目的不符之活动或其它违背"对等尊严原则"之不当行为。
10	记者采访范围	没有为台湾记者规定特别范围，其中上海、天津等十三个省、市还可以直接受理台湾记者的采访申请，同时也为台湾记者跨省、市采访提供条件。	将祖国大陆记者"驻点"采访范围限定在所谓"大台北地区"。

资料来源：依据陆闻《两岸记者采访规定之比较》，《人民日报海外版》，2001 年 1 月 18 日，第 3 版；以及 1996 年出台的《关于台湾记者到祖国大陆采访的规定》、1998 年出台的"大陆地区专业人士来台从事专业活动许可办法"、2000 年出台的"大陆地区新闻人员进入台湾地区采访注意事项"编制。

从上表可见，在同一时期，大陆的法规给予来大陆采访的台湾记者更多的自由，更注重保护他们的权利。而要求他们履行的义务很少，仅有申领记者证、提交相关文件等极少的两三项，只在必要情况下才设置义务，相对更能体现"权利本位"的精神。而台湾的相关法规，虽然出台更晚，但并没有体现出更先进的法律精神。它们对赴台采访的大陆记者设置了重重限制，要大陆记者承担繁重义务。其中，要求大陆记者入境后须到警察机构登记、应觅得保证人并到警察局办理对保手续，以及台湾当局可以不许可"现在大陆地区行政、军事、党务或其它公务机构任职者"入境，这些义务的设置则明显超过必要的限度，甚至是延续了"戒严"时期那种"老大哥"监控一切的思维。这种状况较为普遍地存在于台湾地区两岸大众传播交流法规中。台湾某些人至今还宣称影响两岸统一和两岸大众传播交流的原因是大陆不够"自由和民主"，但却制订远比大陆不"自由和民主"的法规，真是富有黑色幽默色彩。

如果再把台湾地区两岸大众传播交流法规与同一时期台湾的其它法规来进行横向比较，也可以看出它在处理权利和义务的价值关系上的不足。例如近年，台湾进一步扩展了公民言论自由空间，特别是"国家安全法""人民团体法"中禁止人民宣传共产主义的条文的废止，更显示了台湾法规在言论权利保护方面的进步。台湾的传播法规也体现了的"权利自治""权利本位"精神。但相较而言，台湾法规对两岸大众传播交流活动的限制却非常多，依然保有"戒严"时代那种监视一切、控制一切的思维，并在这种思维下，侵夺了人民的部分权利，也让人民承担了一些没有必要的义务。

从处理权利和义务的价值关系看，台湾地区两岸大众传播交流法规可以说是台湾民主法制下的一块"化外之地"。台湾知名家电企业声宝集团前董事长陈盛沺曾自费在岛内两大报纸上刊登大幅广告，怒斥台湾当局所实施的对台商投资大陆设限的规定是"恶法"[1]。如果从台湾地区两岸大众传播交流法规在处理权利义务价值关系上的这种有违民主与法制基本原则的作为来看，将其评价为"恶法"并不为过。

四、安定性差

法的安定性具有重要意义。早在先秦，法家就指出"法莫如一而固"[2]。很多现代法哲学家也认识到法的安定性的重要性，如美国法学家富勒认为法的稳定性是法制的基本原则之一。法的安定性主要表现在两个层面：一是法的形式上

① 胡石青：《台湾当局的两岸恶法应该休矣》，《两岸关系》，2005年12月，第30页。
② 韩非子：《韩非子·五蠹》。

的安定，即法律制度的"适度稳定性、发展的连续性和法律内部秩序的维系"；二是实质上的安定，即法律"适用的合法性、确定性"、民众对法的广泛认同以及法的强大的调控能力。^① 而这两个方面又是相互联系、相互影响的：形式上不稳定，朝令夕改的法规，通常使得人民和执法者无所适从，难以得到民众的认同，也无法发挥其控制力；而法缺乏实质的安定，意味着法缺乏认同和控制力，则往往要在形式层面进行修正和重构。而台湾地区两岸大众传播交流法规在形式和实质两个层面的安定性都是不足的。

台湾地区两岸大众传播交流法规在形式层面的安定性不足很突出。从宏观的层面看，1949 年至今，台湾地区两岸大众传播交流法规体系经历了 3 次重大变革，变动是比较大的。尤其是前 2 次，整个法规体系基本被重构，法规"发展的连续性和法律内部秩序的维系"被颠覆。从微观层面看，相关法规修正频频，稳定性不足。基本上所有的台湾两岸大众传播法规都被修正过，没有被修正的法规通常只是因为它存在时间太短，还没来得及被修正就遭废止。有的法规被修正十几次，如两岸大众传播交流的主干法规"大陆地区出版品电影片录像节目广播电视节目进入台湾地区或在台湾地区发行销售制作播映展览许可办法"，自 1993 年发布施行后，至今已经共被修正 12 次。有的法规刚制订出来就被修正，或者刚修正完，没几个月就被再次修正。如"大陆地区图书电影片录影节目进入台湾地区展览观摩作业要点"1993 年 3 月发布，当年 9 月法规就修正；而"大陆地区大众传播人士来台参观访问采访拍片制作节目许可办法"分别于 1995 年 6 月 20 日、1996 年 2 月 7 日、1996 年 7 月 31 日这短短一年多内就 3 次修正。

在实质层面，台湾地区两岸大众传播交流法规也存在着适用标准不确定，守法状况差，缺乏人民的广泛认同，缺乏社会控制力的情况，安定性不足。台湾主管部门在适用相关法规时经常是标准游移，缺乏确定性。例如 1991 年，台湾当局对首个赴台采访的大陆记者团的记者们的主体资格进行审查时，台"内政部境管局"副局长刘蓬春表示："依照目前政府的大陆政策，是禁止中共党政军专职人士访问，不过，如果陆委会认定这 18 位大陆新闻媒体人士访台，纯粹是新闻专业人士访台的性质，且经查确无不安全之处，境管局愿全力配合。"^② 可

---

① 周永坤：《法理学——全球视野》，北京：法律出版社，2000 年，第 437 - 438 页。

② 吴芯雯：《今日台湾探秘——首批大陆记者访台实录》，北京：中国青年出版社，1993 年，第 29 页。

是，在审查 18 名记者的申请时，中央电视台记者张长明、景春寒的申请两次被
台境管局驳回。理由是中央电视台隶属中共国务院广播电影电视部，两名记者
被认定具有"中共官员"身份。可是同属广播电影电视部的中央广播电台记者
的申请却获通过。这让大陆的记者们搞不清台湾当局究竟是以什么标准进行审
查的。但到最后，台湾当局又不再追究张长明、景春寒"中共官员"身份，以
"专业人士受邀来台"的名义批准二人入境。① 这种标准不统一，反复无常的做
法让人丈二和尚摸不着头脑。又如 2009 年，中天新闻、东森新闻、TVBS 新闻
等台湾电视频道转播国庆阅兵，遭民进党人赵天麟、郑文灿等举报，认为这些
电视台播大陆节目未送审，涉嫌"违法"，要"新闻局"惩处。对于民进党的质
疑，"行政院新闻局"广电处处长何乃麒于 10 月 2 日晚声明初步认为电视台违
规。但 5 日又改口说：经紧急邀集传播学者咨询后认定，电视台做的是新闻事
件即时性专题报道，经过了自制，并非大陆节目现场直播，毋须事先送审，因
此不违法。"新闻局"这种处理事的"摇摆不定"受到了台湾公众的抨击。② 而
台湾地区两岸大众传播法规得不到台湾民众的广泛认同，守法状况差，从"戒
严"时期至今一直存在。从"戒严"时期偷偷出版大陆图书，到"解严"后
《自立晚报》公然挑战禁令派记者到大陆采访，再到今天台湾媒体违反"大陆广
告管理办法"刊登、播放大陆广告，都显示了相关法规的实质安定性的不足。

台湾地区两岸大众传播交流法规的安定性差，有其客观原因。台湾"解严"
后，经历了重大社会转型，"戒严"体制、"动员戡乱"体制先后终止，1991 -
2005 年台湾又进行了 7 次的"宪法"增修，政治体制、政治制度、法律制度等
各方面在几年间变化很大。由于赖以建构的基础发生很大变化，台湾地区两岸
大众传播交流法规必须随之变革。台湾地区两岸大众传播交流法规的修正频频，
也和两岸关系、两岸大众传播交流发展迅猛有关。由于两岸交流合作、两岸
大众传播交流发展，不断出现新的情况和问题，使得相关法规必须及时对规范
进行调整，以适应新的形势。

除了这些客观原因外，台湾地区两岸大众传播交流法规的安定性差，还与
台湾当局的过度保守及其法律创制方式等因素有关。由于奉行保守主义原则，

---

① 以上大陆记者身份审查过程根据吴芯雯：《今日台湾探秘——首批大陆记者访台实录》，
北京：中国青年出版社，1993 年，第 29 页整理。
② 《转播大陆阅兵引发岛内政治纷争 台"新闻局"终判不违规》，新浪网，获取网址：http://
news.sina.com.cn/c/2009-10-10/012216411290s.shtml，发布时间：2009-10-10。

台湾当局不能以更开放、宽容的心态来对待两岸大众传播交流实践，难以用前瞻性的眼光来开拓两岸大众传播交流的制度空间，往往制订落后于两岸大众传播交流实践的法规。这就注定了这些法规必须不断修订，否则将难以为继。台湾地区两岸大众传播交流法规的安定性差，还与它的创制方式有关。"动员戡乱"时期结束前，相关法规主要由行政机构和军事机构制订，国民党则实际控制着立法权柄，法律立、修、废全由其主导、控制，当权者通常可以按其意志"拿捏"法律，其安定性不足自不待言。1992 年"两岸关系条例"颁行，建立了两岸事务管理相关法规立法的基本原则和方式，即采用"委任立法"的方式，由"两岸关系条例"授权行政机关制订具体的两岸事务法规。"行政院新闻局"受权而成为最重要的两岸大众传播交流法规立法机构。台湾当局采取这样的法律创制方式的原因，如时任"法务部部长"的吕有文所言"海峡两岸情势，瞬息万变，政府之大陆政策与作法，必须视主客观情势之演变，而适时作机动性调整，若干事项倘于两岸关系条例中，为具体、详细的规定，……一旦情势改变而须修正条文，则以修正条文旷日费时，难以因应政策或作法调整之需要，故应采弹性原则，于部分条文采委任立法方式，授权行政机关审度两岸情势，订定有关法规，以为因应。"① 由于台湾当局采用这一立法方式的目的就是追求法规的"机动性"和"弹性"，自然无法保障法律的安定性。

法的安定性的不足，不仅使得法无法很好地保障社会秩序，还会对公民的权利造成损害。论文前几章已经列举了很多由于台湾地区两岸大众传播交流法规安定性的不足，引起两岸大众传播交流中的"违法""脱序"的案例。在法不足以凭恃的情况下，突破法规，以"违法"的方式去追逐自己应得利益的情形在所难免。但付出的代价是沉重的，包括法的"权威性"、法治观念被漠视，以及围绕着"违法"和"惩治违法行为"付出的高昂的社会成本。而台湾地区两岸大众传播交流法规安定性的不足，还损害了人民的权利和两岸大众传播交流活动的发展。法的安定性能确保"人们能够预计有一个固定的、不会改变的范围，人们能够在这个范围内安排自己的事情，他能够在这种制度的保护下建设自己的生活。"② 从而保障人的"自由发展"和"社会的发展"。从这个意义上，

---

① 吕有文：《关于法务部所拟＜台湾地区与大陆地区人民关系条例＞》，"法务部"：《台湾地区与大陆地区人民关系条例研拟记要》，台北："法务部"，1992 年 12 月，第 213 页。

② ［德］H科殷：《法哲学》，林荣远译，北京：华夏出版社，2002 年，第 120 页，转引自曾丽娜：《论法的安定性》，《牡丹江大学学报》，2009 年 10 月，第 66 页。

法未尝不是人类对自身发展的一种计划或安排。而台湾地区两岸大众传播交流法规所做的这个"发展计划"变迁不定、朝令夕改，显示了台湾当局对两岸大众传播交流没有确切的定位和长远的安排，难以给"人们能够预计有一个固定的、不会改变的范围"，使人们难以在制度的保护下建设自己的生活。缺乏安定的法规，使两岸人民难以确定自己行为的后果，难以很好地"安排自己的事情"，难以在制度的保护下去推动两岸大众传播交流的发展。

五、管制主义的法律原则

"解严"前，在"戒严"体制基础上建构的台湾大众传播法规以"传播禁止"为核心，对大众传播活动进行全方位管制，乃是典型的"统制主义"或"管制主义"传播制度。"解严"后，随着台湾政治转型的深入，台湾传播领域的禁令逐渐解开，人民的传播权利渐次恢复，公权力在传播领域逐渐退缩。在这一过程中，台湾大众传播法规的基本原则和具体规范都有根本变化。以台湾报纸管理制度的变化为例。"戒严"时期，台湾的报纸管理实行的是"报禁"制度，即所谓的"限证、限张、限印、限价、限纸"的"一报五限"，这一制度将台湾的报纸限制在31家，并对报纸的准入、采编、印刷、发行等一切环节进行管制。1988年1月1日，"报禁"正式解除，成为台湾社会转型的一个重要标志。1999年"出版法"废止，台湾已没有专门的报纸管制法规。现在，台湾的报纸管理主要依据一般市场管理制度和行业自律规范，在报纸的设立、采编、发行、销售等各个方面，都没有特殊的规定，政府的管制基本退场，媒体实现了"自治"。台湾报纸管理制度的变化，是台湾大众传播法律制度变化的一个缩影，体现了从人治到法治、权力本位到权利本位、统治本位到服务本位、从"管制"为基本原则向"治理"为基本原则的转变。

然而，这种变化却未充分体现在台湾地区两岸大众传播交流法规之上。台湾地区两岸大众传播交流法规中的传播管制虽也呈现逐渐放松的趋向，但管制主义的消解却是不平衡的，程度也是很不够的。

对台湾向大陆进行大众传播活动方面的管制放松较为明显。"戒严"时期，除了作为"反共心战"的对陆广播高度发达外，台湾当局对向大陆进行的大众传播活动进行以"传播禁止"为主要特征的传播管制。"解严"后相关禁令逐步放开。20世纪90年代，台湾当局制订了"现阶段大众传播事业赴大陆地区采访、拍片、制作节目报备作业规定"和"现阶段新闻从业人员赴大陆地区采访报备作业实施要项""台湾地区大众传播事业赴大陆地区采访拍片制作节目管理办法"等法规，构建"报备制"等制度对台湾向大陆进行的大众传播交流活动进行管制，依然追求对传播的控制，实行的是一种"半管制"的原则。2000年"台湾地区大众传播事业赴大陆地区采访拍片制作节目管理办法"被废止，台湾当局对台湾媒体和个人向大陆进行大众传播活动已经不设置任何特殊的限制，标志着在这一领域的"半管制"状态也终结，实行的是"权利自治"主义的管理原则。

然而对大陆向台湾进行的大众传播交流活动的管理原则，始终没有根本性变化，一直采取"管制主义"的原则。"戒严"时期，除了少数情报机构、政府机关等相关部门出于"研究匪情"的需要，可以接触大陆报刊等大陆大众传播品，台湾当局禁止所有的大陆向台湾进行的大众传播活动，施行的是严厉的"传播禁止"。"解严"后，台湾当局虽然逐渐放开了大陆对台大众传播活动，有条件允许大陆大众传播人士入台和大陆大众传播品在台湾传播。但这种开放一是进展缓慢，如对有中共身份的大陆大众传播人士进入台湾的限制，经过了多年方才有所开放；如大陆媒体在台湾的"常驻"问题历经20多年，时至今日依然未解决。相关的管理还常有波折和反复，如大陆卫星电视在台湾落地的问题，90年代，曾有大陆电视在台落地，但2002年台湾当局宣布停止大陆电视落地后，虽于2008年后多次表示要考虑再让大陆电视落地，但却并未真正解决这一问题。更重要的是，法规的许可制度、检查制度至今依然不动。大陆大众传播人士入境、大陆大众传播品在台湾传播，都必须事先经过台湾当局的许可，而且许可标准相当严格。台湾当局还设置了"警察登记制""保证人制度""邀请单位负责制度"等各种制度来确保对大陆大众传播人士在台活动范围、内容等方面的控制。对大陆大众传播品在台传播则严格规定了类别、数量、时数、时段等。因此，时至今日，台湾当局依然追求对大陆向台湾进行的大众传播活动的全面控制。虽然控制范围有所减小、程度有所减弱，但其"管制主义"的本质并没有变化，依然贯彻一种"权力本位""统治本位"的管制主义原则。

台湾地区两岸大众传播交流法规之所以具有浓重的"管制主义"色彩，主要原因在于泛政治化。如上所述，台湾地区两岸大众传播交流法规一直都有较强的泛政治化色彩，有重要的政治功能和较为沉重的政治承担。为了完成这种政治功能和政治承担，必须对两岸大众传播交流进行严格控制。"戒严"时期，为了建构"反共"图景和"光复"神话，为其威权政治体制建构合法性依据，台湾当局需要用极为苛严的规范来禁绝两岸大众传播交流。因此建构以"传播禁止"和"人治"为主要特征的管制主义法规势在必然。"解严"后,两岸大众传播交流法规虽然不必承担为台湾政权建构合法性依据的重任,但是却转而承担起"防止中共统战"的政治任务。这决定了台湾当局依然要以一种防备"中共"和大陆的心态,借助严格的规范对两岸大众传播进行监控和政治过滤,依然实行命令——服从的管理机制。这使得相关法规依然陷于管制主义的泥淖。

"管制"的社会管理方式由于强调管理中权力的核心地位,"过分夸大公私益紧张关系,过分强调行政优益性,过分聚焦行政行为,过分重视命令——服从,导致行政法逻辑的扭曲和行政法制化正当性的削弱。"[1] 往往导致官僚化、政府失灵、侵夺人民权利等弊病。而台湾地区两岸大众传播交流管理中的管制主义,还是一种更偏向于传统型管制主义,是富有"专制主义气息"的管制主义,更强调政府的全知全能和全面管控,其弊端就更为明显。这些弊端包括人民传播权利受到侵害、两岸大众传播交流的发展被阻碍、管理效率低下等。而其运行中出现的守法状况差、权利义务关系倒置等状况,也确实表明了其"行政法逻辑的扭曲和行政法制化正当性的削弱"。任由这种情况恶化下去,恐怕其消极影响的范围就不仅局限于两岸大众传播交流领域,而可能会反噬整个台湾法规体系的权威性和正当性。因此在治理理论兴起,在台湾公共管理日益向"服务本位""权利本位""责任本位""分权合作"转化,台湾当局自许为亚洲"善治"政府之一的情况下,如何进行制度创新,让台湾地区两岸大众传播交流法规走出"管制主义"的阴影,恐怕是一个最终需要去解决的重要课题。

第二节　台湾地区两岸大众传播交流法规的变迁原因

如前几章所论,台湾地区两岸大众传播交流法规并不是一个自足、封闭的系统,它的生成和变迁有制度自身延续、继承等因素,还有两岸关系发展、台湾政治转型等结构性因素,也有行动者推动的原因。本书在前几章对台湾地区两岸大众传播交流法规的深层结构解析中,已经对其发展变迁中两岸关系、台湾政治发展、行动者推动等要素加以分析。本节将对相关内容进行简单总结归纳,希望能从较为广阔的共时性结构和较为悠长的历史景观中,来观察其产生、

---

[1]　罗豪才、宋功德:《行政法的治理逻辑》,《中国法学》,2011年第2期,第5页。

变迁的共时性和历时性因果关系，理解其中的本质特征。

一、两岸关系、台湾政治变迁对台湾地区两岸大众传播交流法规的结构性影响

如果将两岸大众传播交流法规发展的几个关键时间点置于更宽广的背景中，可以发现它跟两岸关系变化、台湾政治变迁大体耦合。下表将这三者的几次重大变迁加以梳理，以展现这种耦合关系：

表 5.2 台湾地区两岸大众传播交流法规、台湾政治、两岸关系变迁情况

序号	法规变化状况	台湾政治变化状况	两岸关系变化状况
1	50 年代"台湾省戒严期间新闻纸杂志图书管制办法"等一批法规制订，台湾地区两岸大众传播交流法规生成。法规设置了苛严的规范，以白色恐怖手段对两岸大众传播交流进行政治禁锢。	1949 年国民党败退台湾，宣布台湾"戒严"。50 年代，国民党在台湾站稳脚跟后通过制造"反共""恐共"政治情绪和"光复"政治神话，为其政权寻找合法性依据，建构起"强人党国威权体制"。	50 年代，大陆对台政策以"解放台湾"为主干，台湾则以"反攻大陆"相对抗，双方都在内部检肃"匪谍"，政治对立和军事对抗是两岸关系的主旋律。
2	1988 年前后"台湾省戒严期间新闻纸杂志图书管制办法""管制匪报书刊入口办法"等法规废止，"现阶段大众传播事业赴大陆地区采访、拍片、制作节目报备作业规定"等法规出台，两岸大众传播交流法规重构，两岸大众传播交流活动解禁。	70 年代中后期，台湾"硬性威权体制"开始向"软性威权体制"转变。1987 年，台湾宣布"解严"，随后"党禁""报禁"开放，"威权体制"瓦解，到达民主化转型的"关键点"。	1979 年《全国人大常委会告台湾同胞书》发表，标志大陆对台政策由"和平解放台湾"向"和平统一"的重大转变。80 年初"和平统一、一国两制"形成完备的理论形态。台湾当局则坚持"不接触、不妥协、不谈判"的"三不政策"，但也对大陆积极的两岸政策进行有限回应，1987 年宣布有限开放大陆同胞赴大陆探亲，1988 年 7 月 12 日国民党第十三次代表大会确定了"官民分开"政策和两岸交流"民间、间接、单向"的原则。

序号	法规变化状况	台湾政治变化状况	两岸关系变化状况
3	1992 年前后,"现阶段电影事业赴大陆地区拍片报备作业实施要项"等一批法规废止,"大陆地区出版品电影片录像节目广播电视节目进入台湾地区或在台湾地区发行销售制作播映展览许可办法"等一批法规出台,对两岸大众传播交流的限制进一步放开,"反共"的政治功能向"防止统战"转化。	1991 年,"动员戡乱"时期终止。"宪改"开始,1991 年、1992 年进行了两次"宪法"增修。1991 年年底,第二届"国民代表"选出,资深"国代"全部退职,终结了"万年国代"的怪异现象。	1988 年台湾当局开始酝酿"两岸关系条例",1992 年该条例颁行。"两岸关系条例"构建起台湾处理两岸关系的法律基础,确立了两岸事务的处理的法律原则。"解严"后,"台独"浮出水面,"统独"议题成为台湾社会的重大分裂性议题。1992 年两岸达成"九二共识"。
4	2002 年前后,"大陆地区出版品电影片录像节目广播电视节目进入台湾地区或在台湾地区发行销售制作播映展览观摩许可办法""大陆广告管理办法"等法规公布,对两岸大众传播交流的管制进一步放松,尤其是随着 2000 年"台湾地区大众传播事业赴大陆地区采访拍片制作节目管理办法"的废止,标志着对台湾向大陆进行的大众传播活动管制的完全放开。	2000 年,陈水扁当选台湾地区领导人,台湾实现第一次政党"轮替",标志着所谓"民主的巩固"。至 2000 年,共进行了 6 次"宪法增修"活动。台湾各项民主制度和言论自由得到进一步巩固。	1999 年 7 月临近离任的李登辉抛出了"两国论"。2000 年,陈水扁上任,虽然没有进行激烈的"台独",但在实际行动上,却走"渐进式台独"的路线。2002 年陈水扁抛出了"一边一国"的论调、鼓吹"公投立法"。这大大地损害了两岸关系的健康发展。2005 年,《反分裂国家法》通过。虽然台湾当局一直推行"戒急用忍"政策,但两岸经贸合作依然保持相对平稳发展,台湾外贸对两岸贸易依存度从 1992 年的 4.83% 提高至 2002 年的 15.5%。

资料来源:作者自制。

从上表可看出,台湾政治和两岸关系的变化,虽然不会马上显现在两岸大众传播交流法规上,体现了法规的相对独立性。但是将时间略微延长,会发现台湾政治和两岸关系的重大变化基本上会带来两岸大众传播交流法规的变化。

台湾政治变迁、两岸关系发展所形成的共时性结构，在很大程度上决定了两岸大众传播交流法规的发展。正如历史制度主义者所坚持的，"制度的研究必须放在相对广泛意义的社会背景下"。制度往往是一种因变量，"制度危机通常源于外部环境的变迁……当制度不适应环境，制度运作产生负面作用，回报减少和盲目扩张都致使制度慢慢衰亡。"①1987年前后和1992年前后，两岸大众传播交流法规先后经历了两次"制度断裂"。其根本原因在于作为两岸大众传播交流法规外部环境的台湾政治和两岸关系出现了大的变化，外部环境的变化产生了制度危机，最终导致制度崩溃。这两个时期，台湾两岸大众传播法规的变迁呈现一种"断裂均衡"的状态。当然"断裂"和"崩溃"并非台湾地区两岸大众传播交流法规变迁的唯一模式。其制度的变迁有时也以一种内在的、渐进的方式进行。台湾地区两岸大众传播交流法规也通过"替换、层叠、转移"②的方式，向新要素开放空间，迎合新的目标，从而使得自己适应新的环境。在经历两次"断裂式"的制度变迁后，1992之后，台湾地区两岸大众传播交流法规的变迁呈现就是这种"渐进转型"模式。1992年后，台湾政治、两岸关系的相对稳定，相对稳定的大环境使得法规系统有可能提供吸纳新要素、诉求的通道，相关法规可以通过不间断的法规修正进行制度"替换、层叠、转移"，完成制度的变迁。

要深刻地理解台湾地区两岸大众传播交流法规的特征，弄清其法律概念使用、规范设置、功能设定、价值倾向的深层原因，必须对两岸关系和台湾政治所构成的复杂结构加以分析。例如，要分析台湾地区两岸大众传播交流法规保守主义原则的深层原因，就不能不深入研究台湾的"国家认同"状况和政党政治状况。"戒严"时期，台湾当局虽然认同一个中国，但是这个认同是"中华民国的认同"，是建构在对"中共"敌视的基础之上。其"一中"的"国家认同"是建立在自认"正统"，视大陆为"沦陷区""匪区"的前提下的，实际是对大陆的敌视。在这种政治认同状况下，大陆作为敌对的"他者"被割裂开来，这为台湾"国家认同"的分裂埋下了伏笔。"解严"后，"台独"势力公然操纵民粹，鼓吹"台独"，建构"台湾认同"，造成了"国家认同"的分裂，"国家认同"成为台湾主要的社会分歧。而围绕着"统独"议题、"国家认同"问题，台

---

① 刘圣中：《历史制度主义：制度变迁的比较历史研究》，上海：上海人民出版社，2010年，第132页。

② 刘圣中：《历史制度主义：制度变迁的比较历史研究》，上海：上海人民出版社，2010年，第132页。

湾政治势力进行政治恶斗，两岸议题往往难以被真正作为一项公共决策，而从公共利益和长远利益作理性的、前瞻性的考虑和规划。因此两岸大众传播交流法规的相关议题往往陷入这样的怪圈：议题提出——被政治化、意识形态化——挑起"统独""卖台"等政治斗争——无法就问题实质和所涉及长远公共利益进行讨论、思考——议案被否决、问题被搁置，相关法规倾向于保守。

这就意味着，要破解两岸大众传播交流法规中的难题、困境，不能仅在法规自身的范围内打转，必须将其放在更宽广的环境中，在两岸关系、台湾政治等更基础的层面上来解决。如台湾地区两岸大众传播交流法规中的泛政治化问题，难以仅在大众传播领域内，或者靠法律的技术性工作来解决的。又如要去除相关法规中的管制主义原则，也有赖于两岸政治互信的构建和两岸政治关系的进一步发展。再如随着两岸大众传播交流中，衍生出越来越多、越来越复杂的问题，在现行的规范框架下已经难以解决，就需要建立一个制度化的协商渠道来解决。

当前，从这一结构性的角度看，两岸大众传播交流法规的建设，能否有实质性突破，关键在于是否有稳固的两岸政治基础。只有两岸共同的政治基础稳定，两岸大众传播交流法规的建构才能基础扎实、发展稳定，而两岸政治基础不稳，如习近平所说："如果两岸共同的政治基础遭到破坏，则基础不牢，地动山摇。"[①] 因此，建构坚实的两岸政治基础，使两岸大众传播法规具备建设和运行的扎实根基和明确指向，是两岸大众传播交流法规发展的根本性因素。2008年马英九上台后，承认、接受"九二共识"，两岸政治基础较为稳定，在这一基础上，两岸签订了27项协议、共同意见，涉及经济合作、邮政业务、食品安全、交通运输等诸多领域，签订协议数量是之前二十多年签订数量总额的数倍，其中也包含了有多项两岸大众传播交流规范的《海峡两岸服务贸易协议》。然而这一良好势头在蔡英文当局上台后，由于其不承认"九二共识"，使两岸关系遭遇重大波折，而受到破坏，给两岸大众传播交流法规的建构造成巨大影响。蔡当局上台后，两岸不仅是"零协议"，之前建构两岸的制度性协商渠道、机制中断，形成的两岸合作、协同的良好机制被破坏，两岸所签署的《海峡两岸服务贸易协议》等协议也被搁置并可能最终落空。因此，建构好、维护好"九二共识"这一两岸共同的政治基础是非常重要的。如台湾媒体所论："将两岸关系喻为一座华丽的大厅堂；此刻正是华灯初上之际，一盏盏灯具绽放出熠熠光华；

---

① 周志怀：《台湾问题——和平或对立对未来两岸关系的影响》，《领导科学论坛》，2016年第5期，第53－68页。

这些灯具，如 ECFA、陆客来台、直航……将这一座厅堂映照得光灿夺目。此一晶莹璀璨的场景，一切皆因'九二共识、一中各表'而生；亦即，'九二共识'是这所有灯具的总开关"[①]。"九二共识"对两岸人民正常生活，对两岸关系发展起着至关重要的作用，它如果受到动摇，则两岸关系会"地动山摇"，两岸甚至有可能走向战争。因此，首先应通过各种方式加强对"九二共识"的宣传，使更多的人尤其是台湾民众对其有更充分的认知、认同，自觉对其加以坚持、维护。还应通过两岸现有的联系性关系，对两岸政治关系作出"合情合理的安排"，从更深层的结构层面提供两岸大众传播交流法规的发展的动力。

如上文所述，"增进两岸政治互信，夯实共同政治基础，是确保两岸关系和平发展的关键"，也同样是两岸大众传播交流法规发展的关键。台湾地区两岸大众传播交流法规变革中有诸多问题牵涉政治问题，它无法在法规自身范围内解决，其破解有赖于基础性政治问题的解决。两岸政治协商的启动，两岸政治关系的实质性进展，将为台湾地区两岸大众传播交流法规中某些问题的解决创造前提条件。因此有在破解两岸政治协商相关问题的基础上，寻求台湾地区两岸大众传播交流法规所存在问题的解决之道的必要性。

两岸虽然至今未实现官方的政治协商，但两岸的政治交往多年来却以各种形式持续进行。两岸政治交往也取得一些成果，如 1992 年两会达成的"九二共识"，建构起了两岸关系发展的政治基础。

几十年来，两岸曾经进行过一些上层沟通，有关情况也见之于一些文献。据吴跃农披露，1982 年到 1987 年，蒋经国曾经三次秘密派遣其前机要秘书沈诚赴大陆。作为蒋经国的"密使"，沈诚得到了叶剑英、邓颖超、杨尚昆、邓小平等领导人的接见。1987 年 3 月 19 日沈诚将其第三度赴北京所得的杨尚昆的信函转交给蒋经国。蒋经国对该信反复研读，于六天后召见沈诚，表示中共是有诚意的，两党的对等谈判是可行的。1987 年 12 月 7 日，蒋经国对沈诚说，一月初将在国民党中常会上讨论北京谈判的人选。但是 1988 年 1 月，蒋经国去世，计划中断。[②] 此后数年，台湾当局循"不接触、不谈判、不妥协"的"三不"政策，拒绝进行两岸官方接触和政治谈判。随着两岸关系的发展，台湾当

---

① 联合报：《ON?OFF? 九二共识是两岸关系总开关》，联合电子报，获取网址：http://paper.udn.com/papers.php?pname=PID0001&page=173#ph，发布时间不详。

② 根据吴跃农：《开启海峡两岸和平接触之门——廖承志致蒋经国公开信的前前后后》整理，《档案时空》2005 年第 7 期，第 16－17 页。

局虽然不再实行"三不"政策，但却依然坚持80年代以来形成的"官方和民间分开""政治和文化、经济"分开政策，注重发展两岸经贸文化交流，而拒绝两岸官方接触和政治谈判。

2008年马英九在其就职演说中提到"未来我们也将与大陆就台湾国际空间与两岸和平协议进行协商"，表明台湾当局在政治协商问题态度上有所转变。但从台湾当局的实际表现看，他们依然坚持"官民分开""政治与经济文化分开"的政策，对两岸政治协商采取拖延和搁置的态度。2009年台"陆委会副主委"傅栋成表示："台湾的既定政策是经贸交流为主，其它如文化、新闻等交流，都是这个阶段的主要工作。台湾一向坚持，两岸协商先经济后政治，先易后难，这个方针没有改变。……两岸还是以经济议题为主，台湾认为目前并不存在政治谈判的条件。"①2013年11月22日，马英九在与外籍记者联谊会座谈时，谈及两岸政治协商议题时，也还说"没刻意排斥，只是不具优先性与迫切性；两岸目前要谈及正在进行货品贸易协议、两会互设办事机构，都是很重要的协商，应优先办理"，并表示"看不出两岸签署和平协议时机已成熟。"②

大陆对两岸政治协商的态度，也是"先经后政，先易后难"，希望待时机成熟后进行两岸政治协商。如国台办新闻发言人杨毅所说："结束两岸敌对状态，达成和平协议，符合中华民族的整体利益，是两岸同胞的共同愿望，是我们多年来的主张，也是两岸关系和平发展的必然前景。希望两岸为此加强交流，增进互信，逐步创造条件。凡是涉及两岸关系的重大问题，都应该考虑两岸同胞的愿望，都应该有利于确保两岸关系的稳定发展。政治协商是一个不断创造条件，将来水到渠成的事情。"③2008年后两岸关系曾"取得重要进展，实现了历史性转折"④，"两岸协商、谈判、对话的先经济后政治的思路，随着ECFA的签署已经再也不能只停留在经济议题上了，必然要向包括政治议题在内的其它更广阔的范围内拓展。"⑤中共十八大政治报告中指出"希望双方共同努力，探讨国

---

① 《台湾当局称两岸政治谈判不暂成熟应先经济后政治》，中新网，获取网址：http://www.chinanews.com/tw/tw-twyw/news/2009/08-05/1804726.shtml，发布时间：2009-08-05。

② 董会峰、叶小刚：《马英九回应两岸政治协商议题：不排斥但有优先性》，新华网，获取网址：http://news.xinhuanet.com/tw/2013-11/23/c_125749827.htm，获取时间：2013-11-23。

③ 王平：《国台办发言人谈两岸政治协商话题——任何势力不应借机炒作牟利》，《人民日报海外版》，2011年10月27日，第3版。

④ 周兆军：《胡锦涛会见连战指出两岸关系实现历史性转折》获取网址：http://news.sina.com.cn/c/2009-11-14/131616607978s.shtml，发布时间：2009-11-14。

⑤ 余克礼等：《ECFA之后的两岸政治关系走向》，《两岸关系》，2010年第8期，第6页

家尚未统一特殊情况下的两岸政治关系,作出合情合理安排;商谈建立两岸军事安全互信机制,稳定台海局势;协商达成两岸和平协议,开创两岸关系和平发展新前景。"习近平 2013 年 10 月在会见萧万长时也指出:"两岸长期存在的政治分歧问题终归要逐步解决,总不能将这些问题一代一代传下去。⋯⋯愿意在一个中国框架内就两岸政治问题同台湾方面进行平等协商,作出合情合理安排。对两岸关系中需要处理的事务,双方主管部门负责人也可以见面交换意见。"①

2014 年 2 月 11 日,国务院台湾事务办公室主任张志军与台湾陆委会主委王郁琦在南京举行双方两岸事务主管部门负责人首次正式会面。会面时两人互称"官衔"。此次会面,双方还就国台办和陆委会建立常态化联系沟通机制;继续协商海协会与海基会互设办事机构,务实妥善处理遗留问题,尽早实现互设;继续推动两岸新闻交流,采取务实措施,为驻点记者生活提供便利等议题进行协商,并达成共识。该次会面受到全世界的关注,被给予高度评价。《中国时报》报道指出,这是自 2008 年 5 月以来,又一次迎来有利于两岸关系深化巩固的新形势,历史性的"张王会"虽未签署具体协议或书面共识,但这场快节奏的对话活动,反映两岸政治形势的快速变迁,并呈现两岸高层互动新局,"张王会"只是序幕,发展大势才将开始。《旺报》则用六个版面报道了王郁琦大陆之行,并回顾了两岸关系正面发展的历程,该报认为:此次会谈开启了两岸政治对话与协商的序幕,"具有不可逆时代的意义"。新华社述评指出:"隔空"20多年的两个对口单位终于实现直接沟通,面对面交换意见并达成积极共识,这无疑是两岸关系取得的重大进展,"代表两岸关系制度化达到新的水平。"美国《华盛顿邮报》以头条刊出报道指出,"张王会"这项举动旨在尝试建立更紧密的经济联系以及两岸和谐关系。② 客观看,"张王会"并没有进行任何实质性的政治协商,其意义尚未如台媒所云"开启了两岸政治对话与协商的序幕"。但两岸官方首次进行直接的会面、协商,确实富有极为重要的象征意义。而会谈中,双方同意国台办与陆委会建立常态联系沟通机制,此后双方通过该渠道进行多次沟通对话。

2015 年 11 月,两岸领导人习近平和马英九在新加坡实现历史性会面。双

① 杜尚泽、刘慧:《习近平会见萧万长一行 两岸政治分歧终归要逐步解决 不能将这些问题一代代传下去》,《人民日报海外版》,2013 年 10 月 07 日,第 3 版。
② 以上媒体评论皆转引自李徽《"张王会"再写历史》,今日中国网,获取网址:http://www.chinatoday.com.cn/ctchinese/news/article/2014–02/26/content_599081.htm,发布时间:2014–02–26。

方确定"九二共识"和一个中国原则作为两岸关系发展的共同政治基础。虽然此次会面并未取得两岸政治关系上的实质性进展，但两岸领导人的第一次"历史之握"，"实质开启两岸最高层级的政治对话，极具政治象征意义和指标意义，成为两岸关系发展史上的重要里程碑。'习马会'有四大突破：结束了两岸领导人六十余年未进行单独会晤的历史；开启了两岸领导人会晤模式，为未来开创一种新的可能性；两岸领导人以'两岸共识'确立'九二共识'的关键作用，为未来两岸关系发展定调；通过对两岸'一中现状'的界定与和平发展道路的肯定，指明并框定两岸关系未来的发展方向。"① 此次会面两岸领导人还达成设立"两岸热线"的共识。2015 年 12 月 30 日，该热线启用，国台办主任张志军与陆委会主委夏立言首次通过两岸热线进行通话。此后两岸还通过该热线进行多次沟通，努力发挥习近平所言："设立两岸热线，有助于双方及时沟通，避免误判，处理紧急问题"② 的作用。

然而随着自 2016 年，民进党在选举中获胜，蔡英文当局不承认"九二共识"，两岸对话、协商的基础遭到破坏，之前建立的两岸沟通的渠道基本被阻断。首先是海协会和海基会的制度化协商机制停摆。蔡英文上台后，海基会董事长曾空缺达一百多天，2016 年 9 月海基会召开会议，通过由田弘茂担任董事长等议案。当天海基会给海协会发函希望恢复两会制度化协商机制。但由于其来函完全未提及"九二共识"。因此海协会指出："造成两会协商和联系机制停摆的原因众所周知。关于两会联系互动问题，陈德铭重申，只有海基会得到授权，向海协会确认坚持'九二共识'这一体现一个中国原则的共同政治基础，两会受权协商和联系机制才能得以延续。"③ 而自 2016 年 5 月 20 日以来，两岸官方联系渠道国台办与陆委会间的制度化联系沟通渠道也关闭，"两岸热线"也停摆。

总体看，两岸对话、协商的展开进展缓慢，而且一波三折。综合考察两岸政治交往的历程和当前两岸关系的状况，政治协商的滞后，已成为两岸关系发展的障碍。如果两岸政治协商能够展开，两岸和平协议能够达成，能真正建立两岸政治互信，将使得两岸大众传播交流有坚实的政治基础，势必大大促进台

---

① 朱卫东：《"习马会"的四大突破》，《台海研究》，2016 年 3 月，第 1 页。

② 董会峰、路梅：《习近平：设立两岸热线助双方及时沟通》，环球网，获取网址：http://taiwan.huanqiu.com/roll/2015-11/7932282.html，发布时间：2015-11-07。

③ 赵超逸：《海协会会长陈德铭："九二共识"是两会受权协商和联系机制延续基础》，央视网，获取地址：http://news.cctv.com/2016/09/12/ARTIUZXpXXovFXBzxjjjrY7z160912.shtml，发布时间：2016-09-12。

湾地区两岸大众交流传播法规的变革。对解决台湾地区两岸大众传播法规变革的政治难题，并避免相关事务被某些政治人物进行非理性的政治操弄，有效消解台湾地区两岸大众传播交流法规泛政治化的状况将起到积极作用。而且，两岸政治协商的进行，两岸官方协商渠道的建构，可促进双方及时沟通，消除误解，避免双方在两岸大众传播交流制度构建中，因为涉及政治敏感的议题而各持立场、僵持不下状况的产生，推动两岸大众传播交流法规中难题的解决。再次，两岸政治协商机制的构建，可以直接就两岸大众传播交流管理问题达成协议，直接推动台湾两岸传播交流法规中不合理规定的修正，直接促进其变革、发展，可以开拓两岸大众传播交流管理制度建构的新机制、新模式。然而当前，由于蔡英文当局不承认"九二共识"，破坏两岸对话协商的政治基础，导致既有的两岸对话协商制度化机制被破坏，如何在这样的情况下，从结构性的角度寻求破局之道，是一个重大的课题。

二、台湾地区两岸大众传播交流法规变迁中的行动者因素

考察台湾地区两岸大众传播交流法规的变迁，不可忽略行动者的因素。两岸大众传播人士为主体的各种行动者的实践对两岸大众传播交流法规的发展起了重要的作用，在某种意义上，相关制度也是行动者们的行为建构的结果。

这首先突出地表现在各个时期行动者以各种"违法"行为对既有制度进行挑战、突破、抗争，从而打破制度的平衡，推动制度的变革。如第二章所述，尽管"戒严"时期对两岸大众传播交流的"禁令"极为苛严，但以各种方式出版、销售、阅读"匪书"的情况一直持续不断。到"解严"前夕，这种"违抗禁令"的行动开始公开化。"解严"后，随着《自立晚报》等一批媒体、大众传播人士公然挑战"禁令"，更使得相关法规难以维持下去，不得不重构。而从20世纪90年代至今，台湾媒体、大众传播人士、民众等各种行动者不断以"违法"刊播大陆广告、上映大陆影视节目、违规带入大陆书刊等各种方式，冲击制度，昭示制度的不合理性，促进制度改革。

当然，行动者们也通过"合法"渠道，表达诉求。他们会"三催四请"施压，要求当局变革法规，尤其是他们通过组成行业协会等各种团体，表达诉求，推动相关制度变革。这方面的典型是1999年"出版法"的废止。"解严"后，台湾出版、新闻和舆论界要求修正、废止"出版法"的呼声就开始高涨起来。通过大众传播人士的不断呼吁，修正、废止"出版法"渐渐成为台湾社会的主流民意。

1997 年 7 月，在"行政院新闻局"举办的"共塑出版业美丽春天跨世纪研讨会"上，与会出版界代表提出修订"出版法"的建议，为"新闻局"所采纳。"新闻局"最初的想法是修正、删除"出版法"中不合时宜的规定，如放宽发行人条件限制、允许海外报刊在台发行、言论限制事项大幅缩小等，但依然要保留"出版法"。1998 年 5 月由报业、图书业、杂志业等主要出版业界代表召开的有关修订"出版法"的研讨会上，近半数代表认为在"出版法"的架构下，难以修订成合乎时代所需的法令，并且"出版法"的管理事项已有其他相关法令覆盖，"出版法"已无继续存在的必要，因此强烈呼吁废止"出版法"。8 月，"新闻局"顺应民意，陈报"行政院"，建议废止"出版法"。1999 年 1 月 12 日，台湾"立法院"院会通过废止"出版法"案。25 日台湾当局正式颁令废止该法。[①]

当然在台湾地区两岸大众传播交流法规变迁起作用的行动者也包含各种政治人物，尤其突出的是"台独"分子，某些政治人物对制度的建构和运行起了反面作用。台湾的部分绿营人士经常以民粹主义方式，在两岸大众传播交流相关议题上挑动"统独争议"，给这些议题"涂红"，来阻止法规的发展，为自己博取政治资本。典型的案例如上文所述 2009 年，台立法机构二读审议"两岸关系条例"第 34 条修正草案，以进一步松绑大陆在台广告活动时，民进党人组织人员占据"立法院"主席台反对议程，打出"反对中资拿钱，控制媒体""金主来了，民主没了""开放媒体，为匪宣传"等标语[②]阻止草案的审议，最终导致草案未能通过。又如近期，两岸两会签署《海峡两岸服务贸易协议》，绿营又故伎重演，对协议的审议横加阻挠。他们先是渲染说这一协议生效后，将造成台湾服务业全面沦陷，带来上千万人失业，在台湾民众心中制造恐慌。2013 年 6 月 25 日，更是挑起了"立法院"上蓝绿双方的武斗，会上双方男女混战、咬人熊抱，上演了一出政治闹剧。他们还在"立法院"设置关卡，用技术性障碍战术来拖延服贸协议表决的进程。最后在部分台湾政客的挑动下，"太阳花学运"的爆发，这可能会使《海峡两岸服务贸易协议》最终归于流产。以"台独分子"为代表的部分台湾人士的这种非理性的、民粹主义的行动，对两岸大众传播交流法规产生深远影响。一方面是直接影响了具体规范的修正变革，使得法规的

① 袁伟:《台湾废除"出版法"始末》，人民网，获取网址：http://www.people.com.cn/GB/channel1/14/20000714/144314.html 发布时间：2000–07–14。
② 黄惠玟:《开放大陆广告 民进党团称坚决反对》，中国评论新闻网，获取地址：http://www.chinareviewnews.com/doc/1009/8/7/3/100987303.html?coluid=0&kindid=0&docid=100987303，发布时间：2009–06–04。

发展受到阻碍。另外一方面，其挑动"统独争议"，不分青红皂白，将相关议题泛政治化、泛意识形态化的非理性做法，是台湾地区两岸大众传播交流法规泛政治化的重要原因。

"在经典社会学的制度研究中，制度往往体现为一种行动规范，它将行动者的行动模式化，通过中介变量'角色'来规制行动者的行动。行动者在这个过程中显得消极被动，制度与行动者的关系呈现出对抗的关系，在这个对抗中，行动者显然处于劣势。这种研究进路存在明显缺陷，其现实解释力度和范围都受到限制。不少社会学家对之进行反思，……认为制度与行动者之间并非对立，而是体现为一种互嵌关系。……行动者也不是一个傀儡，而是具有能动能力的人，他们在遵从制度的同时，也在建构着社会制度，这种建构以行动者的实践理性为基础，在具体的行动中展开。"① 而理性选择制度主义，更重视行动者在制度生成和变迁中的作用，"视制度结构为有目标导向的个体行动者所创造的成果。"② 从行动者与制度的互动关系看，一方面，台湾地区两岸大众传播交流法规建构着人们的行动，另外一方面，这些法规也未尝不是人们的行动所建构出来的，两者存在着"互嵌"关系。

考察行动者与台湾地区两岸大众传播交流法规的互动关系时，必须深入研究他们的利益诉求。"个体是政治过程中的核心行动者，个体展开理性行动的目的是自身利益的最大化"，他们遵从制度或对制度发起挑战，"在更大程度上是算计的结果"，而制度往往是各种利益博弈而形成的结果。③ 1987年《自立晚报》公然挑战"禁令"，派记者到大陆采访的行动，就集中体现了"个体展开理性行动的目的是自身利益的最大化"的规律。当时，《自立晚报》社长吴丰山在谈及这一行动的动机时，就坦言"作为一个经营者，我自然会想到事业的竞争"。④ 因此在"台湾地区新闻记者前往大陆采访，成为新闻界普遍的梦想，许多记者跃跃欲动，一些新闻机构甚至做好准备，希望枪声一响，马上奔赴大陆，大家

---

① 张军、王邦虎：《从对立到互嵌：制度与行动者关系的新拓展》，《江淮论坛》，2010年3月，第151页。

② 何俊志：《导论：新制度主义政治学的流派细分和整合潜力》，引自何俊志等编译：《新制度主义政治学译文精选》，天津：天津人民出版社，2007年，第5页。

③ [美]盖伊·彼得斯：《理性选择理论与制度理论》，何俊志等译，《新制度主义政治学译文精选》，天津：天津人民出版社，2007年，第78页。

④ 吴丰山：《人道与公理——记自立晚报采访大陆的决策过程》，载自立晚报社编：《历史性·大陆行》，台北：自立晚报，1987年，第5页。

都想拔得头筹……一些报纸筹谋此事的传闻甚嚣尘上"①的背景下,《自立晚报》为争得第一,率先派出记者。而这一行为也果然为其获得了巨大收益,《自立晚报》因历史性地派出记者赴大陆采访而获得世界性的关注,在品牌资本和经济收益上都有巨大收获。吴丰山、徐璐、李永得等几位"行动者"更是一举而成为台湾最知名的媒体人,获得了终身享用的资本。而其挑战禁令的行动,绝不是盲目冲动,而是"算计的结果"。早在1987年2月,吴丰山就"首度向自立晚报主力干部提出采访中国大陆的见解。"但并没有马上实施,原因是觉得"大的环境没有变,小我的发挥必受牵制。"②但他们一直筹划这件事情,"到了8月,执政党开放大陆探亲之说,已甚嚣尘上。9月初,根据各方面消息综合研判,执政党开放探亲的大方针已完全敲定,只待拟定细节。"据此吴丰山判断,"显然,一种新的情境已来临。"③据李永得回忆,当时"《自立晚报》成立了一个讨论赴大陆采访的专案小组,有五六个人,主要以我们政经研究室为主体,我时不时参与,还有社长、总编辑等人。"而专案小组讨论的核心议题是"去大陆采访在当时是处于合法与不合法的灰色地带,怎样抢得先机,又不至于付出太沉重的代价……我们内部研究,最多依'国家安全法'——我们查了所有条文,如果去大陆地区访问未经'政府'允许,回来以后最多两年不能'出国'。我们觉得这个后果我们可以承担,两年不'出国'就不'出国',这有什么大不了的?!"④而最后的结果也表明了他们"算计"的准确。虽然台湾当局对此事颇为震怒,并将《自立晚报》告上法庭,但相关当事人最终被宣告无罪。而他们的"算计"还不止这些,他们对记者如何进入大陆,在大陆采访的基本立场等问题,甚至连在什么时候,以什么形式宣告派记者到台湾采访也细致商议过。

可见,要推动台湾地区两岸大众传播交流法规的变革,促进两岸大众传播交流的制度化,不能仅停留于制度的表面和粗线条的宏大叙事,必须深入到背后具体的人,对制度背后交集的个人、媒体、利益团体等行动者进行研究。尤其注意研究他们的利益诉求,梳理出一条调和利益,形成主流民意的思路,通

---

① 陈国祥:《历史上宏伟的一页》,载自立晚报社编:《历史性·大陆行》,台北:自立晚报,1987年9月第6版,第10页。

② 吴丰山:《人道与公理——记自立晚报采访大陆的决策过程》,载自立晚报社编:《历史性·大陆行》,台北:自立晚报,1987年,第5页。

③ 吴丰山:《人道与公理——记自立晚报采访大陆的决策过程》,载自立晚报社编:《历史性·大陆行》,台北:自立晚报,1987年,第5页。

④ 韩福东:《首位访问大陆的台湾记者李永得:听说我们去大陆,蒋经国震怒了》,《南方都市报》,2010年4月14日,AT06版。

过做好台湾人民的工作，来推动相关制度的变革，推动两岸文化交流的发展。

三、台湾地区两岸大众传播交流法规变迁的历史性因素

如前文所论，尽管台湾经历了重大的政治和社会转型，各个时期台湾地区两岸大众传播交流法规赖以存在的宏观背景很不相同，但它存在着一些贯穿始终的特点。这些特点有些是具体微观的，有些是宏观的、深层的。比较各个时期法规，可以发现前后法规之间在话语使用、结构体系、价值倾向上的继承性。这表明台湾地区两岸大众传播交流法规的变迁并不完全受结构性因素的支配，其制度有自身的延续性，其变迁存在着历史性的因果关系。

首先体现在某些具有鲜明时代烙印的话语，总是"不合时宜"地在各个时期的法规中不断出现。最典型的是某些"反共话语"的使用。"戒严"时期，两岸处于军事对峙和政治对抗中，两岸大众传播交流法规中大量使用政治化的"反共话语"自不待言。但是随着1991年"动员戡乱时期"的结束和台湾政治转型的深入，特别是近年，台湾当局出台"大法官解释"，修正"国家安全法""人民团体法"，已经认可了人民主张共产主义的合法性。然而台湾地区两岸大众传播交流法规中依然存留着某些从"戒严"时代继承而来的政治话语。"广播电视法"曾于2003年、2006年、2011年三次修正，但其第21条中关于广播、电视节目内容不得有"违背反共复国国策"的规定依然被保留。"大陆地区出版品电影片录像节目广播电视节目进入台湾地区或在台湾地区发行销售制作播映展览观摩许可办法""大陆地区主创人员及技术人员来台参与合拍电视戏剧节目审核处理原则"等法规也都于近年修正过。但这些法规中要求在台湾的大陆大众传播品不得有"宣扬共产主义"、不得"凸显中共标志者"的规定依然还在。在具有"宪法"性质的"大法官解释"明确说明人民"有主张共产主义"的自由，在"光复"早已成为历史陈迹的情况下，台湾地区两岸大众传播交流法规依然在使用"反共复国"的话语，确实让人有时光错置之感。而这种"时光错置"的法律话语，恰恰体现了相关法规历史承袭的顽固性。

相关法规的具体原则、规则也有承袭性。台湾地区两岸大众传播交流法规经历了三次大规模的变革，其中两次还在推翻大多数旧法规的基础之上，对法规体系加以重构。但细致考察各个时期的法律规范，可以发现其主要规则和原则的变化往往并不是另辟蹊径，而只是在原来的路径上向前迈进或大或小的一步，显示出典型的"路径依赖"的特点。以大陆大众传播人士赴台交流、从事

专业活动的相关规定的变迁为例，来看这一特点。

表5.3　大陆大众传播人士赴台交流、从事专业活动相关规定变迁情况

时间	法规	主要规则	制度类型	法规原则
"戒严"时期	"戒严法""刑法"等	禁止大陆大众传播人士入境	禁止制	严禁、管制
1990年、1991年	"现阶段大陆人士来台参观访问申请作业要点""现阶段大陆大众传播人士来台采访拍片制作节目申请作业要点"等	大陆大众传播人士如"参加共产党或者其它叛乱组织，涉有内乱罪、外患罪重大嫌疑者"得不允许入境。而如要入境需要声明脱离共产党组织。入境由台湾大众传播事业邀请并代为申请，经许可后入境，还要提交计划书，按计划书行动。	许可制	严控、管制
1992年	"现阶段大陆人士来台参观访问申请作业要点""现阶段大陆大众传播人士来台采访拍片制作节目申请作业要点"等（1992年"两岸关系条例发布""刑法"100条修正）	同上，但"两岸关系条例"规定"大陆地区人民在台湾地区以外之地区，犯内乱罪、外患罪、经许可进入台湾地区，而于申请时据实申报者，免予追诉、处罚。"免除了共产党员进入台湾被起诉、遣返的危险。	许可制	严控、管制
1993年	"大陆地区大众传播人士来台参观访问采访拍片制作节目许可办法等"	入境由台湾大众传播事业邀请并代为申请，经许可后入境，还要提交计划书，按计划书行动。	许可制	严控、管制
1995年	"大陆地区大众传播人士来台参观访问采访拍片制作节目许可办法"等，（"国家安全法施行细则"第12条修正）	同上，但"国家安全法"第十二条中得不许可"参加共产党或其它叛乱组织，涉有内乱罪、外患罪重大嫌疑者"入境的规定改为得不许可"现在中共行政、军事、党务或其它公务机构任职者，曾经前往大陆地区有助于中共者"者入境，放宽了对共产党员入境的限制。	许可制	严控、管制

时间	法规	主要规则	制度类型	法规原则
1998 年	"大陆地区专业人士来台从事专业活动许可办法"等	入境由台湾大众传播事业邀请并代为申请，经许可后入境，还要提交计划书，按计划书行动。建立警察登记、保证人制度。	许可制	严控、管制
2000 年	"大陆地区专业人士来台从事专业活动许可办法"等（"国家安全法施行细则"第 12 条修正）	同上，但"国家安全法施行细则"第 12 删除，取消了得不许可"现在中共行政、军事、党务或其它公务机构任职者，曾经前往大陆地区有助于中共者"。	许可制	严控、管制
2008 年	"大陆地区专业人士来台从事专业活动许可办法"等	入境由台湾大众传播事业邀请并代为申请，经许可后入境，要提交计划书，按计划书行动。取消警察登记制度，但保留保证人制度。	许可制	严控、管制
2013 年	"大陆地区专业人士来台从事专业活动许可办法"等	同上	许可制	严控、管制

资料来源：作者自制。

由上表可见，几十年间，有不少法规被废止，也有不少法规新发布，很多法规屡经修正，对大陆大众传播人士赴台的限制也呈现逐渐放松之势，但一些原则、规则却以"换汤不换药"的方式沿用至今。如大陆大众传播人士赴台，不能直接提出申请，而要由台湾大众传播事业邀请，并代为申请的规定，先后在 20 多年间三部不同的法规中，历经了二三十次的修正后，还是被沿用了下来。类似的还有要求大陆大众传播人士填写计划书，并要严格按照计划书活动的规定，该规定也沿用了 20 多年。而要求大陆大众传播人士赴台后要向当地警察部门登记的规定沿用了十几年，到 2008 方取消。要求大陆大众传播人士在台活动的保证人制度则从 1998 年一直沿用至今。而"许可制"则一直从 1990 年沿用至今，以"管制"的方式，对大陆大众传播人士赴台加以严禁或严控的规定也从 1949 年延续至今。而这种情况不仅存在于大陆大众传播人士赴台交流、从事专业活动方面的相关法规中，大陆大众传播品在台传播等方面相关法规的规则、原则也都体现了这种延续性。例如对大陆大众传播品在台传播实行许可制，对其数量、类别、内容进行严格限制的制度被沿用了 20 几年。这突出体现了相关法规"路径依赖"的特征。

台湾地区两岸大众传播交流法规不仅是具体的话语运用、规范设置有沿袭性。它的价值、精神等内在层面上也呈现了沿袭性。如前文所论，泛政治化、管制主义、保守主义、缺乏对权利充分尊重和保障等法律特质和精神，从"戒严"时期一直延续至今。这体现了台湾地区两岸大众传播交流法规的法理精神、价值追求的历史沿袭的顽固性。如历史制度主义者们认为的："为了能够理解某一令人感兴趣的结果或某一套制度安排……就意味着要去分析某一历经数年的运作过程，有时甚至是数十年或数百年的过程。"[1] 这是分析台湾地区两岸大众传播交流法规重要的方法论问题，也是思考两岸大众传播交流法规制度建设机制、模式时不得不考虑的因素。

第三节　台湾地区两岸大众传播交流法规的价值探析

"价值问题虽然是一个困难的问题，它是法律科学所不能回避的。"[2] 对法的价值的探析具有重要意义。从立法的角度看，法的价值是立法的思想和理念先导。从法的实施角度看，法的价值是法的实施的思想保障。从法的执行角度看，法所蕴涵的价值精神是执法的先决因素，法本身所具有的良好的法的价值是法得以良好执行的价值前提。从法运行的社会效果看，法的价值是防止法的失效的屏障。从法的发展演进角度看，法的价值是校正恶法的准则，也是法演进的动因。[3] 如上文分析，台湾地区两岸大众传播交流法规，虽然在保障两岸大众传播交流的有序，提供两岸大众传播交流的制度空间等方面发挥了一定作用，但在立法、法的施行等方面体现出了种种价值偏差的状况，在某些历史阶段，它甚至是荼毒人民和压抑文化的恶法。因此对其进行价值分析，从价值层面去考虑"法律实践的理想目标和基本准则……才知道法律

---

① [美]保罗·皮尔逊等：《当代政治科学中的历史制度主义》，引自何俊志等编译《新制度主义政治学译文精选》，天津：天津人民出版社，2007 年，第 183 页。
② [美]庞德：《通过法律的社会控制法律的任务》，北京：商务印书馆，1984 年，第 55 页。
③ 卓泽渊：《论法的价值》，《中国法学》，2000 年第 6 期，第 33–37 页。

实践应朝哪些方向去努力"[①]，去思考其思想保障、校正标准、演进方向，从而提供一个台湾地区两岸大众传播交流法规的价值镜鉴或者价值参照系，是非常有必要的。两岸大众传播交流法规首先应体现法的一般价值，如自由、正义、秩序、平等、效率等，由于类似的研究已经比较充分，本书不再赘述；同时，它作为两岸法规和传播法规这种特殊性质的法规，有某些特殊的价值，本书主要对这一点进行探讨。

一、维护两岸和平发展，促进祖国和平统一

党的十九大报告指出："解决台湾问题、实现祖国完全统一，是全体中华儿女共同愿望，是中华民族根本利益所在。……我们绝不允许任何人、任何组织、任何政党、在任何时候、以任何形式、把任何一块中国领土从中国分裂出去！"两岸命运紧密相连，合则两利，分则两害。两岸共同肩负中华民族伟大复兴的历史重任，齐心协力，则两岸都能分享中华复兴的成果，彼此争斗，则会在内耗中错失良好发展时机，两岸的利益都会受到巨大损害。维护两岸和平发展，促进祖国和平统一应当是两岸交流法规最重要的价值之一。台湾地区两岸大众传播交流法规，作为一种两岸事务管理制度，也理当坚守这样的价值。相关法规应当顺应两岸大众传播交流发展的需要，为两岸大众传播交流发展创造良好的制度空间，以使两岸大众传播交流可以更好地发挥传播两岸资讯、促进两岸建立互信、扩展两岸共通意义空间、促进两岸和平发展和祖国和平统一的作用。如国台办新闻局局长马晓光所云，两岸媒体交流在两岸交流中曾"发挥了破冰作用，先试啼声。30年来，两岸新闻交流成绩斐然，从无到有，从小到大，从单向到双向，交流渠道逐渐拓宽，内容不断丰富，形式日益多样，涵盖人员往来、交流互访、稿件互换、供稿供版、联合采访、合作拍摄、节目引进、人才培养等方方面面。当然，两岸的新闻交流也有缺憾。过去8年，两岸没能签署两岸新闻交流的合作协议，导致交流合作停留在民间水平，缺乏双方共同的政策引导和项目规划。尽管如此，两岸新闻媒体在及时传播两岸资讯、增进两岸同胞相互理解、推动两岸

---

① 夏勇：《法理讲义——关于法理的道理与学问（上）》，北京：北京大学出版社，2010年，第225页。

各领域交流合作中,发挥了无可替代的重要作用。"① 这一方面指出了两岸大众传播交流在两岸关系发展过程中的重要作用,另一方面也指出了建构两岸大众传播交流制度,对于两岸大众传播交流和两岸关系发展的重要作用。因此,两岸大众传播交流法规应当有促进两岸交流发展和两岸和平统一的价值担当。任何个人或政党都不应该心怀鬼胎,以一人之利、一党之私,设置种种障碍和限制,阻碍两岸大众传播交流的发展。

而如上文所述,台湾地区两岸大众传播交流法规一直以来都是以"反共""防止大陆统战"等为功能设定,远远未能体现促进两岸和平发展和祖国统一的价值。当前,蔡文英当局不承认一个中国的"九二共识",潜行"文化台独"的路径,忽略、篡改甚至伪造两岸历史,隔阂两岸人民的心灵,企图建构台湾的"主体性",制造所谓"天然独"的"新台湾人",以此造成两岸的割裂。还有某些别有用心的台湾政客甚至不断炒作"武统",企图以此唤起台湾民众的悲情,激起对大陆的恐惧、反抗心理,将大陆建构为敌对的他者。这种种行径透支着大陆的善意,人为地将两岸距离拉远。这样的状况是潜藏着巨大的危险的,一旦两岸和平统一无望,或者这些行为演变成急剧改变两岸现况的行为的话,两岸只能被迫以武力方式走向统一。而一旦这种情况发生,将对两岸产生巨大破坏,尤其可能对台湾人民将造成灭顶之灾。在当前这种状况下,两岸大众传播交流法规的维护两岸和平统一价值担当显得更为重要。如果它能真正发挥两岸大众传播交流的制度保障的作用,通过制定合理规范创造制度空间,使两岸大众传播交流更好地发挥两岸间润滑剂、清洁剂、粘合剂的作用,使得两岸资讯交流更为顺畅,通过提供充沛的符号资源和社会资本,消除两岸的不了解、不透明的状况,让两岸更为紧密连接在一起,让两岸人民心灵更为契合,增强两岸共同体认同,防止两岸间极端状况的出现,那将是两岸人民,尤其是台湾人民之福。因此两岸应当抛弃政治歧见,增强政治互信,尤其是台湾方面,要有更宏观、深远的眼光,摒弃个人或小团体的私利,采取切实行动,以维护两岸和平发展、促进祖国和平统一作为价值指向,共同建构两岸大众传播交流管理制度。

---

① 苏爽:《第八届海峡媒体峰会举行国台办新闻局局长马晓光致辞》,台海网,获取网址:http://www.taihainet.com/news/fujian/gcdt/2017–12–06/2080886.html,发布时间:2017–12–06。

二、保障人民的传播权利，保障两岸人民福祉

两岸大众传播交流法规作为一种传播法规，跟现代民主法治社会其他传播法规一样，主要价值在于保障人民传播权利，保障文化的健康发展。如时任台湾传播事务主管部门负责人的彭芸所说，传播法规的价值在于"促进通讯传播健全发展，维护国民权利，保障消费者利益，提升多元文化……朝向保障消费者及弱势权益，确保通讯传播自由，引导媒体自律及公民参与监督等政策目标迈进。"[1] 以这样的价值标准衡量，"戒严"时期的台湾地区两岸大众传播交流法规曾经给台湾人民造成巨大痛苦，妨碍了人民的自由表达和充分发展，有悖"保障人民权利"的法的最基本价值。八九十年代以来，台湾步入所谓的"民主社会"，"民主"成为台湾对大陆的"优越感"的重要来源，台湾人常以一种"民主的傲慢"来看待大陆。然而如上文所述，充满着泛政治化、保守主义、管制主义的台湾地区两岸大众传播交流法规，以诸多条框限制通讯传播自由，并未创造出宽广的自由空间来确保人民传播权利；"反统战"的功能设定，使之陷入偏狭的文化空间，让它对大陆的大众传播品戴着有色眼镜，怀着狐疑之心加以过滤、排斥，对本是台湾文化之根本的中华文化甚至不如对待美日文化之宽容，更是难言保障文化的多元性。

台湾地区两岸大众传播交流法规对人民权利和福祉的消极影响还不仅限于传播领域，其渗出性影响恐怕是较为广泛的。在全球化日益深入的状况下，任何地区都无法偏于一隅不积极与外部合作而发展。今天，大陆的高速发展对世界的总体发展发挥着越来越重要的作用，各国各地区都在搭大陆发展的"便车"，希望能分享其中的机会。台湾作为土地面积、市场等各方面都狭小的地区，更无法孤守小岛而很好地发展。作为血浓于水的兄弟同胞，大陆也更照顾台湾的利益，台湾是最应当搭上大陆发展"便车"的地区，事实上，台湾的发展也大大受惠于大陆。而当前，台湾的心胸、眼界都出了问题，满足于小小天地的"小确幸"而不能有更宏阔眼界去开拓新世界；过于纠结于"台湾第一""台湾主体性"而没有融入到区域一体化的进程。如台湾学者赵怡所论：台湾的两岸大众传播交流法规"已逐渐呈现缓不济急的情形，难以因应两岸大量资讯往来，

---

　　① 彭芸：《通讯传播法规汇编·序言》，引自《通讯传播法规汇编（2008 年版修订版）》，台北："国家通讯传播委员会"，2008 年，第 1 页。

造成讯息透明度降低,间接影响台湾民众对于中国大陆事务之了解"①,很多台湾人对大陆的不了解到了让人无法置信的程度,所以"大陆人吃不起茶叶蛋""大陆移动通讯发达是用不起电脑"等笑话竟也有很多人相信。这种种问题虽然有多方面的复杂原因,但跟台湾地区两岸大众传播交流法规设置严格界限,为防止"统战"力图将与大陆的大众传播交流过滤得"干干净净"有最直接的关系。在这种保守、管制主义观念下的法规控制下,塑造出眼光、心胸偏狭的民众恐怕也是大概率事件。因此,台湾地区两岸大众传播交流法规所造成的"病"可能是全局性,它是今天台湾社会族群撕裂、认同迷惘、眼界偏狭、情绪偏激等各种症候的"病因"之一。曾经作为"亚洲四小龙"最富活力、发展最好的台湾,今天发展的无力和逐步落后,如果要追究深度原因,台湾地区两岸大众传播交流法规恐怕也在其中。

从跨越两岸的宏观视角来看,两岸大众传播交流法规是一种"满足两岸人民共同需求,处理两岸共同事务,收益扩展到海峡两岸的物品、服务、制度。……体现两岸共同价值,满足两岸人民共同需求"②,是一种海峡两岸制度性公共产品。因此,本质上,它应发挥处理好两岸传播交流这一两岸公共事务,满足两岸人民传播交流的需求,保障两岸人民的传播权益的价值。也就是说,它作为一种公共产品,其最重要属性的就是公共性,不应当被私物化。美国学者乔治·恩德勒在定义公共产品时指出"不论出于技术的原因(因为物品的性质不允许排斥)或者效率的原因(因为这种通过价格负担的排斥将不恰当地变得昂贵),还是出于法律或伦理的原因(因为其他人不应当被排斥)"③,都不应当或不能排斥其公共使用。"一旦公共产品被少数人或利益团体俘获,以其谋求私利,排斥公共使用,则会被私物化,产生质变,使公众难以从中获取收益。"④因此大陆在制定两岸交流制度时不仅仅是顾及自己的利益,往往是非常注意对台湾同胞利益的保障,去创造更大的让台湾同胞能从中收益的制度空间,以制度的方式对两岸事务的管理机制、两岸人民的价值加以固定,有时甚

---

① 陈恺璜:《两岸新闻采访交流之研究(1987—2009)——从驻点记者角度看两岸新闻交流》,台北:淡江大学硕士论文,2011年,第96页。

② 张志坚:《海峡两岸公共产品的内涵、特性与有效供给》,《华侨大学学报(哲社版)》,2017年第6期,第112页。

③ [美]乔治·恩德勒:《面向行动的经济伦理学》,上海:上海社会科学院出版社,2002年,第84页。

④ 张志坚:《海峡两岸公共产品的内涵、特性与有效供给》,《华侨大学学报(哲社版)》,2017年第6期,第116页。

至是特意"让利"给台湾同胞。台湾地区两岸大众传播交流法规虽然是台湾地区的法规，由台湾当局制订，在台湾地区发生效力，但它处理的是如何对待大陆的传播品，如何与大陆进行传播交流，两岸人民如何进行资讯沟通等问题。从这一点看，台湾地区两岸大众传播交流法规也是一种海峡两岸制度性公共产品，它本质上也应是以处理好海峡两岸公共事务，满足两岸人民共同需求，体现两岸人民的共同价值为价值导向。然而"海峡两岸公共产品容易受到各种因素的干扰，排斥或部分排斥公共使用而被私物化。尤其'台独'分子和部分台湾政客，为了一己私利，置两岸人民的公共利益于不顾，把海峡两岸公共产品作为挑动民粹、抹黑两岸关系为自己谋利的工具。他们通过对两岸公共产品的破坏性消费，排除或部分排除他人消费的可能性，将其私物化……在某些台湾政客那里，海峡两岸公共产品成为'成本低且利润高，而且毋须承担太多风险'的廉价消费品。"① 台湾地区海峡两岸大众传播法规作为一种海峡两岸公共产品，难以摆脱被私物化而无法正真保障广泛人民权益的命运。几十年以来，从 20 世纪 90 年代台湾政客阻止具有中国共产党身份的大陆大众传播人士入台；到 20 世纪初陈水扁当局推行"有效管理"政策压缩两岸大众传播交流空间；到民进党人反对放宽大陆企业到台湾投放广告的制度限制；再到近年"台独"分子挑动年轻人"反服贸"，使协议最终不能落地，两岸服务业者和民众的权益无法得到保障，但"时代力量"党、少数"青年政治精英"等借此崛起，民讲党则在随后的选举中收割利益，让《海峡两岸服务贸易协议》从两岸公共产品蜕变为私物都体现了这一点。类似的例子举不枚举，在台湾，始终都有一些政客以海峡两岸大众传播交流法规为消费品，他们漠视台湾人民的福祉和传播权益，可以牺牲两岸的未来和中华民族的团结，而通过私物化的方式对两岸大众传播交流法规进行消费。这也是台湾地区两岸大众传播交流法规难以开拓广阔的空间，建构真正以保障两岸人民福祉，保障两岸人民传播权益为价值旨归的法规的重要原因。

以此来看，台湾地区两岸大众传播交流法规以限制和管制为特征，以防止"统战"作为旨归，充满着泛政治化的思维，而并不以保障传播权利和自由为旨归，其价值指向并不合乎当代传播法规之大潮，难言先进和优良。早在1996年，台湾学者刘淑美就指出台湾当局应当"逐步化解政治意识形态的对立，以

---

① 张志坚:《海峡两岸公共产品的内涵、特性与有效供给》,《华侨大学学报（哲社版）》, 2017 年第 6 期, 第 116 页。

及融合两岸新闻理念价值体系的同时，建立完备而合理的两岸新闻交流法规架构，是奠定双方新闻交流制度化与法制化的基础"①。然而在台湾国家认同迷惘，政治恶斗严重的情况下，它时常被某些别有用心的政治人物作为政治操弄的工具，掺杂入各种各样的私心杂念，这致使台湾地区两岸大众传播交流法规难以摆脱泛政治化思维，难以摆脱被政客消费的命运，无法真正以保障台湾人民的福祉与权利作为根本价值而形成明确稳固的价值体系，进行更富前瞻和引导性的价值引领。所以无论从作为传播法规应发挥的价值作用的角度，还是从作为海峡两岸制度性公共产品应体现的公共性价值看，台湾地区两岸大众传播交流法规都存在着价值缺陷，应当进行价值调适或重构。

三、建构两岸文化共同体

两岸文化同根同源，虽然由于两岸有较长时间的分隔，两岸文化略有差异，但不能改变两岸文化同一性这一根本属性。如学者所云："中原文化播入福建，经过本土化以后，以闽南文化的本土形态再度传入台湾，便成为闽台社会共同的文化标志。数百年发展至今，无论在家族制度、聚落方式、文字和方言、宗教信仰、民间习俗、文学艺术，乃至某些社会心态和文化性格，都保持着基本的同一性。"② 而且，由于未经历类似于"文革"这样的文化断裂式变迁进程，台湾对中华传统文化的保持和延续在某些方面甚至做得比大陆还要好。两岸都说着一样的语言，有着一样的文化观念，共处于一个文化空间，虽然两岸在地理、政治上有分隔，但在文化上彼此认同，认为同属于一个文化共同体却是一贯的。在两蒋时期，所谓的"勿忘在莒"，虽然有政治军事神话（myth）的色彩，但也反映了台湾民众对祖国文化不可割裂的依恋。即使在两岸政治、军事对峙严重的时候，两岸文化共同体似乎都没有成为一个需要去论证的课题。如上文所述，自上世纪八九十年代以来，两岸文化交流联系紧密，两岸人民共享着数量众多的文化产品，共同参与诸多文化活动，现在很多台湾的媒体人已经成为真正的"两岸族"，两岸人民对彼此的文化产品、文化活动、文化人有着别样的亲近感，真正体现着两岸文化"天然一体"的本质。近年，针对台湾民众的调查，虽然

---

① 刘淑美:《海峡两岸新闻交流之研究（1987 年至 1996 年）》，台北：中国文化大学硕士论文，1996 年，第 111 页。

② 刘登翰:《闽台文化研究的文化地理学思考》，《台湾研究集刊》，2001 年第 2 期，第 8 - 9 页。

所谓的"中国人认同"有下降的趋势，但认为自己是文化上的中国人却是多数台湾民众的共识。

但也应当注意到，虽然"两岸同文同种，文化具有同源性和不可分割性，台湾同胞有着明确的中华文化认同。然而受'戒严'时期台湾当局对大陆的妖魔化宣传，李登辉、陈水扁时期的'去中国化'文教政策，'台独分子'以'文化净化'人为制造两岸文化边界等各种因素影响，近年来，台湾'文化主体性'逐步滋生，某些台湾民众，尤其是部分台湾年轻人，形成了台湾'文化主体性'认同，并将中国文化视为异质文化，两岸文化共同体有被解构的风险。"① 两岸文化共同体的解构对台湾的社会稳定和谐，对两岸的和平统一有重大消极影响。首先，文化认同作为人们身份建构的重要因素，是人们的精神家园，人为操纵的文化认同断裂，必然会导致认同迷失和文化焦虑。当代台湾社会中缺乏文化身份皈依的"弃儿情结"、文化难以统合而导致的社会撕裂和焦虑，虽然有历史政治等因素，但跟台湾当局和某些"台独"分子人为制造两岸文化边界，将大陆塑造为文化异己的"他者"，企图硬生生将台湾从与大陆在文化上悠久和深厚的联系切断关系密切。可以说，"文化台独"必然导致台湾社会文化层面的"精神疾病"。其次，"台独"分子所操弄的"台独"历史观、教育观、文化观，已经在一定程度上影响了台湾民众，一旦台湾民众形成了所谓的"台湾文化主体性"认同，并将大陆视为文化上"异己"的存在，在精神上与祖国疏离，建构于"流沙"之上的"台独"恐怕会真正拥有基础，让两岸的和平统一成为一个难以完成的任务，两岸甚至会走向战争。反之，如果两岸文化共同体是坚实的，两岸人民的心是在一起的，两岸的和平统一就有最扎实的精神基础。

因此，两岸文化共同体的建构，不仅是两岸和平统一的要求，也是保障台湾人民自己的文化权利和台湾社会自身和谐稳定的要求。这就要求两岸大众传播交流法规应当建构制度空间，使两岸文化顺畅交流、水乳交融，应当以制度去稳固两岸文化共同体的结构，应当搭建制度桥梁使两岸人民的心灵走得更近。然而台湾地区两岸大众传播交流法规并未能有这样的价值担当，相反，从"戒严"时期将大陆文化视为"匪""伪"异端建构敌对态度，到"戒严"后以"反共""防统战"搭建森严边界，可以说今天两岸文化的隔阂，很大一部分应归咎

---

① 张志坚：《新形势下两岸文化交流的向度》，《改革与开放》，2017年第9期，第96页。

于台湾地区两岸大众传播交流法规制造的制度障碍和进行的严格政治过滤；台湾文化中的焦虑、迷失、撕裂的"病"，部分的病根也在台湾地区两岸大众传播交流法规。如何面向未来，以更宏阔的文化视野；如何延续历史，以更深厚的文化底蕴；如何贴近人民，以更暖心的文化关怀；去建构两岸文化共同体，使人民有和谐的精神家园，而不是将台湾人民当作"文化台独"的炮灰，或者建构"防止统战"文化长城的墙砖，是未来台湾地区两岸大众传播交流法规进行价值调适所要思考的问题。

参考文献

一、法律资料

1. "行政院大陆委员会". 大陆工作法规汇编（第一版）[M]. 台北："行政院大陆委员会"，1992.

2. "行政院大陆委员会". 大陆工作法规汇编（第二版）[M]. 台北："行政院大陆委员会"，1993.

3. "行政院大陆委员会". 大陆事务法规汇编（第九版）[M]. 台北："行政院大陆委员会"，2012.

4. "行政院大陆委员会". 大陆事务法规汇编（第十版）[M]. 台北："行政院大陆委员会"，2013.

5. "行政院大陆委员会". 大陆事务法规汇编（第十一版）[M]. 台北："行政院大陆委员会"，2014.

6. "行政院大陆委员会". 大陆事务法规汇编（第十二版）[M]. 台北："行政院大陆委员会"，2015.

7. "行政院大陆委员会". 大陆事务法规汇编（第十三版）[M]. 台北："行政院大陆委员会"，2016.

8. "国家通讯传播委员会". 通讯传播法规汇编 [M]. 台北："国家通讯委员会"，2008.

9. "行政院新闻局". 新闻法规汇编（1990 年修订版）[M]. 台北："行政院新闻局"，1990.

10. "行政院新闻局". 新闻法规汇编（1995 年修订版）[M]. 台北："行政院新闻局"，1995.

11."行政院新闻局".新闻法规汇编（2000 年修订版）[M].台北："行政院新闻局"，2000.

12."行政院新闻局".新闻法规汇编（2001 年修订版）[M].台北："行政院新闻局"，2001.

13."行政院新闻局".新闻法规汇编（2004 年修订版）[M].台北："行政院新闻局"，2004.

14."行政院新闻局".新闻法规汇编（2008 年修订版）[M].台北："行政院新闻局"，2008.

15."行政院大陆委员会".大陆新闻工作法规汇编（1994 年修订）[M].台北："行政院大陆委员会"，1994.

16."行政院大陆委员会".大陆新闻工作法规汇编（1999 年修订）[M].台北："行政院大陆委员会"，1999.

17."行政院大陆委员会".两岸关系条例暨相关许可法 [M].台北："行政院大陆委员会"，1996.

18."行政院大陆委员会"."两岸关系条例暨相关许可法"（修订二版）[M].台北："行政院大陆委员会"，1997.

19."行政院大陆委员会"."两岸关系条例暨相关许可法"（修订三版）[M].台北："行政院大陆委员会"，1998.

20."行政院大陆委员会"."两岸关系条例暨相关许可法"（修订四版）[M].台北："行政院大陆委员会"，1998.

21."行政院大陆委员会"."两岸关系条例暨相关许可法"（修订五版）[M].台北："行政院大陆委员会"，1998.

22."行政院大陆委员会"."两岸关系条例暨相关许可法"（修订六版）[M].台北："行政院大陆委员会"，2000.

23."行政院大陆委员会"."两岸关系条例暨相关许可法"（修订七版）[M].台北："行政院大陆委员会"，2003.

24."行政院大陆委员会".两岸文教交流法规汇编 [M].台北："行政院大陆委员会"，1994.

25."行政院大陆委员会".两岸人员往来交流法规汇编 [M].台北："行政院大陆委员会"，2009.

26. "行政院大陆委员会". 海峡两岸经济合作架构协议（ECFA）及相关协议合订本 [M]. 台北:"行政院大陆委员会", 2012.

27. "立法院". "立法院"法律系统 .http://lis.ly.gov.tw/lgcgi/lglaw.

28. "法务部"."全国"法律数据库 .http://law.moj.gov.tw/CrossGov/CrossGov.aspx.

29. "司法院". "司法院"法学数据检索系统 .http://jirs.judicial.gov.tw/FJUD/.

30. "文化部"."文化部"主管法规查询系统 .http://law.moc.gov.tw/law/LawCategoryContentList.aspx?id=01–2&CategoryList=01–2.

31. "行政院大陆委员会". 大陆事务法规 .http://www.mac.gov.tw/np.asp?ctNode=5653&mp=1.

32. "行政院新闻局"."行政院新闻局"法规公告 .http://archives.ey.gov.tw/website/WebArchive/ArchiveSite.aspx?SiteID=14infoGio&date=20120504.

33. "行政院大陆委员会". 大陆信息及研究中心 .http://www.mac.gov.tw/mp.asp?mp=4.

34. 台湾"国家"图书馆 . 政府公报信息网 .http://gaz.ncl.edu.tw/.

二、研究成果

1. 薛晓源等 . 全球化与新制度主义 [M]. 北京:社会科学出版社,2004.

2. [美]B·盖伊·彼得斯著, 王向民等译 . 政治科学中的制度理论:"新制度主义"（第二版）[M]. 上海:上海世纪出版集团,2011.

3. 刘圣中 . 历史制度主义:制度变迁的比较历史研究 [M]. 上海:上海人民出版社,2010.

4. [美] 约翰·L·坎贝尔著, 姚伟译 . 制度变迁与全球化 [M]. 上海:上海人民出版社,2010.

5. 何俊志等 . 新制度主义政治学译文精选 [M]. 天津:天津人民出版社,2007.

6. [美] 吉列尔莫·奥唐奈等著, 景威等译 . 威权统治的转型 [M]. 北京:新星出版社,2012.

7. 夏勇 . 法理讲义:关于法理的道理与学问 (上、下)[M]. 北京:北京大学出版社,2010.

8. [荷] 马丁·范·海思. 对法、权利和自由的规范分析 [M]. 上海：上海财经大学出版社，2012.

9. 刘国深. 当代台湾政治分析 [M]. 北京：九州出版社，2002.

10. 郭良文. 台湾的广告发展 [M]. 台北：学富文化事业有限公司，2001.

11. 郑贞铭.20 世纪中国新闻学与传播学·台湾新闻传播事业卷 [M]. 上海：复旦大学出版社，2005.

12. 王天滨. 台湾新闻传播史 [M]. 台北：亚太图书出版社，2002.

13. 王天滨. 新闻自由——被打压的台湾媒体第四权 [M]. 台北：亚太图书出版社，2005. 董世明. 台湾六十年史纲（1949—2009）[M]. 广州：暨南大学出版社，2011

14. 王泰升. 台湾法律史的建立 [M]. 台北：三民书局，1997.

15. 李瞻. 传播法——判例与说明 [M]. 台北：三民书局，1985.

16. 尤英夫. 大众传播法 [M]. 台北：世纪法商出版社，2011.

17. 国务院台湾事务办公室. 中国台湾问题外事人员读本 [M]. 北京：九州出版社，2006.

18. 张万明. 涉台法律问题总论（第二版）[M]. 北京：法律出版社，2009.

19. 张晋藩. 台湾法律概论 [M]. 中国政法大学出版社 1992.1.

20. 沈关成等. 台湾知识产权法与大众传播法 [M]. 中国广播电视出版社 1993.6.

21. 常征. 台湾现行法律概述 [M]. 陕西人民出版社，1990.12.

22. 曾宪义等. 海峡两岸交往中的法律问题 [M]. 郑州：河南人民出版社，1992.

23. 张春英等. 海峡两岸关系史（第 1–4 卷）[M]. 福州：福建人民出版社，2004.

24. 范世平. 大陆地区人民来台管理机制之研究 [M]. 台北："行政院研究发展考核委员会"，2012.

25. 潘晋明. 大陆地区台湾研究论著目录 [M]. 台北：九州出版社，2008.

26. "立法院法制局". 两岸关系与大陆事务研究 [M]. 台北："立法院法制局"，2003.

27. 陈信元. 大陆地区出版品来台情形调查 [M]. 台北："行政院大陆委员

会",2000.

28. 刘幼琍. 台湾民众收看大陆卫星电视节目行为之研究 [M]. 台北：海峡交流基金会，1994.

29. "司法院司法行政厅". "司法院"大陆法制研究小组研究汇编 [M]. 台北："司法院秘书处"，1994.

30. 王洪钧. 开放大陆记者来台采访之可行性及其影响研究 [M]. 台北："行政院研考会",1990.

31. 曾宪义等. 大陆法律学者论海峡两岸关系暂行条例 [M]. 台北：蔚理法律事务所，1989.

32. 中国国民党中央委员第四组. "光复大陆政治行动" [M]. 台北：中国国民党中央委员会，1959.

33. 陈贞如. 两岸出版交流二十年 [M]. 台北：台阳书局，2008.

34. 陈恩泉. 两岸出版交流十二年回顾展 [M]. 台北：出版人杂志社，2001.

35. 中华征信所. 两岸出版合作情形及交流意见调查 [M]. 台北"行政院大陆委员会"，1996

36. 陈信元. 两岸出版业者合作发行书籍之现况调查与研究 [M]. 台北："行政院大陆委员会"，1993.

37. 陈陆辉. "民众对当前两岸关系之看法"民意调查报告书 [M]. 台北："行政院大陆委员会"，2006.

38. "行政院大陆委员会". 两岸文教交流论文选集 [M]. 台北："行政院大陆委员会",1992.

39. 高孔廉. 国统纲领与两岸关系 [M]. 台北："行政院大陆委员会"，1992.

40. "行政院大陆委员会". 两岸三地大众传播交流手册 [M]. 台北："行政院大陆委员会"，1998.

41. "行政院大陆委员会". 跨越历史的鸿沟：两岸交流十年的回顾与前瞻 [M]. 台北："行政院大陆委员会"，1997.

42. "行政院大陆委员会". 近年来两岸交流政府开放及措施中共阻扰事例 [M]. 台北："行政院大陆委员会",1997.

43. "行政院大陆委员会". 近年来两岸交流政府开放及措施中共阻扰事例 [M]. 台北："行政院大陆委员会",1997.

44. "行政院大陆委员会". 两岸著作权答问 [M]. 台北："行政院大陆委员会"，1994.

45. "行政院大陆委员会". 公务员赴大陆访问手册 [M]. 台北："行政院大陆委员会"，1993.

46. "行政院大陆委员会". 两岸交流统计报告 [M]. 台北："行政院大陆委员会"，1992.

47. "行政院大陆委员会". 大陆工作简报 [M]. 台北："行政院大陆委员会"，1991.

48. "行政院大陆委员会". 大陆工作手册 [M]. 台北："行政院大陆委员会"，1991.

49. 朝阳科技大学. 两岸传播学术与实务研讨会论文集 [M]. 台中：朝阳科技大学，2004.

50. 林念生，陈先元. 两岸传播媒体迈入二十一世纪学术研讨会论文集（第三届）[M]. 台中：朝阳科技大学，2004.

51. 陈安. 海峡两岸交往中的法律问题研究 [M]. 北京：北京大学出版社，1997.

52. 王丽珠. 两岸大众传播交流现况与发展 [M]. 台北：行政院新闻局出版，2005.

53. 交通大学传播研究所. 新兴传播科技对两岸大众传播交流之影响研讨会论文汇编 [M]. 新竹：交通大学传播研究所，1999.

54. "行政院新闻局". "两岸人民关系条例立法"的意义与展望 [M]. 台北："行政院新闻局"，1992.

55. 吴新兴. 两岸文化交流历程回顾与政策检讨 [M]. 台北："行政院大陆委员会"，1997.

56. 朱荣. 两岸文化交流服务手册 [M]. 台北：海峡交流基金会，1993.

57. 杨景尧. 两岸文教交流与思考 (2009—2011)[M]. 台北：丽文文化事业机构，2012.

58. 周玉山. 两岸文教交流管理与辅导之比较研究 [M]. 台北："行政院大陆委员会"，1994.

59. 田弘茂，张显超. 两岸交流二十年：变迁与挑战 [M]. 台北：明田文化出版社，2008.

60. 蔡生当. 两岸交流与管理 [M]. 台北：黎明文化事业有限公司，2007.

61. 李登辉. 两岸交流与国家安全 [M]. 台北：群策会，2004.

62. 许惠佑. 两岸交流法律问答 [M]. 台北：海峡交流基金会，1991.

63. 李永得，徐璐.《历史性大陆行：中国大陆采访记实》[M]. 台北：自立晚报，1988.

64. 张志铭. 法学研究方法的种类及价值 // 宋英辉，王武良. 法律实证研究方法 [M]. 北京：北京大学出版社，2009:5.

65. 杨丹伟. 解析台湾的大陆政策 [M]. 北京：群言出版社,2007

66. 陈尧. 新权威主义政权的民主转型 [M]. 上海：上海人民出版社,2006.

67. [美]Jan–ErikLane,SvanteErsson, 何景荣译. 新制度主义政治学 [M]. 台北：韦伯文化国际出版有限公司,2002.

68. 李鹏. 海峡两岸关系析论：以和平发展为主题之研究 [M]. 厦门：鹭江出版社,2009.

69. 彭叙明. 法学大意 [M]. 台北：考用出版股份有限公司,2011.

70. 台湾历史学会. 戒严时期白色恐怖与转型正义论文集出版发行项 [M]. 台北：台湾历史学会,2009.

71. 蔡盛琦. 战后台湾政治案件：张化民案史料汇编 [M] 台北；"国史馆""行政院文化建设中心",2008.

72. 高素兰. 战后台湾政治案件：骆神助案史料汇编 [M]. 台北："国史馆""行政院文化建设中心",2008.

73. 陈世宏等. "国防部"档案选辑：雷震案史料汇编 [M]. 台北："国史馆",2002 年

74. 王正华. 战后台湾政治案件：李荆荪案史料汇编 [M]. 台北："国史馆""行政院文化建设中心"，2008.

75. 李晓兵. "一国两制"下两岸宪政秩序的和谐建构 [M]. 澳门：澳门理工学院一国两制研究中心,2011.

76. 曾宪义. 台湾法概论 [M]. 北京：中国人民大学出版社,2007.

77. 宋英辉，王武良. 法律实证研究方法 [M]. 北京：北京大学出版社,2009.

78. 陈瑞华. 论法学研究方法 [M]. 北京：北京大学出版社,2009.

79. 麦高伟, 崔永康. 法律研究的方法 [M]. 北京 : 中国法制出版社 ,2009.

80. [德] 鲁道夫·冯·耶林. 柯伟才, 于庆生译. 法学的概念天国 [M]. 北京 : 中国法治出版社 ,2009.

81. 翁秀琪, 蔡明诚. 大众传播法手册 [M]. 台北 : 政治大学新闻研究所 ,1992.

82. 王泰升. 台湾法律史的建立 [M]. 台北 : 王泰升（作者自刊）,1997.

83. 王天滨. 台湾新闻传播史 [M]. 台北 : 亚太图书出版社 ,2002.

84. 宋连生, 巩小华等. 对峙五十年 [M]. 北京 : 台海出版社 ,2000.

85. 李成武, 戚嘉林. 大陆台湾六十年 [M]. 海口 : 海南出版社 ,2009.

86. 常征. 海峡两岸关系中的法律问题 [M]. 厦门 : 鹭江出版社 ,1993.

87. 国务院台湾事务办公室. 中国台湾问题外事人员读本 [M]. 北京 : 九州出版社 ,2006.

88. 戚嘉林. 台湾史 [M]. 海口 : 海南出版社 ,2011.

89. 董世明. 台湾六十年史纲 :1949—2009[M]. 广州 : 暨南大学出版社 ,2011.

90. 徐宗懋 .20 世纪台湾 : 精选版 [M]. 台北 : 台湾古籍出版有限公司 ,2007.

91. 宋光宇. 台湾史 [M]. 北京 : 人民出版社 ,2007

92. 马光仁. 中国近代新闻法制史 [M]. 上海 : 上海社会科学院出版社 ,2007.

93. 黄瑚. 中国近代新闻法制史论 [M] 上海 : 复旦大学出版社 ,1999.

94. 张晋藩. 台湾法律概论 [M]. 北京 : 中国政法大学出版社 ,1992.

95. 台湾法学会. 新世纪台湾法制之展望研讨会专辑 [M]. 台北 : 台湾法学会 .2001.

96. 游劝荣. 两岸法缘 [M]. 北京 : 法律出版社 ,2009.

97. 潘新洋, 陈建龙. 台湾百问 :2009 版 [M]. 北京 : 台海出版社 ,2009.

98. 张铭清. 海峡两岸新闻与传播研究 [M]. 北京 : 九州出版社 ,2009.

99. 宋峻, 陈训敬. 台湾 "两岸人民关系条例" 评析 [M]. 北京 : 中国人民公安大学出版社 ,1994.

100. 夏勇. 法理讲义 : 关于法律的道理与学问 [M]. 北京 : 北京大学出版社 ,2010.

101. 许宗力. 两岸关系法的尝试与突破 [M]. 台北 : 财团法人张荣发基金会 "国家政策研究资料中心",1989.

102. 杨秀菁等. 战后台湾民主运动史料汇编 [M]. 台北 : "国史馆", 2002.

103. 梁智生等 . 第十一届海峡两岸暨港澳新闻研讨会 [M]. 澳门：第十一届海峡两岸暨港澳新闻研讨会筹委会，2009.

104. 杨宝树 . 台湾政治史 [M]. 台北：五南图书出版股份有限公司，2006.

105. 郭庆光 . 传播学教程 [M]. 北京：中国人民大学出版社，2011.

106. "行政院新闻局" . 跨越 50 年——行政院新闻局成立五十周年庆祝特刊 [M]. 台北："行政院新闻局"，1997.

107. 张炎宪、陈美容 . 戒严时期白色恐怖与转型正义论文集 [M]. 台北：台湾史学会、吴三连台湾史料基金会，2009.

108. 台湾"国家"图书馆 . 戒严时期查禁书刊展展览目录 [M]. 台湾"国家"图书馆，2007.

109. 彭怀恩 . 台湾政治变迁四十年 [M]. 台北：自立晚报社，1987.

110. 彭怀恩 . 台湾政党政治 [M]. 台北：风云论坛出版社，1994 年 .

111. 孙代尧 . 台湾威权体制及其转型研究 [M]. 北京：中国社会科学出版社，2003.

112. 殷海光 . 殷海光全集（12）[M]. 台北：桂冠图书公司，1990.

113. 李永炽、张炎宪、薛化元 . 人权理论与历史国际学术研讨会论文集 [M]. 台北：国史馆，2004.

114. 王世杰、钱瑞升 . 比较先法 [M]. 上海：商务印书馆，1948.

115. 范丽青、郭伟锋 . 四十年间第一步——大陆记者首次台湾行 [M]. 北京：新华出版社，1992.

116. 翟象乾 . 首批大陆记者台湾采访纪行 [M]. 吉林人民出版社，1992.

117. 吴苾雯 . 今日台湾探秘——首批大陆记者访台实录 [M]. 北京：中国青年出版社，1993.

118. 海基会 . 两岸文化交流年报（1991–1993）[M]. 台北：海基会，1994.

119. 金泓汎等 . 台湾的政治转型——从蒋经国体制到李登辉体制 [M]. 香港：香港社会科学出版社，1998.

120. "法务部"编 . "台湾地区与大陆地区人民关系条例"研拟纪要 [M]. 台北："法务部"，1992.

121. 林冈 . 台湾政治转型与两岸关系的演变 [M]. 北京：九州出版社，2010.

122. 李振广 . 当代台湾政治文化转型探源 [M]. 北京：中国经济出版社，

2010.

123. 杨久华. 台湾政治转型过程中表达自由问题研究 [M]. 北京：知识产权出版社，2012.

124. 梁智生等. 第十一届海峡两岸暨港澳新闻研讨会 [M]. 澳门：第十一届海峡两岸暨港澳新闻研讨会筹委会，2009.

125. 杨宝树. 台湾政治史 [M]. 台北：五南图书出版股份有限公司，2006.

126. 徐锋. 当代台湾政党政治研究 [M]. 北京：时事出版社，2009.

127. 张文显. 法理学（第三版）[M]. 北京：高等教育出版社，2007.

128. 周永坤. 法理学——全球视野 [M]. 北京：法律出版社，2000.

129. [德]H 科殷著，林荣远译. 法哲学 [M]. 北京：华夏出版社，2002.

130. 自立晚报社. 历史性·大陆行 [M]. 台北：自立晚报，1987.

131. 丹尼斯·麦奎尔著，崔保国、李琨译. 大众传播理论（第四版）[M]. 北京：清华大学出版社，2006

132. 海峡关系协会. "九二共识" 历史存证 [M]. 北京：九州出版社，2005.

133. 宋英辉、王武良. 法律实证研究方法 [M]. 北京：北京大学出版社，2009.

134. 陈新民. 德国公法学基础理论 (下册)[M]. 济南：山东人民出版社，2002.

135. 莫纪宏、徐高. 紧急状态法学 [M]. 北京：中国公安大学出版社，1992.

136. 范周 , 杨剑飞. 海峡两岸文化创意产业研究报告 [M]. 知识产权出版社，2017.

137. 龙卫球，杨文杰. 两岸民商法前沿 [M]. 北京：中国法制出版社，2017.

138. 安增军，杨敏. 海峡两岸产业转移效应的评价与产业优化研究 [M]. 夏门：厦门大学出版社,2017.

139. 李非，李鹏. 海峡两岸和平关系发展简论 [M]. 厦门：厦门大学出版社，2015.

140. 周志怀. 两岸关系和平发展的巩固与深化 [M]. 北京：九州出版社，2013.

141. 周叶中，祝捷. 两岸关系的法学思考 [M]. 北京：九州出版社，2014.

142. 王彦祥等. 海峡两岸华文出版——数字化、原创力、人才培养 [M]. 北京：书籍出版社，2013.

143. 刘震涛等.两岸和平发展战略 [M].北京：学习出版社，2014.

144. 严安林.两岸和平发展的制度化理论研究 [M].北京：九州出版社，2013.

145. 史晓东.两岸军事安全互信机制研究 [M].北京：九州出版社，2014.

146. 沈欣永.大陆地区人民来台居留管理机制之研究：以国家安全为中心 [D].台北：中央警察大学外事警察研究所，2011.

147. 蔡宜瑾.大陆地区人民合法入境对台湾国家安全之影响 [D].嘉义：中正大学，2010

148. 吴若芷.中国电检问题的研究 [D].台北：政治大学硕士论文，1966

149. 韦奇宏.两岸新闻采访交流的结构与变迁（1979—2001）——新制度论的分析 [D].台北：政治大学，2002.

150. 郭婉玲.两岸新闻交流历程之探索（1987—2003）[D].台北：中国文化大学，2003.

151. 杨以铭.两岸传播媒体交流之研究 [D].台北：政治大学，2004.

152. 林永芳.海峡两岸文化交流及文化发展政策之研究 (1987—1997)[D].台北：台湾师范大学，2000.

153. 陈忠贤.马英九当局大陆政策制定因素与具体实践 [D].台北：政治大学，2010.

154. 吴子州.政党对大陆政策之影响：系统论的观点 [D].高雄：中山大学，2010.

155. 朱显名.陈水扁当局大陆政策之研究（2000—2004）[D].台北：中国文化大学，2005.

156. 徐幸玲.国、民两党大陆政策之比较研究 (1986—2004)[D].台北：淡江大学，2006.

157. 陈思豪.陈水扁当局大陆政策变迁之研究（2000—2008）[D].台北：中国文化大学，2009.

158. 沙鹏.台湾政党轮替后大陆政策变迁之研究 (2000—2006 年)[D].台北：淡江大学，2006.

159. 田丽虹."总统"民选后行政与立法互动关系下的大陆政策：李登辉时

期和陈水扁"政府"[D]. 台北：淡江大学，2003.

160. 陈建儒. 意识型态与两岸关系之互动：从"中共民族主义"与"台湾意识"观察 [D]. 台北：中国文化大学，2005.

161. 梁君棣，报社记者采访大陆新闻消息来源之研究：以中国报报大陆新闻中心为例 [D]. 台北：中国文化大学，2002.

162. 王国治. 一九九九年后台湾、香港、澳门与大陆地区民事法律冲突之理论与实务 [D]. 台北：中国文化大学中山

163. 叶言都. 台海分治初期两岸报业之比较分析 (1949—1958)[D]. 台北：台湾大学，2009.

164. 杨雪红. 台海两岸出版业合作策略分析：全球化角度的检视 [D]. 台北：中国文化大学，2008.

165. 蒋政轩. 两岸出版交流之研究 [D]. 台北：中国文化大学，2002.

166. 林大法. 两岸电视新闻媒体互动历程个案研究 (1998—2008)[D]. 台北：政治大学，2008.

167. 田易莲. 两岸电视剧由抗争到交流的历史社会分析 [D]. 台北：辅仁大学，2001.

168. 林富美. 两岸电影合制之机会与困境：资金、人才与市场试析 [D]. 台北：世新大学，2011.

169. 杨以铭. 两岸传播媒体交流之研究 [D]. 台北：政治大学，2005.

170. 铭传管理学院. 大众传播学系主编两岸大众传播交流与展望 [D]. 台北：铭传管理学院大众传播学系，1996.

171. 李佩儒. 检视我大陆政策中国家安全与宪法基本权利保障之平衡：以两岸人民关系 [D]. 台北：淡江大学，2005.

172. 游惠玲. 全球化下两岸文化策略与认同研究 [D]. 台中：中兴大学，2005.

173. 吴宗宪. 两岸文教交流事务中非营利组织选择与政府互动模式之研究 [D]. 台北：政治大学，2007.

174. 程宝寿. 两岸交流、沟通、协调探讨：立法院长角色分析 [D]. 新竹：玄奘大学，2009.

175. 蔡生当. 两岸交流与管制模式之研究 (1987—2005)[D]. 台北：台湾大

学，2006.

176. 虞义辉. 民族主义在两岸交流互动中影响之研究：一八九五至一九九九年 [D]. 台北：中国文化大学，2000.

177. 陈恺璜. 两岸新闻采访交流之研究 (1987—2009): 从驻点记者角度看两岸新闻交流 [D]. 台北：淡江大学，2011.

178. 郭婉玲. 两岸新闻交流历程之探索：(1987—2003)[D]. 台北：中国文化大学，2003.

179. 刘淑美. 海峡两岸新闻交流之研究 (1987 年至 1996 年)[D]. 台北：中国文化大学，1996.

180. 苏瑞锵. 台湾政治案件之处置（1949—1992）[D]. 台北：政治大学，2010.

181. 胡清中. 后 ECFA 时期台湾电影产业在中国大陆市场的机会与挑战 [D]. 台北：政治大学，2011.

182. 林志龙. 中国大陆图书代理商经营现况与发展研究 [D]. 台北：台湾师范大学 .2008.

183. 王英. 民进党执政后两岸传播的交流与互动 [D]. 福州：福建师范大学 ,2008.

184. 陈东园. 台湾电视传媒产业集团化、多角化发展战略之研究 [D]. 长沙：中南大学 ,2005.

185. 蔡郁洁. 台资广告公司在大陆市场发展战略初探 [D]. 上海：复旦大学硕士论文，2008.

186. 陈东绪. 两岸大学生接触对方新闻的现况与实效研究 [D]. 上海：复旦大学，2005.

187. 蔡博文. 国民党大陆政策之研究：1987—2002[D]. 台北：淡江大学硕士论文，2003.

188. 杨秀菁. 台湾戒严时期的新闻管制政策 [D]. 台北：政治大学硕士论文，2002.

189. 郑玩香. 战后台湾电影管理体系之研究：1950—1970[D]. 中坜：中央大学历史研究所硕士论文，2001.

190. 齐康玲. 马英九"政府"大陆政策之研究（2008.5—2010.5）[D]. 台北：

淡江大学硕士论文，2010.

　　191. 郑玩香. 战后台湾电影管理体系之研究：1950—1970[D]. 中坜：中央大学历史研究所硕士论文，2001.

　　192. 黄建翰. 中国大陆电视产业政策之发展趋向与外资进入模式 [J]. 信息社会研究，2006（1）.

　　193. 邱启明. 中华民国主权论述下的台湾电影政策与WTO谈判问题探究 [J]. 艺术学报，2002（6）.

　　194. 谢清果. 构建"两岸传媒共同市场"的历史渊源与深远意义 [J]. 湖南大众传媒职业技术学院学报，2010(9）.

　　195. 谢清果. 海峡两岸传媒共同市场构建的现实需要与理想前瞻 [J]. 现代传播，2010（11）.

　　196. 张应辉，邓敏蓉. 两岸电视的交流与合作 [J]. 中国广播电视学刊，2008（1）.

　　197. 叶勤. 简论两岸电影的交流与互动 [J]. 东南学术，2008（4）.

　　198. 张彬. 从赴台驻点采访看两岸新闻交流两岸关系 [J]. 两岸关系，2010(3).

　　199. 祝仲康. 两岸新闻交流模式：以东森电视公司为例 [J]. 复兴岗学报，2009（2）.

　　200. 萧真美. 两岸印刷媒体交流与互动之探讨 [J]. 中国大陆研究，2000(9）.

　　201. 史冬冬. 台湾报纸在两岸新形势下的多重角色与走向 [J]. 厦门大学学报(哲学社会科学版)，2010（5）.

　　202. 林丽云. 变迁与挑战：解禁后的台湾报业 [J]. 新闻学研究，2008（4）.

　　203. 王泰升. 法律史——台湾法律发展的"轮替"、转机与在地化（2007—2009）[J]. 台大法学论丛，2010（6）.

　　204. 萧真美. 两岸出版界交流现况与检讨 [J]. 中国大陆研究，1998（4）.

　　205. 王龙文，张睿铨：两岸数字出版市场的分治与合流 [J]. 研考双月刊,2012(2).

　　206. 陈信元. 台湾出版品开拓中国大陆市场之探讨 [J]. 研考双月刊,2010(2).

　　207. 刘立行. 全面开放大陆广告在台刊播之政经影响分析 [J]. 智慧财产季刊,2011(11).

208. 李其瑞 . 论法学研究方法的多元化趋向 [J]. 法律科学 ,2004(4).

209. 何俊志 . 结构、历史与行为——历史制度主义的分析范式 [J]. 国外社会科学 ,2002(5).

210. 谢清果 . "海峡两岸传媒共同市场研究"的问题意识与流变 [J]. 阅江学刊 ,2011(2).

211. 陈辉萍 .ECFA 框架下海峡两岸投资协议的法律思考 [J]. 时代法学 ,2012(6).

212. 林靖东 .ECFA 时代,两岸新闻业如何"联姻"——第二届海峡两岸新闻与传媒论坛侧记 [J]. 两岸关系 ,2011(7).

213. 陈飞宝 . 初探海峡两岸电影文化交流和影响 [J]. 当代电影 ,1990(1).

214. 张彬 . 从赴台驻点采访看两岸新闻交流 [J]. 两岸关系 ,2010(3).

215. 孙贤迅 . 当前两岸媒体交流问题及其对策探析 [J]. 东南传播 2011(8).

216. 余克礼 . 对后 ECFA 时代深化两岸协商、谈判、对接的几点看法 [J]. 台湾研究 ,2010(5).

217. 谢晖 . 法律、民生与民间规则——兼论两岸交流制度中民间规则的作用 [J]. 现代法学 , 2009(5).

218. 林杰 . 海峡两岸出版合作的现状、问题与对策研究 [J]. 闽西职业技术学院学报 , 2012(2).

219. 王艾 . 海峡两岸出版合作模式探讨 [J]. 中国出版 , 2011(1).

220. 张建赓 . 海峡两岸传播交流刍议 [J]. 视听界 ,2002(5).

221. 岑峨 . 海峡两岸法律认同的现实障碍及解决构想 [J]. 云南社会科学 ,2013(1).

222. 许丽华 . 海峡两岸广播媒体交流的优势与困境 [J]. 新闻爱好者 ,2011(4).

223. 任文勋等 . 海峡两岸新闻出版文化交流问题研究 [J]. 出版发行研究 ,2012(6).

224. 程道才 . 海峡两岸新闻交流初探 [J]. 新闻大学 ,1996(3).

225. 刘翠霞 . 海峡两岸影视互动 30 年 [J]. 两岸关系 2009(2).

226. 周根红 . 交流融合繁荣——改革开放以来两岸出版交流的发展历程 [J]. 中国出版 , 2008(10).

227. 王志文 . 解决两岸法律冲突的思考模式 [J]. 法律学习与研究 ,1992(2).

228. 许力以 . 两岸出版交流 20 年回顾 [J]. 出版参考 ,2008(9).

229. 张应辉 . 两岸电视的交流与合作 [J]. 中国广播电视学刊，2008(1).

230. 陈斌华 . 青山遮不住毕竟东流去——20 年来海峡两岸民间交流交往纪实 [J]. 协商论坛 ,2000(2).

231. 李德霞 . 新形势下的两岸新闻交流与合作 [J]. 台湾研究 ,2011(2).

232. 史冬冬 . 政治过滤：台湾两岸新闻交流政策法规研究 [J]. 台湾研究集刊，2012(3).

233. 海峡两岸出版交流 20 周年系列纪念活动组委会 . 海峡两岸出版交流 20 周年纪念会刊 [Z]. 出版参考增刊，2008.

234. 钟晨音 . 湾地区大型杂志出版集团经营策略研究——以城邦媒体控股集团为例 [J]. 浙江传媒学院学报，2012(3).

235. 岑峨 . 海峡两岸法律认同的现实障碍及解决构想 [J]. 云南社会科学，2013（1）.

236. 谈萧 . 规范法学的方法构成及适用范围 [J]. 法律科学，2012(4).

237. 谢晖 . 论规范分析方法 [J]. 中国法学，2009(2).

238. 何俊志 . 结构、历史与行为——历史制度主义的分析范式 [J]. 国外社会科学 ,2002(5).

239. 李其瑞 . 论法学研究方法的多元化趋向 [J]. 法律科学，2004(4).

240. 刘小兵 . 紧急状态的基本要素及其制度选择 [J]. 南京社会科学，2004(5).

241. 蔡盛琦 .1950 年代图书查禁之研究 [J]. 国史馆馆刊，2010(12).

242. 刘小兵 . 紧急状态的基本要素及其制度选择 [J]. 南京社会科学 ,2004(5).

243. 刘小兵 . 论国家紧急权 [J]. 法律科学 ,2003(5).

244. 韩大元 . 论紧急状态下公民基本权利的限制与保障 [J]. 学习与探索 ,2005(4).

245. 王寿南 . 抗战前十年的出版法规 [J]. 政治大学历史学报，1998(15).

246. 胡佛 . 威权体制的伞状结构 [J]. 二十一世纪，1991(6).

247. 郑磊 . 阿城小说登陆台湾名列台湾文坛十大事件 [J]. 出版工作，1987(4).

248. 顾永中 . 试论政治转型中的台湾"法治" [J]. 中国法学，1990(5).

249. 李月军. 以行动者为中心的制度主义——基于转型政治体系的思考 [J]. 公共管理学报，2007(3).

250. 戚渊. 委任立法片论 [J]. 山东大学学报 (哲学社会科学版)，2000(5).

251. 高玉泉、林承宇. 论大陆商品广告限制之解除——政策面及法律面之检视 [J]. 广告学研究，2002(1).

252. 周一. 青啤的台湾遭遇 [J]. 中国企业家 ,2003(7).

253. 兰崇仁. "什么才是关说？"——解析台湾官场的关说文化 [J]. 廉政瞭望，2013(11).

254. 林冈. "关说" 案阴影下的台湾政治 [J]. 社会观察，2013(11).

255. 黄嘉树. "九二共识" 的意义与作用 [J]. 同济大学学报（社会科学版），2013(6).

256. 丁宇. 继承汪辜会谈遗产开启两会协商新局面——写在海协会第三届理事会第一次会议暨纪念汪辜会谈 20 周年活动之后 [J]. 两岸关系，2013(5).

257. 杜力夫. 台湾 "宪政改革" 的政治功能和对两岸关系的影响 [J]. 太平洋学报，2007(11).

258. 蒋耀平. 海峡两岸经贸关系回顾与展望 [J]. 中国流通经济 ,2013(1).

259. 曾丽娜. 论法的安定性 [J]. 牡丹江大学学报，2009(10).

260. 罗豪才、宋功德. 行政法的治理逻辑 [J]. 中国法学，2011(2).

261. 张军、王邦虎. 从对立到互嵌：制度与行动者关系的新拓展 [J]. 江淮论坛，2010(3).

262. 韩福东. 首位访问大陆的台湾记者李永得：听说我们去大陆，蒋经国震怒了 [N]. 南方都市报，2010–4–14(AT06).

263. 周叶中、祝捷. 两岸治理：一个形成中的结构 [J]. 法学评论 ,2010(6).

264. 艾明江等. 两岸关系的新路径选择：和平发展中的两岸多轨治理探究 [J]. 世界经济与政治论坛 ,2008(5).

265. 颜珏. 两岸治理研究综述 [J]. 广州社会主义学院学报，2012(3).

266. 吴跃农. 开启海峡两岸和平接触之门——廖承志致蒋经国公开信的前前后后 [J]. 档案时空 ,2005(7).

267. 张莹瑞、佐斌. 社会认同理论及其发展 [J]. 心理科学进展，2006(3).

268. 王茹. "两岸族" 台胞的社会身份认同与两岸命运共同体——从社会认

同理论的本土文化心理机制出发的阐释 [J]. 台湾研究集刊，2010(1).

269. 余克礼等 .ECFA 之后的两岸政治关系走向 [J]. 两岸关系 ,2010(8).

270. 杜尚泽、刘慧 . 习近平会见萧万长一行两岸政治分歧终归要逐步解决不能将这些问题一代代传下去 [N]. 人民日报海外版，2013–10–7(3).

271. 张君昌 . 面向未来的两岸关系走向与两岸传播变革 [J]. 中国评论，2013(5).

272. 汪莉绢 . 两岸媒体常驻国台办：愈快愈好 [N]. 联合报，2009–4–16 (A10).

273. 华泰来 . 两岸双向投资新格局将至 [N]. 人民日报海外版 ,2013–9–13(03).

274. 胡石青 . 台湾当局的两岸恶法应该休矣 [J]. 两岸关系，2005(12).

275. 韩福东 . 首位访问大陆的台湾记者李永得：听说我们去大陆，蒋经国震怒了 [N]. 南方都市报，2010–4–14(A 三 06–07).

276. 王平 . 国台办发言人谈两岸政治协商话题——任何势力不应借机炒作牟利 [N]. 人民日报海外版，2011–10–27(03).

277. 连水兴 . 从"文化共同体"到"媒介共同体"：海峡两岸传媒业合作研究的视角转换 [J]. 福建师范大学学报 (哲学社会科学版),2013(3).

278. 刘登翰 . 闽台文化研究的文化地理学思考 [J]. 台湾研究集刊 ,2001(2).

279. 张志坚 . 海峡两岸公共产品的内涵、特性与有效供给 [J]. 华侨大学学报（哲学社会科学版），2017(6).

280. 张志坚 . 新形势下两岸文化交流的向度 [J]. 改革与开放，2017(9).

281. 张志坚 . 海峡两岸出版共同体建构：必要性、障碍和模式 [J]. 出版科学，2017(4).

282. 朱卫东 ."习马会"的四大突破 [J]. 台海研究 ,2016(1).

283. 李义虎 . 作为进程的两岸政治对话之研究 [J]. 台海研究 ,2013(2).

284. 严安林 . 台湾"太阳花学运"：性质、根源及其影响探析 [J]. 台海研究，2014（2）.

285. 沈建华 . 从台湾"太阳花学运"看两岸关系面临的挑战 [J]. 现代台湾研究 ,2014(3).

286. 连子强 . 新媒体语境与两岸交流中的台湾"青年世代"[J]. 福建师范大学学报 (哲学社会科学版),2016(2).

287. 卓泽渊 . 论法的价值 [J]. 中国法学 ,2000(6).

288. 王国征 . "法的价值"与"法的价值取向"概念研究述评 [J]. 东方论坛 ,2009(6).

289. 孙国华 , 何贝倍 . 法的价值研究中的几个基本理论问题 [J]. 法制与社会发展 ,2001(4).

290. 周志怀 . 台湾问题——和平或对立对未来两岸关系的影响 [J]. 领导科学论坛 ,2016(5).